社会科学
研究文库

U0612988

行业法治研究

刘　刚◎著

SPM
南方传媒　广东人民出版社
·广州·

图书在版编目（CIP）数据

行业法治研究 / 刘刚著. —广州：广东人民出版社，2023.12
ISBN 978-7-218-17326-9

Ⅰ.①行…　Ⅱ.①刘…　Ⅲ.①行业管理—法规—研究—中国
Ⅳ.①D922.297.4

中国国家版本馆CIP数据核字（2024）第010691号

HANGYE FAZHI YANJIU

行业法治研究

刘　刚　著

出 版 人：肖风华

责任编辑：梁　茵　陈泽航
封面设计：奔流文化
责任技编：吴彦斌

出版发行：广东人民出版社
地　　址：广州市越秀区大沙头四马路 10 号（邮政编码：510199）
电　　话：（020）85716809（总编室）
传　　真：（020）83289585
网　　址：http://www.gdpph.com
印　　刷：珠海市豪迈实业有限公司
开　　本：787mm×1092mm　1/16
印　　张：20　　**字　　数**：290 千
版　　次：2023 年 12 月第 1 版
印　　次：2023 年 12 月第 1 次印刷
定　　价：88.00 元

如发现印装质量问题，影响阅读，请与出版社（020-85716849）联系调换。
售书热线：020-87716172

总　序

　　党的十八大以来，习近平总书记围绕构建中国特色哲学社会科学提出一系列新主张新论述新要求，作出了一系列重大部署。2016年，习近平总书记在哲学社会科学工作座谈会上指出，"一个没有发达的自然科学的国家不可能走在世界前列，一个没有繁荣的哲学社会科学的国家也不可能走在世界前列。坚持和发展中国特色社会主义，哲学社会科学具有不可替代的重要地位。"党的二十大报告强调："深入实施马克思主义理论研究和建设工程，加快构建中国特色哲学社会科学学科体系、学术体系、话语体系，培育壮大哲学社会科学人才队伍。"2023年10月，习近平文化思想的正式提出为新时代哲学社会科学事业创新发展、谋篇布局指明了方向，提供了科学指南和根本遵循。

　　珠海经济特区成立四十多年来，始终坚持解放思想，深化改革，扩大开放，始终担负起中国改革开放和现代化建设排头兵、先行地、试验区的职责使命，取得了举世瞩目的巨大成就。珠海市哲学社会科学界坚持用习近平新时代中国特色社会主义思想凝心铸魂，聚焦珠海经济社会发展的理论和现实问题，不断推动哲学社会科学的知识创新、理论创新、方法创新，陆续推出系列理论阐释的时代力作、咨政建言的智慧成果、服务人民的学术精品，先后编辑出版了《珠海潮》和《珠海社科学者文库》，为汇集高质量哲学社会科学研究成果，激发社科工作者研究热情，促进哲学社会科学事业繁荣进步，服务珠海高质量发展作出了积极贡献。

　　进入新时代，珠海迎来了前所未有的发展机遇，粤港澳大湾区、横琴粤澳深度合作区、自由贸易试验区、现代化国际化经济特区"四区"叠加，一系列重大机遇相互促进、相互推动、相互彰显，释放出强大的发展潜力，珠海的地位、方位、定位达到了前所未有的高度。时代的呼唤，形势的发展，对珠海哲学社会科学事业的发展提出了新的更高要求。为进一步引领和激励广大哲学社会科学工作者紧紧围绕珠海经济社会发展开展更深层次的研究，充分发挥"思想库""智囊团"作用，打造高水平社科成果品牌，2023年，珠海市社科联对原有《珠海社科学者文库》进行优化提升，推出《珠海社会科学研究文库》，集中出版最新理论研究成果和新型智库研究成果，为构建具有珠海特色的哲学社会科学体系搭建了平台，全市哲学社科界将以此为契机，继续深入理论研究，深入基层，贴近一线，多出精品，多出力作，为珠海走在全面建设社会主义现代化国家前列贡献社科智慧和力量，开创新时代珠海哲学社会科学事业发展新局面。

《珠海社会科学研究文库》编审委员会

2023年12月

序言一

黄文艺

经过反复修改完善之后，刘刚博士的学术专著《行业法治研究》终于问世。作为他曾经的博士生导师，我要对此书的出版表示诚挚的祝贺！还记得十年前，刘刚博士跟我谈博士论文选题构想时，谈到对"行业"入法诸多问题的思考，我就为他敲定了"行业法治"这一题目。应当说，当时法学界讨论"行业法治"问题的文章甚少，还只是初步提出了行业法治的概念主张，对行业法治是否存在、行业法治到底是什么还存在不少争议。

当我看到刘刚的博士论文初稿时，感觉他研究上非常用心用功，论文内容较为圆融饱满。例如，在材料占有上，无论是在法条中检索"行业"，还是在文献中检索"行业法"和"行业法治"，他都是进行全文检索。也就是说，只要法条中提及过"行业"，或文献中提到过"行业法"或"行业法治"，就不会逃脱他的检索。正是这种严谨扎实的研究态度，为论文写作打下了良好基础。虽然论文初稿还存在一些不足，但他善于吸纳老师们的指导意见，经过多次修改后，论文结构和内容都日趋完善。

难能可贵的是，在通过专家评审后，刘刚博士仍孜孜不倦地对论文进行修改，直到答辩前的最后一刻。特别是他博士毕业后，密切跟踪我国法治理论和实践的发展进步，比如，习近平法治思想的正式提出、《法治社会建设实施纲要（2020—2025年）》的颁布，以及"行业"入法现象的深

化拓展等，持续完善论文写作，最终形成了本书。

从学术的角度看，行业法治是我国法治理论和实践中的新课题。对行业法治的研究，是2012年党的十八大以来形成的中国式全方位法治研究格局的重要内容，是建构中国自主法学知识体系和法治话语体系的应有之义。刘刚博士的这本书，可以说是我国最早系统研究行业法治的学术专著，必将在我国行业法治研究上占据一席之地。在我看来，这本书对于行业法治研究的学术贡献有以下几点：

一是首次对"行业"入法现象进行了详细梳理。本书通过对"行业"入法现象多维度的实证分析，得到翔实的具有针对性的"小数据"，证明了已具规模的"行业"入法现象是行业法成立的前提和基础，行业法的存在则是行业法治成立的前提和基础，为解决法学界关于行业法和行业法治的学术分歧做出了相应的贡献。

二是对行业法和部门法的关系提出了新见解。在我国法学理论中，部门法的理论范式根深蒂固，行业法的研究和应用必须妥善处理好行业法和部门法的关系。既往的行业法研究认为行业法是跨越部门法的，但本书认为行业法与部门法之间不是一种单向的跨越，而是一种双向的跨越，即交叉与重叠、包含与被包含的关系。本书还使用形象的图表将行业法与部门法的关系展示出来，方便读者理解。

三是首次搭建了行业法治的理论框架。本书分析了行业法治的概念，论述了行业法治的产生基础，建构了行业法治的要素体系，重点分析了行业标准、行业协会和行业自治等基本要素，最后还指出了行业法治存在的问题，提出了完善的建议。全书有破有立，以立为主，以破为辅，初步构建了行业法治的理论框架。本书的理论框架或许还有待持续改进，但这无疑是将行业法治从概念变成理论框架的难能可贵的努力。

四是首次提出行业法治是法治社会建设的新途径。目前，我国官方法治文件尚未提炼出行业法治的概念，但实际上行业法治早已进入实践阶段。从1990年"二五"普法首次提出"行业依法治理"试点，到2006年"五五"普法首次提出"开展多层次多领域依法治理"，到2014年十八届四中全会首次提出"推进多层次多领域依法治理",再到2020年《法治社会建设实施纲要（2020—2025年）》和2022年党的二十大报告再次强调"推进多层次多领域依法治理"的发展脉络以及从行业依法治理和多层次多领域依法治理的内涵来看，行业法治与行业依法治理、多层次多领域依法治理在内涵上具有很多重合之处。行业法治建设已成为法治社会建设的主阵地主途径。

在法治中国建设新征程上，行业法治无疑是一片法治理论研究和实践探索的新沃土。刘刚博士已经在开垦新沃土上走在最前列。期待刘刚博士以本书的出版为新起点，持续深入开展行业法治理论研究，为新时代中国法治理论创新和实践创新作出新贡献。

是为序。

（作者系中国人民大学法学院院长、教授，《中国法学》总编辑）

序言二

陈弘毅

学术贵乎创新，学术理论的创建贵乎其以实践经验为依据。这两点都是我阅读刘刚博士这本大作时的感悟。

刘刚博士是港珠澳大桥项目管理团队的核心成员，负责解决大桥建设和营运过程中遇到的多层次、多方面的法律问题。他在本书后记中写道："正是在日复一日参与港珠澳大桥法律实践的过程中，我发现了'行业'入法现象……察觉到行业法的存在，进而产生了行业法治的理念。行业法治从此成为了我的思考重心和精神依托。"

毫无疑问，本书对于行业法治的研究具有重大的创新性，可算是我国法学研究前沿的一个突破。作者指出，"坚持法治国家、法治政府和法治社会一体建设"是习近平法治思想的重要组成部分，而"法治社会"可理解为社会中不同领域的社会生活的法治化。作者"以'社会领域实现法治化治理状态'为目标，寻找一条法治社会建设的路径"。作者认为，"社会是由不同行业组成的，如公路行业、医疗行业、食品行业等，而'行业'是由有特殊资格的人组成的特殊职业群体"。

作者指出，现代社会的分工产生了各种行业和职业，"社会包括行业在内，法治社会包括行业法治在内。如此，法治社会的建成，完全可以走一条行业法治之路，即社会领域实现法治化的治理状态，可以通过各行各业的法治化来实现"。

作者用到的"行业"这个概念或用语所包含的范围极广，例如"金融行业、食品行业、医疗行业、环保行业、工程行业"等等，既包括各种工商业的行业，也包括各种专业人士执业的行业。这充分说明了作者希望构建的，是一个可以适用于各行各业的行业法治的理论框架。

通过用计算器作文字检索的实证研究，作者论证了"行业入法"的现象的存在，即是说，我国大量法律法规中使用了"行业"这个用语。既然大量法律规范（包括宪法、经济法、行政法、社会法、民商法和刑法的不少法律规范）都以"行业"的存在为前提并予以法律规范，那么"行业法"和"行业法治"的概念便都是可以成立的，而且极其富有学术研究价值和应用推广价值。

作者精细的研究分析发现，"'行业'在法律条文中的形式样态，主要分为行业规划、行业标准、行业规范、行业主体（主要是行业管理主体即行政主管部门和行业经营主体）、行业协会（行业组织）、行业自律、行业诚信、从业人员以及对某些行业行为的禁止（如行业垄断）等几大类型"。我认为这是很有创新性的研究成果。

本书的另一个重要研究成果，便是对行业法治的基本要素的梳理和论述。作者认为："行业法治是包括行业监管主体、行业经营主体、行业协会、行业消费者、社会公众、行业法律、行业规范、行业标准、行业章程、行业立法、行业纠纷解决、行业监管、行业守法和行业自治等要素在内的体系。"作者又把这些不同要素区分为三类：主体要素、制度要素和实践要素。我认为这都是非常精辟的见解。

本书的内容十分丰富，以上我只是向大家介绍其中一小部分，以举例说明本书的重大学术价值。我很高兴和荣幸有缘在这里，推荐本书给所有关心我国法治建设——尤其是法治社会的建设——的朋友们。

（作者系香港大学法律学院教授）

序言三

郑　戈

　　初识刘刚博士是在一次港澳基本法研究会的会议上，当时他就在从事与港珠澳大桥相关的法律工作，我记得他那时候的微博名字是叫"法律的桥梁"，以我当时的认知，桥梁与法律当然有关系，因为我常说"法律是现代社会生活的基本语法"，但这种关系肯定是比较简单、清晰、浅显的，无法支撑一个有钻研精神的法律人长期的研究兴趣。但一晃十几年过去了，他仍然在从事与桥梁相关的法律工作，仍然在研究与桥梁相关的法律问题，当然，随着研究的不断深入，他准确地找到了桥梁法在整个法律体系中的定位，即行业法，并以此为题撰写了博士论文，此后又在博士论文的基础上进一步拓展和深化，最终写成了摆在读者面前的这本书。

　　美国法哲学家朗·富勒在《法律的道德性》一书中将法治定义为"使人类行为服从于规则之治的事业"，这是一种国家、社会与个人共同参与的事业，而不是自上而下的命令–控制机制。习近平法治思想明确了法治国家、法治政府和法治社会作为我国社会主义法治体系三大组成部分的结构、功能与相互关联。在深入学习和领会习近平法治思想和作为人类共同财富的经典法学理论的过程中，刘刚明确了行业法治的坐标方位："正如法治国家是国家治理的基本方式、法治政府是政府治理的基本方式一样，法治社会是社会治理的基本方式，行业法治是行业治理的基本方式。"经过这一清晰的表述，我们立刻就会明白行业法治的基础性和重要性。但正如书中所说："到目前为止，行业法治还是一个全新的概念，是法治领域的新课题，既未见官方的倡导，连学理上的研究也很少。"这种实践上有刚需而理论供给严重不足的问题，正是包括法学在内的社会科学应当面对的问题。

实际上，行业是现代社会最基础的生产组织方式和社会组织形式，对此现代经济学鼻祖亚当·斯密和社会学奠基人之一涂尔干都有深入的论述。亚当·斯密的分工理论是解释劳动专业化与效率之间关系的经济理论。斯密注意到，专业化可以提高效率，从而增加资本和劳动回报，促进经济增长。从工作任务的拆分和细化分配出发，到每一单一任务的规模化完成和不同单一任务的流水线拼接，劳动分工和专业一方面带来了生产率的极大提升，另一方面也导致了经济体内部的规模膨胀和组织复杂性，从而对管理以及相关的法律制度提出了更高的要求。涂尔干的社会理论恰好在这一点上接续了斯密的经济理论。他指出：工业化大生产带来的社会密度、多样性和社会规模的增加也带来了法律领域的分工和专业化："分工并不是经济生活所特有的情况，我们看到它在大多数的社会领域里都产生了广泛影响。政治、行政和司法领域的职能越来越呈现出专业化的趋势……。"（《劳动分工论》）综合斯密和涂尔干的理论，我们有理由得出这样的结论：社会分工不是自发的，它是以特定方式施加的工作任务的分化，并通过法律调整和维持下的结构化活动模式来进行组织。这种组织的表现形式就是行业。

因此，行业从一开始就是法律引导和规制的结果，法律确立了行业的准入条件、产品和服务标准、安全标准、产业组织规则、交易规则等等，到20世纪随着福利国家和人权观念的发展更进一步包含了劳动基准法（包括最长劳动时间、最低工资、休息权保障）的内容。

但分工和专业化导致的另一个现象是国家的执法部门很难从外部监管行业内部基于专业知识而从事的生产经营和交易活动，国家法在很大程度上只能发挥方向引导和底线基准维持的作用，大量的实体性规范需要各行业内部来形成共识，确立标准。用我一篇论文中的话来说："由于科技风

险实际上并非科技领域的风险，而是现代社会最主要的风险形态，从交通事故到环境污染，从传染病爆发到食品安全问题，现代社会所面临的每一种风险都是用科学语言表述、由科学技术的应用导致并且最终需要靠科学技术的手段来应对的风险"（《迈向生命宪制》）。在这种事实背景下，由国家来执行的部门法需要与行业法相互配合，彼此之间形成结构耦合，才能有效解决功能分化的现代社会出现的各种纠纷，控制各种风险。行业法中既包括立法机关颁布的法律等硬法，也包括行业标准和如今越来越重要的科技伦理等软法。

作为第一部系统阐述行业法基本原理的专著，本书在回应现实需求方面迈出了重要的一步，体现了一位有探索精神和学术素养的实务工作者发现真实问题并提供相应的理论资源（如果不是解决方案）的能力，这是书斋学者往往欠缺的一种能力。为此，我愿意向法律职业人士和法学院学生推荐此书。

（作者系上海交通大学凯原法学院教授、博士生导师，

上海交通大学科技伦理委员会委员）

专家推荐

刘刚博士读博期间，曾旁听我为博士生讲授的法理学课程半年有余，其对法学理论研究饱含热情，其志坚韧，颇有用心。本书在对行业语义、行业入法和行业法的一些基础和最前沿的问题进行探讨的同时，试图开辟一条行业法治的研究新路，具有很强的问题意识和实践意义。其根于新时代国家治理体系和治理能力现代化的大背景，其志于通过行业法治推进社会领域实现法治化，一如作者所述，以"社会领域实现法治化治理状态"为目标，寻找一条法治社会建设的路径。社会的法，首先是一"现实"或谓之"实证"的存在，并呈现在法律文本之中。然法治的社会，则应通过法律活动、法律实施过程，实现法律应有的公平与正义。从这种意义上讲，本书不仅响应社会经济发展之需，而且蕴含着以行业法治推进法治社会建构的良好社会治理的理想，亦即，善治的理想。社会生活的本质或主要内容是人与人之间的交往，此间的社会制度则展现某种人类精神或民族禀赋。法治尤其是行业法治的生长，如何能够实践一种向社会公众运输公平正义法理念的过程，相互滋养良法善治，其意深远。

——黎晓平（澳门科技大学法学院教授）

专家推荐

行业及其分类的演变，是人类社会实现社会化大分工并逐渐细化和专业化之后的产物。"行业入法"现象的深化拓展有力地支撑了行业法的存在，并决定了行业法治的潜在可能性。刘刚博士撰写的专著《行业法治研究》系统研究行业法治，切合当前法治建设的实际，具有很强的理论和现实意义。该书以中国特色社会主义初级阶段法治发展实践为基础，致力于通过研究行业法治，探索法治社会的建设途径，总体上遵循了从"行业"入法到行业法再到行业法治的研究路径。

该书提出，从法治国家、法治政府到法治社会，进而到行业法治，表明法治从抽象到具体、从整体到局部、从模糊到精细、从实践到实证、从不确定性到日渐确定的发展过程，社会治理现代化必然要通过基层治理和行业治理来实现。该书分析产生行业法治的经济基础、政治基础、社会基础和法律基础，以及行业法治所包含的主体要素、制度要素与实践要素。该书从行业规划、行业标准、行业主体、行业协会、行业垄断、行业自治、行业诚信、从业人员等方面分析了行业在法律条文中的形式样态。该书提出，行业法治具有法治主体的多元性、法律规范的复合性、行业治理的差异性、运行机制的共治性以及调整范围的全面性等特征。上述观点具有独到见解，显示作者具有扎实的理论功底和很强的研究能力。

该书提出当前行业立法机制、行业监管机制、行业纠纷化解机制和行业自治机制中存在的问题，切中实弊和要害，提出的完善对策建议具有很强的实践操作性和可行性，所建构的行业法治理论框架体系具有开创性。

——陈欣新（中国社会科学院法学研究所研究员）

献给港珠澳大桥

目录

引论：行业法治的研究背景 ……………………………………………… 1

第一章　法律中的"行业"与行业法 …………………………… 9

第一节　相关概念的比较 ………………………………………… 11

第二节　"行业"入法的实证分析 ………………………………… 18

第三节　行业法的提出 …………………………………………… 48

第二章　行业法治的概念分析 ………………………………… 69

第一节　行业法治的提出 ………………………………………… 70

第二节　行业法治的内涵 ………………………………………… 77

第三节　行业法治的特性 ………………………………………… 87

第四节　行业法治的理念 ………………………………………… 98

第五节　行业法治的意义 ………………………………………… 119

第三章　行业法治的产生基础 ………………………………… 143

第一节　经济基础：社会分工的进一步发展 …………………… 144

第二节　政治基础：政企分开、政事分开的体制逐渐确立 …… 146

第三节　社会基础：行业组织的大量涌现 …………………… 151

第四节　法律基础：行业法律体系的逐步完善 …………… 156

第四章　行业法治的基本要素 …………………… 161

第一节　行业法治中的行业标准 ………………………… 163

第二节　行业法治中的行业协会 ………………………… 176

第三节　行业法治中的行业自治 ………………………… 189

第五章　行业法治存在的问题及完善 …………… 199

第一节　完善行业立法机制 ……………………………… 200

第二节　完善行业监管机制 ……………………………… 213

第三节　完善行业纠纷化解机制 ………………………… 229

第四节　完善行业自治机制 ……………………………… 241

结论：行业法治的前景展望 …………… 249

附录A　"行业"入法的梳理 …………………………… 254

附录B　"行业"入法的最新发展 ……………………… 260

附录C　国务院行政审批改革政策性文件清单 ………… 263

参考文献 ……………………………………………………… 265

后记：光荣属于大桥 积累属于自己 ……………………… 295

引 论

行业法治的研究背景

1997年9月，党的十五大提出了"依法治国，建设社会主义法治国家"。1999年3月，"依法治国，建设社会主义法治国家"被正式写入我国宪法，标志着依法治国方略的正式形成。这两件事是我国法治建设史上的里程碑。自此，法治国家和法治政府就成为我国法治建设的重心。2012年底，党的十八大结束以后没多久，习近平总书记正式提出了"法治国家、法治政府和法治社会一体建设"的思想。①这也是我国国家领导人首次提出法治社会的概念。②此后，习近平总书记在多个场合多次强调这一思想。③2014年10月，十八届四中全会通过的《关于全面推进依法治国若干重大问题的决定》首次将"法治国家、法治政府和法治社会一体建设"列入全面推进依法治国的总目标"建设中国特色社会主义法治体系，建设社会主义法治国家"之中。2017年10月，党的十九大报告中再次强调"坚持法治国家、法治政府、法治社会一体建设"。④2020年11月，中央全面依法治国工作会议首次提出了习近平法治思想，"坚持法治国家、法治政府、法治社会一体建设"成为习近平法治思想的重要组成部分。⑤2020年12月，党中央印发了《法治社会建设实施纲要（2020—2025年）》，标志着法治社会建设从理论层面走向了实践层面。2022年10月，党的二十大报告中除了再次强调"坚持法治国家、法治政府、法治社会一体建设"外，还明确要求"加快建设法治社会"。⑥综上所见，从建设法治国家、法治政府到法治国家、法治政府和法治社会一体建设，显然表明我国法治建设的新动态已经从法治国家、法治政府推进到了法治社会，我国法治建设的新重心已经从法治国家和法治政府发展到开始兼顾法治社会。

---

① 2012年12月4日，习近平总书记在纪念现行宪法公布施行30周年大会上的讲话中首次提出"法治国家、法治政府和法治社会一体建设"。
② 习近平总书记非常注重法治社会建设。他在福建工作期间就创新提出过"法治社会"理念，在浙江工作期间提出过"和谐社会本质上是法治社会"这一重要命题。参见江必新、戴太雷：《习近平法治社会建设理论研究》，载《法治社会》2022年第2期，第2页。
③ 习近平：《习近平谈治国理政》，外文出版社2014年版，第144页。
④ 习近平：《习近平谈治国理政（第三卷）》，外文出版社2020年版，第18页。
⑤ 习近平：《习近平谈治国理政（第四卷）》，外文出版社2022年版，第293页。
⑥ 习近平：《习近平著作选读（第一卷）》，人民出版社2023年版，第33—35页。

学术界使用法治社会的概念更为久远。早在1959年，我国就已经有学者在译介当年在印度新德里召开的国际法律学家会议情况时使用了法治社会的概念，"在法治社会里，少数人与多数人都应该接受那些规定个人在社会中之地位的最低限度的原则"。①这是目前我国可以查到的最早使用"法治社会"概念的中文文献。1989年，张文显教授根据"法治的决定因素是商品经济的充分发展"的思路，曾富有远见地指出我国步入法治社会的必然趋势。②但此时的法治社会，"涵义大体指有法制的社会，以区别于法制虚无的人治社会。其中的'社会'，是与'自然'相对而言，涵括了现在通常所讲的'国家'和'社会'。'法治社会'的内涵和外延与'法治国家''依法治国'几乎一致"。③1995年，郭道晖教授展望市场经济体制下中国法治的新走向是逐步实现法治国家，到最终形成法治社会。④这几篇关于法治社会的文献的问世，说明在我国改革开放的早期，法治社会的建设就已经引起了学术界的关注。

在2012年之前，无论是官方话语还是民间话语，阐述得更多的依然是法治国家和法治政府的概念，法治社会的说法并不多见，法学界对法治社会的研究也不算特别多。相关研究可以归纳为三类：一是将"法治社会"等同于"法治"或"法治国家"，以刘作翔教授、蔡定剑教授和严存生教授为代表；二是以社会权利为线索的"法治社会"研究，以郭道晖教授为代表；三是以法治国家建设为宗旨的市民社会理论研究，以马长山教授为代表。⑤党的十八大以后，随着官方对法治社会的大力倡导，法治社会研

---

① 炽亚：《国际法律学家会议发表德里宣言》，载《现代外国哲学社会科学文献》1959年第5期，第32页。

② 张文显：《中国步入法治社会的必由之路》，载《中国社会科学》1989年第2期，第181页。

③ 陈柏峰：《中国法治社会的结构及其运行机制》，载《中国社会科学》2019年第1期，第67页。类似的表述亦可以参见陈柏峰：《习近平法治思想中的法治社会理论研究》，载《法学》2021年第4期，第4页。

④ 郭道晖：《法治国家与法治社会》，载《政治与法律》1995年第1期，第20页。

⑤ 孙文恺：《"法治社会"辨析——以"社会"为中心的考察》，载《浙江社会科学》2015年第2期，第13—15页。

究逐渐成为学术热点，学者们普遍对法治社会的内涵做出了界定，对法治国家、法治政府和法治社会的关系进行了探讨，[①]对法治国家、法治政府和法治社会一体建设的途径[②]和标准[③]问题进行了研究。有的学者同时对法治社会建设的途径和法治国家、法治政府和法治社会的关系进行研究。[④]综合上述研究成果来看，目前我国法学界对法治社会尚无公认的统一的概念，[⑤]甚至认为法治社会的概念还不是很清晰。[⑥]2020年11月，习近平法治思想正式提出后，成为法治社会建设的根本指南。学术界逐渐对习近平法治思想中的法治社会理论进行了概括和提炼。[⑦]习近平法治思想中的法治社会理论消除了学术界关于法治社会的部分理论分歧，但是，由于目前国内外均没有对法治社会进行科学界定，这就在客观上导致学术界对法治社会相关问题的理论分歧无法完全消除。然而，在我国的法治实践中，理论分歧的存在并没有延缓法治社会建设的步伐。最重要的标志性节点

---

① 参见姜明安：《论法治国家、法治政府、法治社会建设的相互关系》，载《法学杂志》2013年第6期，第1—8页；蒋晓伟：《论中国特色的法治社会》，载《政法论丛》2015年第10期，第23—30页；武步云：《法治意识与法治政府：兼论马克思主义法律观》，法律出版社2017年版，第132页。

② 参见江必新、王红霞：《法治社会建设论纲》，载《中国社会科学》2014年第1期，第140—157页；余凌云：《法治国家、法治政府、法治社会一体建设的途径》，载《法学杂志》2013年第6期，第21—26页；常健、饶常林：《论法治国家、法治政府、法治社会一体建设的基本路径》，载《南通大学学报（社会科学版）》2016年第4期，第57—63页；屈茂辉、曾明：《法治社会的基本构成与新时代我国法治社会建设的基本路径》，载《湖湘论坛》2019年第6期，第114—125页。

③ 参见莫于川：《法治国家、法治政府、法治社会一体建设的标准问题研究——兼论我国法制良善化、精细化发展的时代任务》，载《法学杂志》2013年第6期，第9—20页。

④ 参见张鸣起：《论一体建设法治社会》，载《中国法学》2016年第4期，第5—21页。

⑤ 参见最高人民法院中国特色社会主义法治理论研究中心编：《法治中国——学习习近平总书记关于法治的重要论述》，人民法院出版社2017年版，第278页；程金华：《也论法治社会》，载《中国法律评论》2017年第6期，第210页。

⑥ 参见程金华：《也论法治社会》，载《中国法律评论》2017年第6期，第203页。

⑦ 陈柏峰：《习近平法治思想中的法治社会理论研究》，载《法学》2021年第4期；黄文艺、李奕：《论习近平法治思想中的法治社会建设理论》，载《马克思主义与现实》2021年第2期；张鸣起：《再论一体建设法治社会——习近平法治思想关于"一体建设"重要论述原创性贡献之研究》，载《浙江工商大学学报》2022年第9期；张清：《习近平"法治国家、法治政府、法治社会一体建设"法治思想论要》，载《法学》2022年第8期；江必新、戢太雷：《习近平法治社会建设理论研究》，载《法治社会》2022年第2期。

就是2017年党的十九大进一步提出了到2035年"法治国家、法治政府和法治社会基本建成"的目标，而且法治社会基本建成被明确为2035年基本实现社会主义现代化的重要目标之一。①2022年党的二十大进一步提出"加快建设法治社会"。考虑到2035年已经为期不远，如何判断"法治社会基本建成"，既是重大的理论问题，也是迫切的实践问题。2019年1月，习近平总书记在中央政法工作会议上还首次提出了"加快推进社会治理现代化"②的要求，如何实现社会治理现代化，同样是一个重大而迫切的理论和实践问题。法学界普遍认为"社会治理法治化是社会治理现代化的重要方面，也是法治社会建设的应有之义"。③因此，社会治理现代化的实现与法治社会建设密不可分，甚至可以说是一个问题的两个方面。2020年12月《法治社会建设实施纲要（2020—2025年）》提出了2025年法治社会建设的阶段性目标及相应的建设任务，旨在"为2035年基本建成法治社会奠定坚实基础"。事实上，除了《法治社会建设实施纲要（2020—2025年）》中提及的建设思路和建设途径外，应当还可以就如何建设法治社会做一些新的理论研究。这也是一种理论勇气。

尽管法学界对法治社会的内涵和建设还存在一些分歧，但"基本要素还是共通和一致的，法治社会就是社会领域实现法治化治理状态，在国家与社会二分和不违背法律规定的前提下进行社会治理的自主自治，实现社会治理的主体多元、规范多元、救济多元等治理状态"，④"法治社会是指全部社会生活的民主化、法治化"。⑤所以，本书无意就法学界对法治社会的分歧进行评析，而是试图另辟蹊径，以"社会领域实现法治化治理状态"为目标，寻找一条法治社会建设的路径。笔者认识到，社会是由不

---

① 习近平：《习近平谈治国理政（第三卷）》，外文出版社2020年版，第22页。

② 习近平：《论坚持全面依法治国》，中央文献出版社2020年版，第246页。

③ 编写组：《习近平法治思想概论》，高等教育出版社2021年版，第185页。

④ 蔡宝刚：《论催生法治社会的社会权力引擎》，载《求是学刊》2016年第2期，第115页。类似的观点还可以参见屈茂辉、曾明：《法治社会的基本构成与新时代我国法治社会建设的基本路径》，载《湖湘论坛》2019年第6期，第116—119页。

⑤ 郭道晖：《法治国家与法治社会、公民社会》，载《政法论丛》2007年第5期，第10页。

同行业组成的，如公路行业、医疗行业、食品行业等，而"行业"是由有特殊资格的人组成的特殊职业群体。①这种"特殊资格"，一般需要法律规范予以界定，说明行业本身天然带有法治的需求。法治社会所讲的"社会"，不同于中国古代，是指社会分工更加细致以后所产生的行业、职业等社会团体。②可见，社会包括行业在内，法治社会包括行业法治在内。如此，法治社会的建成，完全可以走一条行业法治之路，即社会领域实现法治化的治理状态，可以通过各行各业的法治化来实现。或者说，判断法治社会是否建成，要看各行各业的法治化是否实现。早在2002年，张文显教授就提出，"随着科学技术的迅猛发展、新经济的到来和社会信息化、网络化趋势的来临，各行各业的管理、监督和整顿都需要全面纳入法治的轨道"。③2014年，张文显教授再次表达了类似的观点，"国家的经济社会体系是由各个行业所构成的，当各个行业都有健全的规范体系时，整个经济社会法治体系就有坚实的社会基础"。④孙笑侠教授也指出，"法治社会有地域和行业两条线索，地域是指法治的地区差异性，行业是指法治的行业特殊性。各行业领域的法治化是可以期待的，既然地域意义上的法治不能平衡发展，那么我们通过行业法治建设来弥补'东西差异''城乡差异'带来的法治不平衡"。⑤

正如法治国家是国家治理的基本方式、法治政府是政府治理的基本方式一样，法治社会是社会治理的基本方式，行业法治是行业治理的基本方式。从法治国家、法治政府到法治社会，进而到行业法治，表明法治从抽象到具体、从整体到局部、从模糊到精细、从实践到实证、从不确定性到日渐确定的发展过程。而社会治理是包括基层治理和行业治理等在内的

---

① 王圣诵：《中国行业自治及其立法》，载《东方论坛》2001年第2期，第56页。

② 陈金钊、宋保振：《法治国家、法治政府与法治社会的意义阐释——以法治为修辞改变思维方式》，载《社会科学研究》2015年第5期，第85页。

③ 张文显：《法治与法治国家》，法律出版社2011年版，第197页。

④ 张文显：《建设中国特色社会主义法治体系》，载《法学研究》2014年第6期，第19页。

⑤ 孙笑侠：《法治转型及其中国式任务》，载《苏州大学学报（法学版）》2014年第1期，第30页。

体系，社会治理现代化必然要通过基层治理和行业治理来实现。社会治理"重要的治理主体就是活跃在社会各领域的行业协会、学会、研究会、基金会、促进会等社会组织"，①如此，社会治理现代化也有赖于行业法治的建设。"从当下中国的社会建设的角度来讲，我们也需要加强行业法制，推进行业的法治化。行业法是国家与社会二元互动的载体之一，是国法与行规的结合部。同时，行业法治化是社会法治化的必备条件和应有之义，也是与国家和政府法治化同等重要的法治必经之路。"②行业法治的重要性于此可见一斑。

但是，到目前为止，行业法治还是一个全新的概念，是法治领域的新课题，既未见官方的倡导，连学理上的研究也很少。那么，什么是行业法治？有什么内涵和特征？理论价值和实践意义分别何在？是否还存在不足？如果是，又要如何完善？诸如此类的问题，既是行业法治的基本理论性问题，也是行业法治研究首先需要回答的问题，都值得好好探究。以上，构成了行业法治研究的理论背景。

与行业法治理论研究不足相关联的行业法治的实践状态是，我国的行业法治建设还处于初级阶段，行业法治还很不完备。最近四十年以来，在从计划经济向市场经济转型的过程中，我国的行业治理实践出现了种种乱象，爆发出诸多行业问题，产生了很多行业风险，如金融行业、食品行业、医疗行业、环保行业和工程行业等爆发出来很多问题。这些问题都是影响比较大、牵涉比较广、侵害不特定的消费者利益和社会公共利益的问题，如行业中的黑恶势力问题、行业腐败问题、行业垄断问题、假冒伪劣产品问题、工程质量问题、环境污染问题等。而且，行业实践中爆发出来的这些问题，往往不是单一的问题，而是各种问题相互交织在一起，如黑恶势力问题、假冒伪劣产品问题和工程质量问题背后往往有行业腐败问题。行业乱象引发的行业风险，是一种最典型的公共风险，"其所引发的

①　马长山：《社团立法的考察与反思——从〈社会团体登记管理条例〉（修订草案征求意见稿）出发》，载《法制与社会发展》2017年第1期，第15页。
②　孙笑侠：《论行业法》，载《中国法学》2013年第1期，第56页。

社会关系是一种复杂的双向联系——受害者同时也是受益者，加害者同时也是受害者。所有暴露于公共风险中的人，均将加害者与受害者身份融为一体"。[①]特别是在与健康和安全密切相关的环境污染问题、食品质量问题和假冒伪劣产品问题中更是如此。行业风险产生的原因是综合的，既有表面上的经济利益驱动的原因，也有深层次的文化心理上的原因，如行业从业人员缺乏敬畏之心，更与我国的法治建设过去只重视国家层面的法治而忽略社会层面的法治有关，与行业缺乏法治有关。[②]从根本上说，解决行业乱象化解行业风险最有效、最可靠、最持久的措施只能是行业法治。"行业法治"势在必行。[③]因此，对行业法治进行研究，可以为解决行业乱象化解行业风险提供一条法治途径。这是行业法治研究的实践背景。

基于以上理论背景和实践背景，本书主要对行业法治的理论问题和实践问题做一些探讨，以传播行业法治的理念，以期为法治社会的建成、为社会治理现代化的实现、为解决行业实践中出现的问题而建言献策。

---

① 宋亚辉：《风险控制的部门法思路及其超越》，载《中国社会科学》2017年第10期，第139页。

② 参见孙笑侠：《"法治中国"的三个问题》，载《法制与社会发展》2013年第5期，第35页。

③ 郭烨：《全面依法治国新时代的法治规范渊源》，载《法制与社会发展》2022年第2期，第20页。

第一章

法律中的"行业"与行业法

从字面理解，行业法治由行业和法治两个概念组成，行业在前而法治在后。概念是规范分析的起点和前提，那么，对行业法治的探索，首先要从分析行业这个概念开始。在我国，行业本来只是一个古老的经济概念，但在历史的演变中，特别是在改革开放后及市场经济时期，行业在社会结构中的地位得到了显著提升，从而在社会治理中发挥了更为重要的作用。如张文显教授所说，"在现代社会，行业的发展逐渐取代了阶级的组织作用"，[①]而尼克拉斯·卢曼则指出，"法律风格的基本变化仍然由社会的结构变迁来决定"，"在走向现代社会的过程中，社会迅速增长的复杂性在所有意义领域——包括法律领域——都摆出了新的问题类型"。[②]那么，行业在社会结构中的变迁给法律带来了何种影响和变化，就是一个卢曼所称的"新的问题类型"。鲜为人知的是，我国法律对行业在社会结构中的显著提升亦已经在立法上有所响应。如果深入分析我国改革开放以后的立法实践，将可以发现一种此前少有而独特的"行业"入法现象。随着法律的不断发展，"行业"入法现象逐渐积少成多，从零散到成规模，最终汇聚成一个此前同样少有而独特的"法律中的行业"的命题。因此在当今时代仅仅把行业理解为是一个经济概念或按照经济门类来界定行业概念[③]已经远远不够，因为行业早已完成了从经济意义上的概念到法律意义上的概念的进化过程，已经从古老的经济概念变成一个新生的法律概念。[④]而这，正是行业与法得以组合成"行业法"、行业与法治得以组合成"行业法治"这个全新概念的基本前提。本书的分析，就从对"法律中

---

① 张文显：《法治与法治国家》，法律出版社2011年版，第203页。

② ［德］尼克拉斯·卢曼：《法社会学》，宾凯、赵春燕译，上海人民出版社2013年版，第234页。

③ 王圣诵：《中国行业自治及其立法》，载《东方论坛》2001年第2期，第56页。

④ 经过这样的发展，"行业"一词没有任何变化，但表达的内涵和意义已经完全不同。借用王人博教授的说法就是，概念还是原来的那个概念，但衣服面料和里子则全换了，这便是蕴涵的改写。参见王人博等：《洋为中用：中国法政知识考古》，北京大学出版社2022年版，"序言"第1页。

的行业"这个命题的实证分析开始，①亦即从对"行业"入法现象的实证分析开始。

第一节　相关概念的比较

在汉语中，"业"可以解释为行业、职业、专业、事业、产业等多种意思，这说明与行业相关的概念，主要包括职业、专业、事业和产业等。那么需要进行比较的相关概念，便主要集中于行业与职业、行业与专业、行业与事业、行业与产业这几个方面。其中，行业与职业、专业的关系相对简单。按照《现代汉语词典》的解释，行业是工商业中的类别，泛指职业，如饮食行业、服务行业。因此，一般认为行业与职业、专业的关系是，行业是由职业组成的共同体，②而职业则是由专业组成的共同

---

① 正如我国台湾地区的学者指出的，"在成文法律中，并没有对行业作出定义，但由法律条文规范中可推知，立法者并没有把行业等同于个人作相同的看待，而是居于类似国家与社会之间的中介者的角色，有时虽类似私人受到国家直接之管制。但大多数的时候，立法者将行业当作多数业者之集体利益，予以特别的地位"。参见赵相文：《行业自治作为我国行政任务民营化之方法——以证券市场自律机制为例》，台湾大学2005年博士学位论文，第99页。我国所有的行业立法，也同样没有给"行业"下一个法律上的定义，但这种情况并不妨碍"行业"成为一个法律概念。在此，还需要特别指出的是，前述台湾地区的学者认为行业是"类似国家与社会之间的中介者的角色"，但笔者认为，"行业"是社会的组成部分。这是本书立论的基本前提。

② 也有学者在他的著作中做出过如下表述：只有少量的行业发展成为职业，它具有专业性、自主性（独立性）、公共性。参见李学尧：《法律职业主义》，中国政法大学出版社2007年版，第6页；转引自孙笑侠：《法律人思维的二元论：兼与苏力商榷》，载《中外法学》2013年第6期，第1107页。可见，这种观点认为，行业与职业并不是空间上的包含与被包含的关系，而是存在着一种时间上的承继发展关系。孙笑侠教授应当是完全接受了这个观点，他在《论行业法》一文中也说，"有的行业（industry）进化为职业（profession），比如教育、医疗等职业。"参见孙笑侠：《论行业法》，载《中国法学》2013年第1期，第55页。看来，关于行业与职业的关系，还值得进一步探讨。但综合来看，行业由职业组成的观点，是符合现代实践要求的，而且已经有相应立法例的支持。例如，2021年《反有组织犯罪法》第六十八条、2021年《安全生产法》第七十八条和第九十二条第二款、2018年《旅游法》第九十条、2016年《电影产业促进法》第九条等。

体。如黑格尔所说："市民社会的成员依据他的特殊技能成为同业公会的成员。"①黑格尔说的"同业公会"，便是一种行业组织；而他所提及的"特殊技能"，便是需要通过职业训练和专业学习才能具备的。我国台湾地区2016年1月修订的行业标准分类相关规定也对行业与职业的关系进行了明确界定：行业是指工作者工作场所隶属之经济活动部门，职业则指工作者本身所担任之职务或工作。②每一种行业均有其主要经济活动，但因分工关系，往往需要各种不同职业之工作人员。反之，同一种职业之工作人员，亦常分布于不同之行业。即是说，行业与职业、专业之间存在着一种交叉关系。在这种交叉关系中，行业共同体③存在着"异质"成员共同体和"同质"成员共同体的分野。由不同的职业和专业组成的共同体可以称之为"异质"成员共同体，如工程共同体；④由相同或相近的职业和专业组成的共同体可以称之为"同质"成员共同体，如法律共同体。⑤不同于行业与职业、专业之间相对简单的关系，行业与事业、行业与产业之间

---

① [德]黑格尔：《法哲学原理》，范扬、张企泰译，商务印书馆2010年版，第248页。

② 这个界定也是联合国出版的人口普查方法（Population Census Method）对于经济活动人口中行业与职业的区别所做的解释。参见赵相文：《行业自治作为我国行政任务民营化之方法——以证券市场自律机制为例》，台湾大学2005年博士学位论文，第98—99页。

③ 张文显教授曾明确提及"行业共同体"这个概念，参见张文显：《法治与法治国家》，法律出版社2011年版，第203页。

④ 例如，关于工程共同体的概念，我国最早研究工程哲学的学者李伯聪教授认为，工程共同体是由工程师、工人、投资者、管理者和其他利益相关者组成的"异质"成员的共同体。为了进行具体、现实的工程活动，工程师、工人、投资者、管理者等不同类型的成员是"一种都不能少"的。参见李伯聪：《工程社会学的开拓与兴起》，载《山东科技大学学报（社会科学版）》2012年第1期，第5—6页；殷瑞钰、汪应洛、李伯聪等：《工程哲学》，高等教育出版社2007年版，第189—190页。

⑤ 如德国社会学家马克斯·韦伯认为，法律共同体是由某种共同的特质维持或形成的，其成员间因共识而达成协议的群体，其特征是具有同质性。这种同质性以出生、政治、道德、宗教信仰、生活方式或职业等社会因素为表现。马克斯·韦伯在其著作《经济与社会》中写下了上述内容。参见张文显：《法治与法治国家》，法律出版社2011年版，第184页。另外，黄文艺教授研究了法律职业共同体的同质性，指出法律职业共同体的同质性体现在共同的职业意识、相同的思维方式、共同的话语系统等方面。法律职业的同质性有助于增强法律职业的凝聚力和战斗力。正是依靠这种同质性，分布在不同地区、具有不同个性的人们才能够在心理上相互认同、共同依托于一种职业，形成一个特殊的社会阶层。参见黄文艺：《法律职业话语的解析》，载《法律科学（西北政法学院学报）》2005年第4期，第5页。

的关系较为复杂，非三言两语可以说清。因此，行业与事业、行业与产业的关系是本书行文伊始就要着重说明的问题。

一、行业与事业

根据我国国家标准《国民经济行业分类》中的定义，行业是从事相同性质的经济活动的所有单位的集合。这个界定与前述我国台湾地区行业标准分类相关规定对行业的界定大同小异。《国民经济行业分类》和我国台湾地区行业标准分类相关规定均是参考联合国统计司制定的《所有经济活动的国际标准行业分类》（International Standard Industrial Classification of All Economic Activities，简称为ISIC）制定而来。目前国际上涉及经济活动的分类标准，除联合国统计司建立的国际标准行业分类外，还包括欧盟统计局建立的欧盟产业分类体系及美国、加拿大和墨西哥联合建立的北美产业分类体系。[①]可见行业和产业在国际上都是作为经济概念而存在的，都是基于经济或经济管理的角度而加以使用的。既然行业是经济活动的分类，那么通过法律对行业进行管理，根据不同行业的特点采取不同的法律制度，就是现代政治国家和市民社会互动的基本方法。从这个逻辑，依稀可以看到行业法和行业法治已经跃然纸上。

而事业一词的意思，具有多种理解。既可以指人所从事的，具有一定目标、规模和系统的对社会发展有影响的经常活动，如科学文化事业；也可以指没有生产收入，由国家经费开支，不进行经济核算的事业（区别于"企业"），[②]如事业单位。但本书考察的"事业"是指第一种意思，非第二种意思。而"事"作为名词，本身有"职业"之意，简单而言，事业可以指人的职业成就。可见行业与事业都跟职业有关。

把行业和事业放在一起比较一下是很有必要的。这是因为在我国既有的行业立法中，最起码有《公路法》《体育法》《高等教育法》《老

---

① 参见2017年9月29日国家统计局副局长鲜祖德就修订《国民经济行业分类》答记者问。

② 《现代汉语词典》，商务印书馆2011年版，第1246页。

年人权益保护法》《民用航空法》《电力法》《民办教育促进法》《公共图书馆法》《残疾人保障法》《精神卫生法》《测绘法》《信托法》《保险法》《教育法》《慈善法》《公益事业捐赠法》等十几部法律的立法宗旨分别提及或发展、或促进、或推动、或保护"公路事业""体育事业""高等教育事业""老龄事业""民航事业""电力事业""民办教育事业""公共图书馆事业""残疾人事业""精神卫生事业""测绘事业""信托事业""保险事业""教育事业""慈善事业""公益事业"等。

以《公路法》为例予以说明。我国《公路法》的立法目的是"加强公路的建设和管理，促进公路事业的发展"，①而没有使用行业的概念。无独有偶，我国台湾地区公路法相关规定使用的也是"加强公路规划、修建、养护，健全公路营运制度，发展公路运输事业"的表达。虽然行业与事业的内涵具有明显的差异，如行业一词偏重于客观性，而事业一词略呈现出一定的主观色彩；行业往往与营利性有关，而事业一般与公益性有关；②但在公路立法中的"事业"完全可以用"行业"替换。我国台湾地区的文献往往会使用"行业（事业）"的表达句式，意即行业与事业是等同的，行业就是事业，事业就是行业。③从我国公路行业立法实践来看，虽然"行业"的概念没有在《公路法》中出现，但行业立法实践却真真切切为此做出过努力。"交通部自1990年开始，在总结《公路管理条例》实施以来的经验，尤其是近年来在公路建设、管理上出现的新情况、新问题的基础上，反复听取了各省、自治区、直辖市人民政府和国务院有关部门的意见，借鉴国外公路立法的经验，起草了《中华人民共和国公路法（送

---

① 我国1997年《公路法》第一条的规定是："为了加强公路的建设和管理，促进公路事业的发展……制定本法。"迄今《公路法》已经历了1999年、2004年、2009年、2016年和2017年五次修订，但这一条规定却延续至今，没有任何改动。

② 有学者对文化娱乐法进行了研究，得出了基本相同的结论。参见刘毅：《论中国特色文化娱乐法的兴起与发展》，载《北京理工大学学报（社会科学版）》2023年第7期，第131页。

③ 参见郭介恒等：《汽车运输业管理相关规定法制化作业之研究——法律位阶探讨》，中国台湾地区"交通部"运输研究所2016年版，第2—75页。

审稿）》，于1995年4月22日报请国务院审批。此后，国务院法制局会同交通部对送审稿又进行了反复研究、修改，形成了《中华人民共和国公路法（草案）》"，①于1997年正式提交全国人大常委会审议。该《公路法（草案）》有两处明确提到过"行业"的概念。第一处是草案第十二条规定了"公路规划应当……与城市建设发展规划和铁路运输、水路运输、航空运输、管道运输等行业发展规划相协调"，②但在审议时删除了该条所列举的"铁路运输、水路运输、航空运输、管道运输"等有关运输方式的字眼，顺带把"行业"一词也从法条中删除了，最终审议通过的《公路法》第十二条变成了"公路规划应当……与城市建设发展规划和其他方式的交通运输发展规划相协调"。③第二处是草案第二十六条明确对"公路工程技术的行业标准"做出了规定，④但立法机关在审议时认为，"关于公路工程技术标准的问题应当依照标准化法的规定办理，本法不宜再作规定。因此，建议删去这一条"。⑤该条在最终审议通过时被简化为"公路建设必须符合公路工程技术标准"。这样一来，《公路法》草案中仅有的关于"行业"的表述便全部消失了。但从公路建设与管理的实际情况来看，我国在经济建设中早已将公路行业单独作为一个行业进行管理了。我国的公路行业，有健全的行业主管部门和行业组织，有规模庞大的行业企业和从业人员，有体系化的行业立法和行业标准。而且，在日常工作中，从事公路建设和管理的人非常频繁地使用"行业"和"公路行业"这两个概念，其频率远远高于"事业"或"公路事业"。这种情形也广泛存在于

---

① 黄镇东：《关于〈中华人民共和国公路法（草案）〉的说明——1997年2月19日在第八届全国人民代表大会常务委员会第二十四次会议上》。

② 1997年《公路法》（草案）第十二条的规定是："公路规划应当根据国民经济和社会发展以及国防建设的需要编制，与城市建设发展规划和铁路运输、水路运输、航空运输、管道运输等行业发展规划相协调，并纳入国民经济和社会发展计划。"

③ 1997年《公路法》第十二条的规定是："公路规划应当根据国民经济和社会发展以及国防建设的需要编制，与城市建设发展规划和其他方式的交通运输发展规划相协调。"

④ 1997年《公路法》（草案）第二十六条的规定是："公路工程技术的国家标准由国务院标准化行政主管部门制定，公路工程技术的行业标准由国务院交通主管部门制定。"

⑤ 厉以宁：《全国人大法律委员会关于〈中华人民共和国公路法（草案）〉审议结果的报告——1997年6月27日在第八届全国人民代表大会常务委员会第二十六次会议上》。

其他行业的经济建设活动中。

综上，倘若我国未来在立法上将《公路法》中的"事业"改为"行业"，则将名正而言顺，更有利于公路行业法治实践。可为此提供旁证的是，在立法宗旨中是否对"事业"做出规定并没有成规，即便是同一行业内的法律，有的在立法宗旨中规定了"事业"，而有的则没规定。如同为教育行业法体系成员，我国《教育法》《高等教育法》《民办教育法》分别在立法宗旨中规定了"教育事业""高等教育事业""民办教育事业"，但《义务教育法》《职业教育法》的立法宗旨中却没有规定"义务教育事业""职业教育事业"。

二、行业与产业

行业与事业容易辨别，行业与产业却难以区分。我国在2002年和2011年两次修订的《国民经济行业分类》都做出了同样的规定：行业（或产业）是指从事相同性质的经济活动的所有单位的集合（第2.1条）。与行业（事业）的表达句式非常相似，行业（或产业）的表述方式，无疑说明在人们当时的观念中，行业与产业是同样的意思。但事实上行业和产业并不相同，产业的外延要大于行业。从1984年到2018年，我国先后颁布了四版国民经济行业分类标准和三版《三次产业划分规定》。这三版《三次产业划分规定》内容略有差异，但其共同之处都是把产业分为第一产业、第二产业和第三产业，而第一产业、第二产业和第三产业又分别分为若干行业。2017年最新修订的《国民经济行业分类》第2.1条已经删掉了"行业"后面括号内的"或产业"三个字，或已说明人们现在已经认识到了行业与产业的区别。但是人们对行业与产业之间的关系的认识并不是稳定的，有时能正确地认为行业与产业有区别，有时又错误地认为行业与产业没有区别，这两种情形在立法上都有所反映。前者如1992年《工会法》第十二条第四款[①]。

---

① 1992年《工会法》第十二条第四款的规定是："同一行业或者性质相近的几个行业，可以根据需要建立全国的或者地方的产业工会。"2001年和2009年，《工会法》修订了两次，但这一款的内容没有任何改动，可见《工会法》对产业与行业的关系的认识非常稳定。

后者如2001年《药品管理法》第五条[①]和2012年《老年人权益保障法》第五十一条[②]。此外，2017年《电影产业促进法》，从法律名称看乃"电影产业"的促进法，法律条文中也多处使用"电影产业"，但是在该法第九条又使用了"电影行业"的提法[③]。2019年《疫苗管理法》第四条第三款[④]也是疫苗行业与疫苗产业不分，表征着在我国"行业"与"产业"不分的立法实践仍在继续。

仍以公路法为例说明。在当前公路法的理论研究中，学者们常常是从产业和产业法的角度研究公路法的。如"法治公路是产业经济行政管理法在公路行业的具体体现与有效延伸"。[⑤]这方面的原因可能在于：在我国过去的经济法学的研究和教学中，产业法是经济法的组成部分，产业法学是经济法学教材中的一章。法学界普遍把经济法的学科体系分为经济法总论和经济法分论，而"经济法分论应包括产业法学、金融法学、财税法学和市场法学"。[⑥]但是，行业和行业法在经济实践和法律实践中是长期存在的，学界在1983年就提出了行业法的概念（此点后文还有分析），学

---

① 2001年《药品管理法》第五条规定："国务院药品监督管理部门应当配合国务院经济综合主管部门，执行国家制定的药品行业发展规划和产业政策。"我国《药品管理法》颁布于1984年，2001年第一次修订时首次出现"执行国家制定的药品行业发展规划和产业政策"的规定，《药品管理法》后又经历了2013年、2015年、2019年三次修订，同一条文中出现"执行国家药品行业发展规划和产业政策"的规定一直延续至今。

② 2012年《老年人权益保障法》第五十一条规定："国家采取措施，发展老龄产业，将老龄产业列入国家扶持行业目录。扶持和引导企业开发、生产、经营适应老年人需要的用品和提供相关的服务。"我国《老年人权益保障法》颁布于1996年，2009年第一次修订，2012年第二次修订时首次出现"将老龄产业列入国家扶持行业目录"的规定，《老年人权益保障法》后又经2015年、2018年两次修订，同一条文中出现"将老龄产业列入国家扶持行业目录"的规定一直延续至今。

③ 2017年《电影产业促进法》第九条规定："电影行业组织依法制定行业自律规范，开展业务交流，加强职业道德教育，维护其成员的合法权益。"

④ 2019年《疫苗管理法》第四条第三款的规定是，"国家制定疫苗行业发展规划和产业政策，支持疫苗产业发展和结构优化，鼓励疫苗生产规模化、集约化，不断提升疫苗生产工艺和质量水平。"

⑤ 贺宏斌：《法治公路的规律、支柱及其对策研究》，载《长安大学学报》2002年第1期，第34页。

⑥ 刘少军、王一鹤著：《经济法学总论》，中国政法大学出版社2015年版，第88页。

者们也认识到产业法与行业法的关系，认为"产业法的范畴大于行业法的范畴，即行业法包含于产业法"，[①]提出产业法学既可以按照不同的行业法体系进行构建，也可以按照法学的基本构成要素体系进行构建，并认为这两种构建路径各有利弊。如果按不同的行业法构建产业法体系，会导致不同行业之间法律结构相同或重复的内容比较多；而按照法学的基本构成要素构建产业法学体系，既具有比较好的理论性和系统性，也可以对不同行业之间的相关规定进行对比分析。[②]两相比较，显然后者优于前者。正是在诸如此类的理念下，人们还是习惯从产业和产业法的角度来研究公路法。这样的习惯同时说明，行业法的概念尚未得到广泛传播和认同，这也进一步说明了研究行业法的意义。

第二节　"行业"入法的实证分析

1992年，党的十四大决定我国要建立社会主义市场经济体制。三十多年来，随着市场经济的不断发展，作为经济概念的行业出现了不断细分的趋势，而市场经济即是法治经济，势必要求法律的进一步细分。反映在法律上，"行业"这个常见于经济领域和经济政策中的词汇，现在已越来越多地进入法律之门，变成一个真实的法律存在。因此，尽管行业法的概念尚未得到广泛传播和认同，但是"行业"在中国现行诸多立法中的存在，在法律实践的层面有力地支撑着行业法的存在，从而宣告了行业法治的潜在可能。为此，有必要从统计学的角度对我国现行法律文本中的"行业"

---

① 张敏：《卫星导航法律范畴的应然与实然》，载《社会科学辑刊》2020年第5期，第123页。

② 参见刘少军、王一鹤著：《经济法学总论》，中国政法大学出版社2015年版，第89页。

入法现象做一番实证分析，建立在实证基础上的分析结果将更令人信服。[①]
如霍姆斯所说："对理性的法律研究来说，在法律的故纸堆里皓首穷经之
人（the black-letter man）或许眼下大行其道，运用统计学之人以及经济学
的行家里手则引领未来。"[②]

一、法律文本的选择

为深入分析越来越多的"行业"入法现象，笔者对列入"中国人大
网"（http：//www.npc.gov.cn）"中国法律法规信息库"中现行有效的
法律文本进行了检索，首次检索截至2019年5月2日。"中国法律法规信息
库"下设"宪法法律""行政法规及文件""部门规章及文件""司法解
释及文件""地方性法规规章""修正案""法律解释"和"决定"8个
栏目。为研究方便起见，笔者拟分两种不同的情况确定分析对象，即首
先选取全国人民代表大会及其常委会颁布的宪法法律、条例、决定、法律
解释作为重点分析对象，其次选取行政法规和部门规章作为补充分析对
象，而将其他法律渊源均排除在外。其中，"宪法法律"栏目又分为"宪
法""宪法相关法""行政法""经济法""民商法""刑法""社会
法""诉讼法及非诉讼程序法"等8个子栏目，总共收录现行有效的法律
文件300部。另外，"中国法律法规信息库"下设的"行政法规及文件"
栏目和"部门规章及文件"栏目分别收录现行有效的行政法规文件677

---

① 严格意义上说，下文对法律中的"行业"进行的实证分析，并非统计学的法律实证
研究，而只是一种描述性统计实证分析。这种描述性统计实证分析所利用的数据主要是"小数
据"，即：不是全国性的大数据，而是一些局部性和抽样性的数据。虽然小数据存在一些问题，
但是，小数据本身具有大数据往往难有的价值，特别是小数据时常是基于研究需要，主动在原始
材料中所创造性挖掘、使用的，其功能往往是大数据所未具的，因而更具有学术价值。关于描述
性统计和小数据的分析，可进一步参见左卫民：《实证研究：中国法学的范式转型》，法律出版
社2019年版，第10—28页。笔者认为，本书稍后的分析亦表明，本书所使用描述性统计方法，在
法律条文中挖掘出有关"行业"的小数据，并对这些小数据展开多维度的分析，是研究行业法和
行业法治的基本前提，亦即是本书立论的前提。

② ［美］霍姆斯：《法律之道》，姚远译，载周赟主编：《厦门大学法律评论》总第26
辑，厦门大学出版社2015年版，第166页。

部、部门规章文件3946部。

二、"行业"入法的检索情况

首次对上述"宪法法律"栏目收录的300部现行有效的法律文件进行检索，"行业"一词的检索结果如图1.1和图1.2所示，并对检索结果详细整理说明如下。

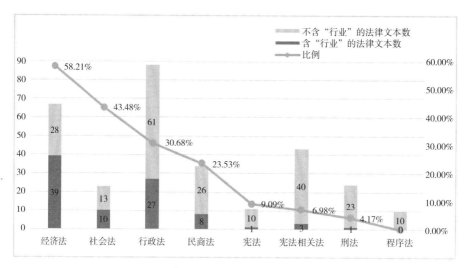

图1.1　检索出"行业"的部门法统计情况

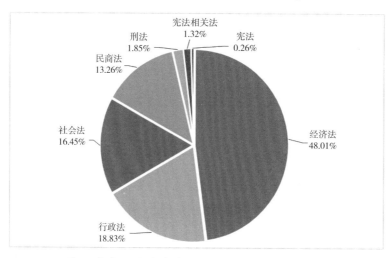

图1.2　各部门法检索出"行业"的次数统计情况

（一）"行业"入法的检索结果

"宪法"子栏目收录的11部法律文件，在现行《宪法》中检索出"行业"1次。

"宪法相关法"子栏目收录的43部法律文件，有3部检索出"行业"，共计检索出5次，包括《香港特别行政区基本法》3次，《国家安全法》1次，《国家勋章和国家荣誉称号法》1次。

"经济法"子栏目收录的67部法律文件，有39部检索出"行业"，共计检索出181次，包括《资产评估法》32次，《节约能源法》12次，《网络安全法》12次，《标准化法》10次，《煤炭法》10次，《反垄断法》10次，《广告法》9次，《种子法》8次，《产品质量法》7次，《旅游法》7次，《清洁生产促进法》7次，《中小企业促进法》5次，《循环经济促进法》4次，《水法》4次，《邮政法》4次，《农业法》4次，《农业机械化促进法》3次，《畜牧法》3次，《铁路法》3次，《电力法》2次，《国防交通法》2次，《航道法》2次，《政府采购法》2次，《反不正当竞争法》2次，《海域使用管理法》2次，《全国人民代表大会常务委员会关于批准〈广东省经济特区条例〉的决议》2次，《农产品质量安全法》1次，《会计法》1次，《对外贸易法》1次，《烟草专卖法》1次，《注册会计师法》1次，《建筑法》1次，《车船税法》1次，《可再生能源法》1次，《企业国有资产法》1次，《反洗钱法》1次，《价格法》1次，《乡镇企业法》1次，《个人所得税法》1次。

"行政法"子栏目收录的88部法律文件，有27部检索出"行业"，共计检索出71次，包括《食品安全法》13次，《消防法》7次，《行政许可法》6次，《社会保险法》6次，《职业教育法》4次，《促进科技成果转化法》4次，《公共图书馆法》3次，《土壤污染防治法》3次，《大气污染防治法》2次，《律师法》2次，《国防动员法》2次，《国家通用语言文字法》2次，《电影产业促进法》2次，《药品管理法》2次，《中医药法》1次，《气象法》1次，《环境噪声污染防治法》1次、《教育法》

1次，《公务员法》1次，《城乡规划法》1次，《环境保护法》1次，《治安管理处罚法》1次，《人民警察法》1次，《科学技术进步法》1次，《突发事件应对法》1次，《土地管理法》1次，《全国人民代表大会常务委员会关于批准〈国务院关于老干部离职休养的暂行规定〉的决议》1次。

"民商法"子栏目收录的34部法律文件，有8部检索出"行业"，共计检索出50次，包括《证券投资基金法》25次，《电子商务法》8次，《拍卖法》4次，《商标法》4次，《外商投资法》3次，《保险法》3次，《合同法》2次，《证券法》1次。

"刑法"子栏目收录的24部法律文件，有1部（即修正后的《刑法》）检索出"行业"7次。

"社会法"子栏目收录的23部法律文件，有10部检索出"行业"，共计检索出62次。包括《安全生产法》23次，《慈善法》12次，《矿山安全法》10次，《劳动合同法》5次，《红十字会法》3次，《特种设备安全法》2次，《老年人权益保障法》2次，《未成年人保护法》2次，《工会法》2次，《职业病防治法》1次。

"诉讼法及非诉讼程序法"子栏目收录的10部法律文件，没有检索出"行业"。

（二）对"行业"入法检索结果的分析

对上述检索结果进行统计，可以发现，在300部现行有效的法律文本中，共计有89部检索出了"行业"，约占所有现行有效的法律文本的30%。其中，"经济法"39部，约占"经济法"所有现行有效的法律文本的58.21%；"社会法"10部，约占"社会法"所有现行有效的法律文本的43.48%；"行政法"27部，约占"行政法"所有现行有效的法律文本的30.68%；"民商法"8部，约占"民商法"所有现行有效的法律文本的23.53%；"宪法"1部，约占"宪法"所有现行有效的法律文本的9.09%；宪法相关法3部，约占"宪法相关法"所有现行有效的法律文本的6.98%；

"刑法"1部，约占"刑法"所有现行有效的法律文本的4.17%。"诉讼法及非诉讼程序法"为0部。

在检索出了"行业"的89部法律文本中，"行业"被检索出的总次数为377次（详见本书附录A《"行业"入法的梳理》），平均每部法律文本约4.24次。其中，最多的是"经济法"181次，约占48.01%；其后依次是"行政法"71次，约占18.83%；"社会法"62次，约占16.45%；"民商法"50次，约占13.26%；"刑法"7次，约占1.85%；"宪法相关法"5次，约占1.32%；"宪法"1次，约占0.26%。

对"中国法律法规信息库"下设的"行政法规及文件"栏目和"部门规章及文件"栏目的检索结果显示，在677部现行有效的"行政法规及文件"中，有168部检索出了"行业"，占比约为25%；在3946部现行有效的"部门规章及文件"中，有1300部检索出了"行业"，占比约为33%。

如果进一步对上述检索出"行业"的89部法律、168部"行政法规及文件"和1300部"部门规章及文件"的颁布时间进行分析，可以发现，除极少数的法律文本外，上述对"行业"做出规定的法律、行政法规和部门规章，大都是改革开放以后特别是最近三十年间通过生效的，在实施期间大多经过数次修改。如果对检索出"行业"的89部法律继续进行分析，则可以进一步发现，这89部法律的颁布时间贯穿了1979年至2019年这四十年，即年均约2.23部。而且只有19部法律在首次颁布时没有对"行业"做出规定，这一部分的比例约占21%；有70部法律在首次颁布时对"行业"做出了规定，这一部分的比例约占79%。[①]显然，后者是立法的主流。预计这种趋势在未来仍会持续。笔者分析，形成这种立法局面的原因取决于经

---

① 另有三部法律颁布时对"行业"做出了规定，但在后续修订时予以删除。这三部法律包括：1、1993年颁布的《公司法》（后在2005年修订时删除了"行业"）和2002年颁布的《环境影响评价法》（后在2016年修订时删除了"行业"），这两部法律目前仍没有关于"行业"的规定。2、1997年颁布的《动物防疫法》（后在2007年第一次修订时删除了"行业"，直到2021年第四次修订又检索出"行业"4次）。本书没有将这三部法律纳入首次颁布时即规定了"行业"的法律中。如果把这三部法律纳入，则首次颁布即对"行业"做出规定的法律在所有检索出"行业"的法律总数中的占比，将提升至82%。

济发展水平和行业成熟状况。更具体地说，首次颁布时未对"行业"做出规定的19部法律，除了2007年《城乡规划法》这部制定于二十年之内的法律外，其余均制定于二十年前到四十年前之间，当时还是计划经济，经济总体还没发展起来，行业还没有发育成熟。但是，随着市场经济的发展，这些法律全部在最近二十到三十年间通过修订的方式，对"行业"做出了补充规定。

律师行业四十多年来的发展为此提供了有力的佐证。"文化大革命"结束后，律师职业自夭折于1957年反右派斗争中后①重新回到国家和社会生活中，法律立即对此进行了确认。这就是1980年8月全国人大常委会颁布的、自1982年1月1日起施行的《律师暂行条例》。新中国这才初步实现1959年国际法律学家会议提出的"为维护法治起见，应该有能自由处理其业务的有组织的法律职业……亦应有从事法律职业的管理条例"②的要求。但是，律师行业初创时期的《律师暂行条例》极其简单，仅对律师的任务和权利、律师资格、律师的工作机构等主要事项进行规定。其中，律师被定位为"国家的法律工作者"，律师的工作机构（法律顾问处）被界定为"受国家司法行政机关的组织领导和业务监督的事业单位"。这样的法律环境反映出国家和社会对重建初期的律师的认识心理，"说明此时的中国社会仍然是国家和社会高度一元化的大一统社会：国家公权极度发达，民间私权依附或归并于国家公权"。③《律师暂行条例》的条文也很少，只有短短的21条，但是，《律师暂行条例》第十九条却专门对建立"律师协会"做出了规定，明确律师协会的主要任务和目的是"维护律师的合法权益，交流工作经验，促进律师工作的开展，增进国内外法律工作者的联系"，律师协会被界定为"社会团体"，组织章程由其自行制定。此时，虽然还没有明确实行律师行业自治，但律师协会的组建却已经无形

---

① 张志铭、于浩：《转型中国的法治化治理》，法律出版社2018年版，第242页。

② 炽亚：《国际法律学家会议发表德里宣言》，载《现代外国哲学社会科学文献》1959年第5期，第34页。

③ 张志铭、于浩：《转型中国的法治化治理》，法律出版社2018年版，第243页。

之中为此做出了机构上的过渡。律师协会虽然没有"行业"二字,但实质上就是行业协会。律师协会制定的规范和惩戒规则被称之为"行业规范和惩戒规则",这在2007年修订的《律师法》中得以明确规定。可以说,《律师暂行条例》的颁布和律师协会的组建是律师行业的法治发展之始。随着改革开放的不断推进,1993年国家司法部制定了《深化律师工作改革方案》,提出"从用行政官员、行政级别的概念来界定律师的属性,逐步转变为面向社会、为社会服务的法律工作者","对律师的管理从过去完全由司法行政机关管理,向司法行政机关管理和律师协会管理相结合的模式转变,并创造条件过渡到由司法行政机关指导下的律师协会行业管理"[①]等转变要求。1997年,实施了十五年之久的《律师暂行条例》升级为《律师法》,并已经历了2001年、2007年、2012年和2017年四次修订,律师被最终界定为"依法取得律师执业证书,接受委托或者指定,为当事人提供法律服务的执业人员",律师的执业机构是律师事务所。特别是《律师法》单设一章(即第五章)对律师协会进行规定,进一步明确律师协会是社会团体法人,是律师的自律性组织,司法行政部门依照律师法对律师、律师事务所和律师协会进行监督、指导。有学者研究指出,当今中国律师行业的发展运动及其趋势,表现为一个完整的社会化和行业化的进程:社会化是指在律师业与国家(相对于社会)的关系上发生的以律师行业逐渐脱离对国家经费和编制的依赖,而行业化是律师业与社会(包含国家)的关系上发生的以形成律师业自治自律的管理机制为目的。[②]至此,律师行业的法治发展达到了迄今为止的高点,律师行业发展也达到了迄今为止的高点,且这个过程仍未完结。据国家司法部统计,截至2022年年底,全国共有执业律师65.16万人,比2021年底增长超过了13%。[③]

---

① 肖扬:《律师工作改革的重大突破:全国司法厅(局)长座谈纪要》,载《中国律师》1993年第8期。转引自吴洪淇:《律师职业伦理规范建设的回顾与前瞻》,载《交大法学》2018年第2期,第26—27页。

② 张志铭、于浩:《转型中国的法治化治理》,法律出版社2018年版,第245页。

③ 司法部:《2022年度律师、基层法律服务工作统计分析》,参见司法部网站:http://www.moj.gov.cn/pub/sfbgw/gwxw/xwyw/202306/t20230614_480739.html,最后访问日期:2023年7月4日。

三、"行业"入法的最新发展

从2019年5月2日笔者首次对"行业"入法现象进行梳理，至今已过了四年多时间。在这段时间里，无论是新颁布的法律还是新修订的法律，"行业"入法现象都有比较显著的新发展。

（一）新颁布的法律

"行业"入法现象在新颁布的法律中有以下最新发展：2019年6月通过的《疫苗管理法》检索出"行业"8次。2019年10月通过的《密码法》检索出"行业"7次。2019年12月通过的《基本医疗卫生与健康促进法》检索"行业"11次。2020年1月通过的《出口管制法》检索出"行业"3次；同期通过的《生物安全法》检索出"行业"2次。2020年12月通过的《长江保护法》检索出"行业"3次。2021年4月通过的《反食品浪费法》检索出"行业"10次。2021年6月通过的《数据安全法》检索出"行业"8次。2021年8月通过的《医师法》检索出"行业"8次。2021年12月通过的《噪声污染防治法》检索出"行业"1次；同期通过的《反有组织犯罪法》检索出"行业"13次。2022年4月通过的《期货和衍生品法》检索出"行业"15次。2022年9月通过的《反电信网络诈骗法》检索出"行业"4次。2022年10月通过的《黄河保护法》检索出"行业"2次。2023年6月28日通过《无障碍环境建设法》检索出"行业"1次。

（二）新修订的法律

"行业"入法现象在新修订的法律中有以下最新发展：1983年颁布的《海上交通安全法》没有检索出"行业"，2016年第一次修订时维持不变，但2021年第二次修订时检索出"行业"2次，亦即增加了2次。1984年颁布的《药品管理法》没有检索出"行业"，2001年第一次修订后检索出"行业"2次，2013年第二次修订和2015年第三次修订维持不变，但2019年8月第四次修订后检索出"行业"7次，增加了5次。1993年颁布的《科学技术进步法》检索出"行业"1次，2007年第一次修订后也检索出"行业"1次，但这两次检索出的"行业"所指不同，①2021年12月第三次修订时检索出"行业"2次，增加了1次。②1995年颁布的《体育法》并没有检索出"行业"，2009年第一次修订和2016年第二次修订后维持不变，但是2022年6月《体育法》第三次修订后情况发生了变化，该法第六十七条两次提及"行业"。③1995年颁布的《固体废物污染环境防治法》没有检索出"行业"，经过2004年、2013年、2015年、2016年四次修订均未检索出"行业"，直到2020年第五次修订后检索出"行业"3次。1996年颁布的《职业教育法》检索出"行业"4次，2022年第一次修订后检索出"行业"总共27次，一次性增加了23次。1997年颁布的《动物防疫法》检索出"行业"1次（即行业标准），④但1997年提及动物和动物产品检疫的行业标准有点超前，⑤故《动物检疫法》在2007年第一次修改时就将"行业标准"改成了更为宽泛的"规定"一词，并在2013年和2015年两次修订时维持了"规定"的表述，故2007年、2013年和2015年《动物防疫法》没有检

---

①　1993年《科学技术进步法》第十七条规定："国家依靠科学技术进步，发展工业、交通运输、邮电通信、地质勘查、建筑安装和商业等行业，提高经济效益和社会效益。"这一条在2007年《科学技术进步法》第一次修订时被删除，但2007年《科学技术进步法》第六条新提及"行业"一词。该法第六条第二款规定："国家加强跨地区、跨行业和跨领域的科学技术合作，扶持民族地区、边远地区、贫困地区的科学技术进步。"可见，1993年《科学技术进步法》检索出的是"行业"，2007年《科学技术进步法》检索出的是"跨行业"。

②　2021年《科学技术进步法》检索出2次"行业"，除了保留第六条第二款检索出"跨行业"外，还在第一百零四条第二款中检索出了"行业主管部门"。

③　2022年《体育法》第六十七条的规定是："单项体育协会应当接受体育行政部门的指导和监管，健全内部治理机制，制定行业规则，加强行业自律。"检索出的两次"行业"一为"行业规则"，一为"行业自律"。

④　1997年《动物防疫法》第三十条规定："动物防疫监督机构按照国家标准和国务院畜牧兽医行政管理部门规定的行业标准、检疫管理办法和检疫对象，依法对动物、动物产品实施检疫。"

⑤　以"动物检疫"为关键词，检索全国标准信息公共服务平台（https://std.samr.gov.cn/）收录的行业标准，可以检索到16部行业标准。最近颁布的一部行业标准是2022年发布的《动物检疫实验室样品管理技术规范》（SN/T 5478—2022）。而最早的两部行业标准是2006年12月发布的《水生动物检疫实验技术规范》（SC/T 7014—2006）和2008年9月发布的《出入境动物检疫实验样品采集、运输和保存规范》（SN/T 2123—2008），可见，最早的两部动物检疫行业标准滞后于《动物防疫法》颁布之年（1997年）约10年。

索出"行业"一词,但是2021年第四次修订时检索出了4次"行业"。1998年颁布的《消防法》检索出"行业"5次,经过2008年和2019年两次修订后,均检索出"行业"7次,2021年第三次修订后检索出"行业"8次,增加了1次。1998年颁布的《证券法》没有检索出"行业",2005年第二次修订时检索出"行业"1次,2013年第三次修订和2014年第四次修订维持不变,2019年第五次修订后检索出"行业"10次,增加了9次。2002年颁布的《安全生产法》检索出"行业"14次,该法在2009年第一次修订时检索出"行业"的次数维持在14次,但2014年第二次修订时检索出"行业"增加到23次。2021年第四次修订后检索出"行业"38次,又增加了15次。2014年颁布的《反间谍法》没有检索出"行业",但经2023年4月最新修订后,该法第十二条第二款检索出"行业"2次,增加了2次。2005年颁布的《畜牧法》检索出"行业"3次,2015年《畜牧法》第一次修订时维持不变,但2022年第二次修订时检索出"行业"4次,增加了1次。2006年颁布的《农产品质量安全法》检索出"行业"1次,2018年第一次修订时维持不变,但2022年第二次修订时检索出"行业"2次,增加了1次。

经统计,这四年多我国新颁布的法律累计检索出"行业"96次,新修订的法律检索出"行业"111次,两项合计207次,涉及法律28部(详见附录B《"行业"入法的最新发展》),年均约有7部法律检索出了"行业"(1979年至2019年间年均为2.23部),平均每部法律检索出行业7.39次(1979年至2019年间平均为4.24次)。在新修订的法律中检索出的111次"行业"中,较修订前增加了71次,增幅占比63.96%。如果加上在新颁布的法律中检索出的96次"行业","行业"新增检索次数达到了167次,增幅占比达到了80.68%。因此,无论是从检索出"行业"的总次数还是增幅占比等数据来看,"行业"入法现象在最近的四年多都有了比较显著的增加。这些新发展,正是"行业"入法和行业法在法律实践中具有旺盛生命力的表现。

综合分析上述"行业"入法的首次检索及最新发展情况,无论是第一次颁布时即对"行业"做出规定的法律,还是后续修订时补充对"行业"

做出规定的法律，这两种法律在对"行业"做出规定的追求上表现出一种趋同性。这种趋同性说明行业和行业法在同步发展，行业法和行业法治已经成为一种不容忽视的现象。"事实上，涉及行业的法律早已潜藏于我们的法律体系，或者说已经在部门法的夹缝中勃兴。"①其背后的原理在于，行业越发展，对行业法律和行业规则的要求就越强烈，行业法律和行业规则的数量就会越多，这反过来又会进一步促进行业的发展。哲学中有所谓"量变引起质变"的原理，"行业"入法现象在所有现行法律、行政法规和部门规章中总体上占到了三成，席卷了除诉讼法及非诉讼程序法之外的其他部门法，而且这个比例超越了所有部门法在法律体系中的比例。这种情况堪称是法律领域的"量变引起质变"现象，不得不引人深思，引起重视。

在对法律文本进行条文检索的基础上，现在有必要把考察视角从法律条文检索延伸到法律条文内容上来，可以分两步完成对法律条文内容的考察：首先可以从部门法的视角进一步梳理法律条文中关于"行业"的内容，其次可以梳理"行业"在法律条文中的形式样态。继续对部门法中的"行业"和"行业"在法律条文中的形式样态进行梳理，既有利于进一步对行业法进行论证，也有利于对行业法治的研究。

四、部门法中的"行业"

我国当前法治实践和理论研究的普遍做法是将法律体系进行部门法划分，并按照部门法分类展开法学研究。所谓部门法，亦称法律部门，是依据一定的标准与原则所划分的同类法律规范的总称。传统法理学以法律所调整的社会关系不同，认为部门法体系通常是指宪法、民法、刑法、诉讼法等，②新兴法理学则提出应以法域作为划分标准，认为部门法体系包括私法、公法、社会法、国际法四大部门法群。③但本书的目的并不在于

① 孙笑侠：《论行业法》，载《中国法学》2013年第1期，第46页。
② 李步云主编：《法理学》，经济科学出版社2000版，第275页。
③ 姚建宗主编：《法理学》，科学出版社2010年版，第91页。

研究部门法，而在于研究行业法，如果需要论及部门法以及部门法与行业法的关系，那也是试图从行业法的视角来看待部门法，故笔者暂且遵循传统法理学中划分部门法的思路，在传统部门法的框架中分析梳理法律中的"行业"。前述检索情况及分析结果已经初步表明，对"行业"做出规定的部门法，主要有宪法、经济法、行政法、社会法、民商法和刑法（只有诉讼法及非诉讼程序法这个部门法没有对"行业"做出规定）。各部门法有关"行业"的主要情况如下：

（一）宪法中的"行业"

新中国成立后，共实施过1954年、1975年、1978年和1982年四部宪法。前三部宪法都没有对"行业"做出规定，但是到了1982年，我国实行改革开放已经有了四年，虽然还是计划经济，但毕竟国家已经把主要精力转移到了经济建设上来，"以经济建设为中心"的经济社会与此前的"以阶级斗争为纲"的阶级社会有了质的不同。所以1982年宪法首次出现了"行业"一词。这就是现行宪法第八条第二款的规定。[①]这使得"行业"一词具有了宪法地位和宪法意义。而且现行宪法相关法（如《香港特别行政区基本法》《国家勋章和国家荣誉称号法》等）中也出现了"行业"一词。此后的四十多年间，现行宪法历经了1988年、1993年、1999年、2004年、2018年五次修改，但这一条规定一直沿用至今，表明"行业"一词的宪法地位依然屹立不倒。尽管有学者认为"宪法不是普通的政策宣言，不应该规定过多的经济制度"，[②]但在现行宪法明确规定了"行业"的前提下，作为经济制度的重要组成因素，"行业"的宪法地位及其相应的表现形式和保障制度等，尚是一个无人问津的理论问题。

（二）经济法中的"行业"

如前所述，对"行业"做出规定最多的部门法是经济法，涉及法律最

---

① 现行1982年《宪法》第八条第二款规定，城镇中的手工业、工业、建筑业、运输业、商业、服务业等行业的各种形式的合作经济，都是社会主义劳动群众集体所有制经济。

② 张千帆：《宪法学讲义》，北京大学出版社2011年版，第49页。

多，检索出"行业"频次最多。此等现象说明行业法与经济法具有更亲密的关系，由此亦可以反向证明"行业"首先是一个经济概念。但目前经济法学界仍习惯于从产业法的角度研究经济法，这种认识需要改变，需要调整到从行业法的角度来研究经济法。

有关"行业"的经济法最典型的表现是2016年《资产评估法》。《资产评估法》只有短短的55条，但包含"行业"在内的条文却达到了20条之多，条文占比高达36%。《资产评估法》还以专章的形式对"行业协会"做出了多次规定，在《资产评估法》检索出的32处"行业"中，涉及"行业协会"的占了24处（剩余8处为"行业"）。因此，资产评估行业盛赞《资产评估法》的颁布是"评估行业法治的新时代"。[①]其他如《节约能源法》《反垄断法》《标准化法》《煤炭法》《广告法》《种子法》《产品质量法》《旅游法》《清洁生产促进法》等经济法律中，"行业"从低到高依次出现了7次到12次不等。应当说，这个频率是非常高的。

（三）行政法中的"行业"

对"行业"做出规定的行政法律，主要是《行政许可法》《社会保险法》《教育法》等。如《行政许可法》对"行业"的规定，表现在以下几个方面：一是对"特定行业的市场准入，需要赋予特定权利的事项"的行政许可；二是"对特定职业行业，需要确定具备特殊信誉、特殊条件或者特殊技能等资格、资质的事项"的行政许可；三是对"行业组织或者中介机构能够自律管理的"事项，无需设定行政许可；四是对公民特定资格的考试，依法由行政机关或者行业组织实施。《社会保险法》则对工伤风险的行业费率和行业差别费率做出了明确规定。行政法中诸如此类的规定是对社会经济生活中不同行业运转规律的回应。

（四）社会法中的"行业"

"行业"在社会法中最典型的表现是《安全生产法》。《安全生产

---

① 贺邦靖：《开启评估行业法治新时代》，载《中国财政》2016年第15期，卷首语。

法》与《资产评估法》一样，堪称是规定了"行业"的法律的集大成者。而且，在所有的行业法律中，"行业"在《安全生产法》的形式样态是最齐全的。2021年修订的《安全生产法》总共只有119个条文，却总共有21个条文检索出了"行业"，条文占比高达17.65%，其中，提及"行业"的有12个条文，提及"行业标准"的有9个条文，提及"行业自律"的有1个条文，提及"行业主管部门"的有2个条文，提及行业生产经营单位的有3个条文。有少数几个条文重复检索出多种"行业"的形式样态。这些条文明确了安全生产监管部门、行业主管部门的安全保障职责和行业生产经营单位的权利和义务。尤其值得指出的是，《安全生产法》有2个条文提及"新兴行业"，表明《安全生产法》已经把"新兴行业"纳入了安全监管的视野，这是《安全生产法》与时俱进的表现。

（五）民商法中的"行业"

对"行业"做出规定的民商法律有《民法典》《劳动合同法》《商标法》《保险法》等。如《民法典》第五百一十一条第一项对"国家标准、行业标准、通常标准和特定标准"的规定，这一项基本上是对《合同法》第六十二条第一项对"国家标准、行业标准、通常标准和特定标准"规定的承继，但有所优化。对此，有学者分析道，"在这里，法律只是告知人们享有何种权利，承担何种义务，而标准[①]则进一步告知人们享有的权利的具体内容是什么，承担的义务的具体内容是什么"。事先存在的国家标准、行业标准、通常标准和特定标准"成为买卖双方权利和义务之内容得以确定的工具"，[②]法律对"行业"和"行业标准"做出规定的意义从中可见一斑。不仅如此，这种现象还存在于最高人民法院的民事司法解释

---

① 这里的标准，按1999年《合同法》第六十二条第一项的规定，是指国家标准、行业标准、通常标准和特定标准，2020年《民法典》第五百一十一条的规定也是如此。而《标准化法》中的标准，是指国家标准、行业标准、地方标准、企业标准和团体标准等。从中可见，《合同法》和《民法典》的规定与《标准化法》的规定存在着不一致不协调的地方。

② 柳经纬、许林波：《法律中的"标准"——以法律文本为分析对象》，载《比较法研究》2018年第2期，第195页。

中。经检索"北大法宝·中央法规"中最高人民法院发布的司法解释，可以发现历史上存在18部对"行业"做出规定的民事司法解释（含已失效的在内）。最早的一部是1988年4月最高人民法院《关于贯彻执行〈中华人民共和国民法通则〉若干问题的意见（试行）》，其中规定"标的物产地同行业其它企业经过批准的同类产品质量标准"可以作为判断产品质量是否符合合同要求的依据。这种现象一直延续到最高人民法院在2020年5月《民法典》通过后发布的相关民事司法解释中。根据最高人民法院关于适用《民法典》总则篇和合同编通则的司法解释的规定，"某一行业通常采用并为交易对方订立合同时所知道或者应当知道的做法"在符合一定前提条件下（如不违反法律、行政法规的强制性规定且不违背公序良俗）可以认定为民法典所称的"交易习惯"；"在一定地域、行业范围内长期为一般人从事民事活动时普遍遵守的民间习俗、惯常做法等，可以认定为民法典第十条规定的习惯。"可见，在民事司法实践中，"行业"也是《民法典》中规定的"习惯""交易习惯"的判断标准之一。

法律对行业的规定以及行业对法律的影响还可以在《劳动合同法》中找到踪迹。如《劳动合同法》第五十三条提出了"行业性集体合同"的概念，这种行业性集体合同对当地建筑业、采矿业、餐饮服务业等特定行业的用人单位和劳动者均具有约束力。

（六）刑法中的"行业"

1979年我国第一部刑法颁布时，并没有具体条文对"行业"做出规定。但是，随着经济和社会的发展，1993年全国人大常委会发布了《关于惩治生产、销售伪劣产品犯罪的决定》，这个决定对"生产、销售不符合标准的卫生器材罪"和"生产、销售不符合安全标准的产品罪"这两项罪名做出了明确规定，并将"不符合国家标准和行业标准"作为定罪的依据，从而首次明确把"行业"收录其中。1997年刑法第一次修订时，以第一百四十五条和第一百四十六条①对这两个罪名分别予以确认。可见，国家标准和行业标准不仅可以充当确定民事合同权利义务内容的工具，还可以充当是否构成犯罪的判断工具。

在现行刑法中，特定行业的从业人员以及行业监管部门或行业协会的工作人员也可以构成特定罪名的犯罪主体。这方面的典型例子是利用未公开信息交易罪。2009年2月，《刑法修正案（七）》对一百八十条增加一款，明确规定了利用未公开信息交易罪，该罪名将证券交易所、期货交易所、证券公司、期货经纪公司、基金管理公司、商业银行、保险公司等金融机构的从业人员以及有关行业监管部门或者行业协会的工作人员作为犯罪主体。

此外，"行业"本身还能作为是否构成某些犯罪的判断标准之一。这方面的典型例子是黑恶势力方面的犯罪。2002年4月，全国人大常委会专门讨论了刑法第二百九十四条第一款规定的"黑社会性质的组织"的含义问题，并将"在一定区域或者行业内，形成非法控制或者重大影响"确定为"黑社会性质的组织"应当具备的四个特征之一，从而明确了"一定行业"作为黑社会性质组织的判断标准之一。从犯罪构成的角度而言，"一定行业"就构成了黑社会性质组织犯罪的客观要件之一。2011年5月，《刑法修正案（八）》对黑社会性质组织相关罪名进行了修订，将上述"黑社会性质的组织"应当具备的包括"在一定区域或者行业内，形成非法控制或者重大影响"在内的四个特征全部吸收到现行刑法中，位列第二百九十四条第五款。自此，"一定行业"作为黑社会性质组织的判断标准之一正式进入刑法。

除了黑社会性质组织这种"黑势力"外，"恶势力"也借助了"一定行业"作为判断标准。②如2009年12月最高人民法院、最高人民检察院、

---

① 2002年12月28日，第九届全国人民代表大会常务委员会第三十一次会议通过的《刑法修正案（四）》对这两条进行了修订。

② 笔者论述的重心并不在于"黑势力"和"恶势力"的区分，而是试图指出"黑势力"和"恶势力"均借助了"行业"作为判断标准的立法现象。关于"黑势力"和"恶势力"的区分，可参见王强军：《知恶方能除恶："恶势力"合理界定问题研究》，载《法商研究》2019年第2期，第135—145页。

公安部联名印发的《办理黑社会性质组织犯罪案件座谈会纪要》、2018年1月最高人民法院、最高人民检察院、公安部、司法部联合发布的《关于办理黑恶势力犯罪案件若干问题的指导意见》和2019年2月最高人民法院、最高人民检察院、公安部、司法部联名印发的《关于办理恶势力刑事案件若干问题的意见》均对此做出了规定。尤其是2021年12月，全国人大常委会通过的《反有组织犯罪法》第二条第二款对"恶势力组织"也是借助"一定行业"作为判断标准。这是我国法律第一次对以"一定行业"作为"恶势力组织"的判断标准做出确认。根据上述规定，借助"一定行业"来判断"黑势力"和"恶势力"的区别是，"黑势力"必须达到"对一定行业形成了非法控制或重大影响"的程度，而"恶势力"仅要求"在一定行业内多次实施违法犯罪活动"即可，并不要求达到"非法控制或重大影响"的程度。

行业在刑事司法实践中有合法行业与非法行业之分，前者如金融行业、物流行业、旅游行业、工程行业、殡葬行业等，后者如黄赌毒行业等。对合法行业"形成非法控制或重大影响"当然是黑社会性质组织犯罪的判断标准，但对非法行业"形成非法控制或重大影响"是否构成黑社会性质组织犯罪，现行刑法以及数个刑法修正案均没有明确规定，所以刑事司法实践在认定黑恶势力犯罪时对如何确定"一定行业"的范围进行过广泛研讨。最初，刑事司法实践普遍认为黑社会性质组织犯罪中"一定行业"的范围既包括合法行业，也包括非法行业。如2009年12月《办理黑社会性质组织犯罪案件座谈会纪要》就如何理解和把握黑社会性质组织犯罪中"一定行业"的范围时明确提出，"黑社会性质组织所控制和影响的行业，既包括合法行业，也包括黄、赌、毒等非法行业。这些行业一般涉及生产、流通、交换、消费等一个或多个市场环节"。该座谈会纪要进一步规定了认定"在一定区域或行业内，形成非法控制或重大影响"的八种具体情形，其中有六种情形涉及以"行业"作为判断标准，但这份座谈会纪要"并未明确这些行业是否属于同类行业"。[①]2015年10月，最高人民法

---

① 周光权：《黑社会性质组织非法控制特征的认定——兼及黑社会性质组织与恶势力团伙的区分》，载《中国刑事法杂志》2018年第3期，第53页。

院发布的《全国部分法院审理黑社会性质组织犯罪案件工作座谈会纪要》再次重申了黑社会性质组织犯罪中的"一定行业"包括非法行业在内的立场，且进一步明确"一定行业是指在一定区域内存在的同类生产、经营活动"。可见，2015年的座谈会纪要已经明确"一定行业"须为"同类"生产、经营活动，"这样一来，对于一定行业的范围就受到了限制"。①而到了最近几年，"一定行业"的范围是否包括非法行业在内，刑事司法实践的态度发生了细微的变化。如2018年1月《关于办理黑恶势力犯罪案件若干问题的指导意见》除了重复强调2009年12月《办理黑社会性质组织犯罪案件座谈会纪要》提出的认定"在一定区域或行业内，形成非法控制或重大影响"的八种具体情形之外，不再明确规定"一定行业"的范围包括非法行业在内。2019年2月《关于办理恶势力刑事案件若干问题的意见》还提出了两种涉及非法行业但不应认定为"恶势力"的情况。②可见，在刑事司法实践中，从明确提出"一定行业"包括非法行业在内的肯定表达，到不再明确"一定行业"包括非法行业在内的默示表达，再到虽涉及非法行业但不应认定为"恶势力"的否定表达，语气和态度的变换传递出黑恶势力犯罪中"一定行业"的范围不再将非法行业包括在内的发展趋势；③从法律解释的角度来说，则传递出对"一定行业的范围"的解释从包括非法行业在内的扩张性解释向不包括非法行业在内的限缩性解释转变

---

① 周光权：《黑社会性质组织非法控制特征的认定——兼及黑社会性质组织与恶势力团伙的区分》，载《中国刑事法杂志》2018年第3期，第53页。

② 这两种情况是：一、单纯为牟取不法经济利益而实施的"黄、赌、毒、盗、抢、骗"等违法犯罪活动，不具有为非作恶、欺压百姓特征的，不应作为恶势力案件处理。二、恶势力还可能伴随实施开设赌场、组织卖淫、强迫卖淫、贩卖毒品、运输毒品、制造毒品、抢劫、抢夺、聚众扰乱社会秩序、聚众扰乱公共场所秩序、交通秩序以及聚众"打砸抢"等违法犯罪活动，但仅有前述伴随实施的违法犯罪活动，且不能认定具有为非作恶、欺压百姓特征的，一般不应认定为恶势力。

③ 在目前的刑事司法实践中，尽管还只规定了涉及非法行业但不认定为"恶势力"的情形，而没有规定不认定为"黑势力"的情形。但是，最高人民法院、最高人民检察院、公安部联名印发的《办理黑社会性质组织犯罪案件座谈会纪要》提出："'恶势力'，是黑社会性质组织的雏形，有的最终发展成为了黑社会性质组织。"因此，将前述涉及非法行业但不认定为恶势力的情形理解为是黑社会性质组织犯罪的认定趋势，是有道理的。这方面的观点亦可参见王志祥：《论黑社会性质组织非法控制特征中"区域"和"行业"的范围》，载《法治研究》2019年第5期，第44页。

的发展趋势。①"刑法的目的是保护法益,犯罪的本质是对法益的侵犯。这里的'法益',显然只能是合法的利益;对于非法利益显然不存在动用刑法进行保护的必要性和合理性。由此出发,对于黑社会性质组织非法控制特征中的'行业',就只能解释为合法行业,而应当将非法行业排除在外。……如果认为黑社会性质组织非法控制特征中'行业'除合法行业之外,也包括非法行业,就意味着刑法对非法行业的经济、社会生活秩序也要加以保护。这显然违背了刑法设立黑社会性质组织犯罪所追求的保护合法利益的初衷。"②总之,刑法、刑法修正案、相关的刑法司法解释以及刑事司法文件对"行业"的规定从无到有,并不是一种偶然的现象,而是在过去的二十多年间,行业法的发展逐步对"行业"做出的刑法确认。

综上,部门法在对"行业"做出规定这一问题上所表现出来的共性,与广泛存在的"行业"入法现象一样,足以揭示行业法存在的前提条件。值得说明的是,在法学理论中把法律体系进行部门法划分的普遍做法有其优势,也有其弊端。其优势在于法学分科研究使法学研究更加专门化,其弊端在于法学分科研究带来了学术交流隔绝等学科壁垒问题。③固然,宪法、行政法、民商法、经济法、刑法等部门法各自对应着不同的法律关系,法律概念、法律原则、法律规则不同,研究对象和研究方法自然应有所差异。由于传统划分法律部门的标准不统一,如有的认为划分标准只有一个,即法律所调整的社会关系,而有的则认为划分标准有两个,即调整对象和调整方法,因此导致传统部门法不仅存在学科壁垒的问题,也存在部门法体系内容多变的缺陷,④倡导新的部门法分类固然是一种学理上的解决方案,但这仍然是一种传统的部门法思维,中外学者都很清晰地

---

① 到目前为止,理论界和实务界对"一定行业"的范围还没有达成共识,存在争议是显然的。无论是从刑事法治的角度,还是从行业法治的角度,如何认定"一定行业"的范围,都值得继续探讨下去。

② 王志祥:《论黑社会性质组织非法控制特征中"区域"和"行业"的范围》,载《法治研究》2019年第5期,第44页。

③ 陈甦:《当代中国法学研究的研究》,载《中国社会科学评价》2015年第3期,第36页。

④ 姚建宗主编:《法理学》,科学出版社2010年版,第85页。

意识到传统部门法的局限性："传统公法与行政法的研究范式已经难以阐释有关产业和商业行为规制的一些关键问题。"①"社会领域的问题很多是综合性的，是多种不同性质法律问题的交汇，以传统部门法为基础的法学理论和法律架构，已不能适应对很多社会问题的认识和治理；有些则是极具专业性、精细化的，已经无法归类为某个传统的部门法，甚至不少新问题对传统部门法的理念或规则形成冲击或颠覆。"②为此我们需要反思部门法划分标准长期被适用的法律传统，及其划分标准的合理性和妥当性。③拉德布鲁赫在论及公法和私法之外的第三法域时曾经指出："由于对'社会法'的追求，公法与私法、民法与行政法、契约与法律之间的僵硬区分已越来越趋于动摇；这两类法律逐渐不可分地渗透融合，从而由此产生了一个全新的法律领域，它既不是私法，也不是公法，而是崭新的第三法域：经济法和劳动法。"④而卢曼则用"功能分化"来描述社会发展的趋势和社会复杂性的增长，认为"功能分化的后果问题会显现在各个法律制度中，显现在熟悉模式的被质疑和不确定中，以及显现在学说上的分裂中。"⑤行业法正是一种不同于传统的、习以为常的部门法思维的新思维。这种新思维将可以一并解决现行部门法体系下的学科壁垒问题、部门法体系稳定性不足的问题以及部门法的局限性问题。具体地说，在经济实践和法治实践中，一个行业的运作、管理和治理，往往牵涉到不同的部门法。在实践中出现的很多跨学科的交叉问题，如金融行业的刑民交叉问题，就是一个行业牵涉到不同部门法的反映。"法律是以其理念、原则、规范和实施机制对社会关系进行分类处理的体系，因而一个事实关系被分

---

① ［英］安东尼·奥格斯：《规制：法律形式与经济学理论》，骆梅英译，中国人民大学出版社2008年版，"英文版序"，第1页。

② 陈柏峰：《中国法治社会的结构及其运行机制》，载《中国社会科学》2019年第1期，第72页。

③ William Twining, "Social Science and Diffusion of Law," *Journal of Law and Society*, Vol.32.No.2(Jun.2005), pp.203-240.

④ ［德］拉德布鲁赫：《法学导论》，米健译，商务印书馆2019年版，第114页。

⑤ ［德］尼克拉斯·卢曼：《法社会学》，宾凯、赵春燕译，上海人民出版社2013年版，第237页。

解为多个法律关系,一个实践中的社会事务、社会问题由多个法律处理,是一个正常的法治现象。"①显然,部门法无法成为统管这种"多个法律"的概念,但行业法却可以做到。拉伦茨说:"法规范并非彼此无关地平行并存,其间有各种脉络关联。"②行业法正是这样的"法规范"。行业法即是对"行业中的法律"或"适用于行业的所有法律"的抽象和凝练。

因此,如果行业法的概念可以得到推广和认同,那么,行业法可以将部门法串联起来,使得打通部门法之间的界限成为可能。用形象的比喻来说,部门法像一颗一颗的珍珠,而行业法则是把这些珍珠串联起来的链子。如果部门法之间的界限被打通,部门法体系下的学科壁垒和稳定性不足的问题都可能迎刃而解。"行业法的优势在于区分社会关系发生的不同空间领域,并根据特定行业内部的风险状况和行业内在规律,有针对性的加以调控。"③因此,行业法应该继部门法之后,成为我国法律体系和法学体系中的新成员。"一国法律体系内部并不如过去理解的那么简单,它不只是由部门法构成的法律体系。如果说部门法是法律体系的'块',那么行业法就是法律体系的'条',一国的法律体系只有在'条''块'结合的情况下,才是立体的、生动的、丰满的。"④

但是,需要强调说明的是,行业法并不具备对行业分工的功能,因为行业分工本质上是一个经济问题,一旦行业分工形成,才可能由相应的行业法来对行业予以确认,规范该行业的发展。

五、"行业"在法律条文中的形式样态

考察完"行业"在部门法中的存在情况,现在需要进一步考察"行

---

① 陈甦:《当代中国法学研究的研究》,载《中国社会科学评价》2015年第3期,第37页。

② [德]卡尔·拉伦茨:《法学方法论》,陈爱娥译,商务印书馆2003年版,第316页。

③ 宋亚辉:《风险控制的部门法及其超越》,载《中国社会科学》2017年第10期,第155页。

④ 孙笑侠:《论行业法》,载《中国法学》2013年第1期,第55页。

业"在具体法律条文中是一个怎样的存在？通过进一步检索和分析具体法律条文，可以发现，"行业"在法律条文中的形式样态，主要分为行业规划、行业标准、行业规范、行业主体（主要是行业管理主体即行业主管部门和行业经营主体）、行业协会（行业组织）、行业自律、行业诚信、从业人员以及对某些行业行为的禁止（如行业垄断）等几大类型。这几个方面几乎构成了行业法最基本的要素。

（一）行业规划

行业规划对行业具有指导作用，是行业运行和行业治理的首要依据。在软法论者看来，这种行业规划是通过协商的，非强制性的方式实现的，[①]因而行业规划属于公共政策，属于软法的范畴。[②]但是对具体法律条文的检索分析结果表明，纯粹的"行业规划"一词只在2001年颁布的《海域使用管理法》第十五条第一款中出现过。[③]另有《畜牧法》《药品管理法》《疫苗管理法》三部法律对"行业发展规划"做出了规定。[④]此外，法律对"行业规划"的规定，大多是与某一具体行业相结合而出现，如"老龄事业发展规划""职业病防治规划""安全生产规划""国家免疫规划""电力发展规划""清洁生产推行规划""环境保护规划""城市大气环境质量限期达标规划""土壤污染防治规划""户外广告设置规划""循环经济发展规划""行业节能规划""种业发展规划""铁路发展规划""农业发展规划""气象设施建设规划""教育发展规划""生态保护修复专项规划"等。所有这些规划，其实都是非常典

---

① 姜明安：《完善软法机制，推进社会公共治理创新》，载《中国法学》2010年第5期，第20页。

② 戴羽、张健等：《体育公共服务的软法之治》，载《武汉体育学院学报》2019年第3期，第36页；另参见张睿：《软法与公共政策》，载罗豪才主编：《软法的理论与实践》，北京大学出版社2010年版，第150页。

③ 2001年《海域使用管理法》第十五条第一款的规定是：养殖、盐业、交通、旅游等行业规划涉及海域使用的，应当符合海洋功能区划。

④ 分别参见2022年《畜牧法》第六十五条、2019年《药品管理法》第八条、2019年《疫苗管理法》第四条。

型的行业规划。这方面比较典型的法律包括《城乡规划法》《公路法》《水法》《土地管理法》《旅游法》《煤炭法》《安全生产法》等。其中，《城乡规划法》通篇都是对城乡规划的管理制度，而包括《公路法》在内的其他几部法律则以专章的形式对所在行业的行业规划做出了相应规定。

此外，虽然纯粹的"行业规划"在法律中还比较少见，但经检索"北大法宝·法律法规数据库"中的"中央法规司法解释"栏目，①还可以发现528篇法律文件提及"行业规划"。其中，最早对"行业规划"做出规定的法律文件是1981年4月《国务院批转〈国家经济委员会、国务院体制改革办公室关于工业管理体制改革座谈会汇报提纲〉的通知》。②这些法律文件涉及环保行业、交通行业、保险行业、能源行业、教育行业、粮食行业、矿产资源行业、化工行业、卫生行业等诸多行业，可见行业规划对于行业发展的重要性。但是，国家立法机关也有观点认为，各行业部门都有自己的法律和规划，这种行业规划众多、分散，各自相对封闭难以发挥政策和投资的综合效益。③

（二）行业标准

与行业规划一样，行业标准也是行业运行和行业治理的依据。根据行业标准的具体内容不同，现行法律把行业标准细分成行业安全标准、行业分类标准、行业技术标准、行业质量标准和行业服务标准等几个方面。

1. 行业安全标准。行业安全标准是行业标准中最重要的标准，也是在法律中出现频率最多的行业标准。《建筑法》《煤炭法》《食品安全

---

① 笔者检索时间有前有后，"北大法宝"设置的"中央法规司法解释"栏目名称目前已调整为"中央法规"。

② 如1981年4月《国务院批转〈国家经济委员会、国务院体制改革办公室关于工业管理体制改革座谈会汇报提纲〉的通知》提出：搞好工业调整，需要加强规划工作，特别是行业规划，以便上下协调动作。

③ 参见2016年12月全国人大环境与资源保护委员会《关于第十二届全国人民代表大会第四次会议主席团交付审议的代表提出的议案审议结果的报告》。

法》等都对各自的行业安全标准做出了规定，具体表现为建筑行业安全规章或规程（《建筑法》第四十七条）、煤炭行业安全规章或规程（《煤炭法》第三十二条）等。值得说明的是，2021年修订的《食品安全法》检索出食品安全标准47次，此外还检索出食品安全国家标准31次、食品安全地方标准1次、企业标准2次，但没有检索出行业标准。事实上，2009年颁布的《食品安全法》曾规定过食品安全的行业标准，但在2015年《食品安全法》第一次修订时予以删除。故现行《食品安全法》规定的食品安全标准仅包括国家标准、地方标准和企业标准在内，而并没有"行业标准"，有学者认为这显示立法者对食品行业自治的不信任。①但是，准确判断行业标准和行业自治的关系，主要看行业主管部门是否参与了制定行业标准。从理想角度而言，行业标准应当由行业协会自行制定，行业主管部门不应当参与，即行业标准的制定应当是行业自治的一种表现形式，"如果行政当局没有参与制定标准，那么该过程就是一个自我管制的过程"，②否则就不是。实际上，在中国现行标准化法律体系中，行业标准本身正是由国家行业主管部门制定的，而非由行业协会制定的。即便《食品安全法》中有行业标准的规定，也不是对食品行业自治的信任。因此，我们不能从食品安全标准欠缺行业标准的情况得出立法者对食品行业自治不信任的结论。即根据我国现行的标准化管理体制，立法中有行业标准不代表对行业自治的信任，没有行业标准也不代表对行业自治的不信任。

2. 行业技术标准。行业技术标准在国家标准化体系中被列入强制性标准中，如《公路法》第二十六条规定的"公路建设必须符合公路工程技术标准"。诸如此类的"公路工程技术标准"在现行《公路法》中出现了12次之多，足见技术标准对于公路工程的重要性。行业技术标准有时也会以"技术规范"和"监测规范"等名义出现，如《农业机械化促进法》

---

① 参见高秦伟：《私人主体与食品安全标准制定——基于合作规制的法理》，载《中外法学》2012年第4期，第722页。

② ［荷］A.托伦纳：《软法、政策与行政决定的质量》，林良亮译，载罗豪才、毕洪海编：《软法的挑战》，商务印书馆2011年版，第268页。

第十一条规定的"技术规范"和《环境保护法》第十七条规定的"监测规范"。

3. 行业分类标准。行业分类标准主要有行业质量等级标准和行业职业分类标准等，前者见于《煤炭法》第三十条，后者见于《农业法》第五十五条。

4. 行业质量标准。行业质量标准主要有煤炭行业的质量标准和种子行业的质量标准，前者见于《煤炭法》第五十三条，后者见于《种子法》第五十一条。

5. 行业服务标准。法律对行业服务标准的规定，主要见于《旅游法》第九十条。

（三）行业规范

与行业规划、行业标准相类似，行业规范也是行业运行和行业治理的依据。在现行有效的法律中，总共有《食品安全法》《广告法》《反食品浪费法》《动物防疫法》《基本医疗卫生与健康促进法》《药品管理法》《疫苗管理法》《公共图书馆法》《电子商务法》《律师法》《慈善法》《邮政法》《证券法》等十三部法律对"行业规范"做出了规定。根据这些法律的规定，行业规范大都由行业协会制定，也是行业自律的依据。另有极个别法律使用"行业规则"和"行业管理规范"的表达，前者如《体育法》第六十七条，后者如《基本医疗卫生与健康促进法》第九十五条。从立法的逻辑结构和表达来看，"行业规则"、"行业管理规范"与"行业规范"在实践中可以等同使用。

（四）行业主体

无论是对行业而言，还是对行业法而言，行业主体都是不可或缺的。如果没有行业主体，行业将不成其为行业，行业法也无从谈起。行业法律关系，说到底都是行业主体之间的权利和义务关系。如行业治理要求公平竞争的环境，以及打击欺行霸市和黑恶势力的诉求，都是指向行业主体

的。应当指出，除了在一些国务院的政策性文件和部门规章中可以检索到"行业主体"一词外，法律条文中并没有"行业主体"一词，行业主体在法律条文中具体表现为行业管理主体（行业主管部门）、行业经营主体、社会个体（社会公众）、行业协会（行业组织）和从业人员等五种类型。

行业管理主体是每一个行业都必不可少的，几乎每一部行业法律都明确规定了行业主管部门。如《反间谍法》《反电信网络诈骗法》《科学技术进步法》《安全生产法》等均检索出"行业主管部门"1次到2次。特别是《职业教育法》和《反有组织犯罪法》分别检索出"行业主管部门"6次和7次，可以说是最为注重发挥"行业主管部门"作用的法律，法律特别寄希望于行业主管部门在治理职业教育和有组织犯罪这一正一反两个行业领域发挥应有的作用。

行业经营主体也是必不可少的行业主体，不过，除了极少数特定行业市场准入和资格准入外，法律本无需对行业经营主体做出规定，但行业经营主体有时候也会做出违背市场规则的行为而导致市场失灵，因而也需要法律对行业经营主体的行为做出规制。这方面最典型的例子是《旅游法》第六条后半部分、《反垄断法》第七条、《政府采购法》第五条、《注册会计师法》第二十九条等对行业经营主体的行业限制行为的规定。

社会个体更是必不可少的行业主体，所有的行业法律都应该保护社会个体的权利，这主要体现为《消费者权益保护法》《产品质量法》《食品安全法》《价格法》《反不正当竞争法》等法律所做出的对"消费者"的权利进行保护的规定以及《刑法》《立法法》《食品安全法》《药品管理法》《疫苗管理法》《城乡规划法》等法律中所做出的对"公众"的权利进行保护的规定。

行业协会和从业人员，也是重要的行业主体之一，将在下面专门分析，此处不再重复论述。

（五）行业协会

行业协会是行业组织的一种，也是社会组织的一种。在行业立法中，除极个别的行业法律（如《烟草专卖法》）没有规定行业协会之外，其他很多行业法律都专门规定应成立行业协会或加入行业协会，如药品行业、广告行业、保险行业、律师行业等。《证券投资基金法》《资产评估法》《律师法》这三部法律还曾以专章的形式，对各自所属行业协会的组织架构、章程、职能、议事规则、奖惩规则等做出了明确规定。还值得指出的是，1984年颁布的《药品管理法》历经2001年、2013年和2015年三次修订均未规定"行业协会"，直到2019年第四次修订时才规定"行业协会"。这是"行业协会"在行业立法中的最新发展。

行业协会在行业立法中有时候以"行业组织"的名义表现出来，如《职业教育法》《医师法》《数据安全法》《广告法》《教育法》《基本医疗卫生与健康促进法》《行政许可法》《反不正当竞争法》《商标法》《公共图书馆法》《旅游法》等就是如此。从条文内容来看，这些法律大都是在"行业组织"与自律、"行业组织"参与、征求"行业组织"意见这样的句式中使用，可见，虽然用语上"行业组织"异于"行业协会"，但从立法本意来说，"行业组织"大体上相当于"行业协会"。此外，还有极个别法律曾使用了"同业协会"的术语，如2003年《证券投资基金法》，但该法在2012年修订时就将"同业协会"改为了"行业协会"。

（六）行业垄断

《旅游法》第六条前半部分明确提出了"行业垄断"的概念，这是我国行业法首次提出"行业垄断"的概念，也是目前唯一存在的"行业垄断"概念。《旅游法》第六条并没有限定行业垄断的主体，意味着任何行业主体如行业主管部门、行业协会和行业经营主体等都可能成为行业垄断主体，而任何行业主体实施行业垄断行为都是被禁止的。如作为反垄断的基本法，《反垄断法》虽没有明确提出"行业垄断"的概念，但却在第十六条明确禁止行业协会组织本行业经营者实施垄断行为。随着市场经济的发展，行业主管部门组织实施的行业垄断行为越来越少，而行业协会组织实施的行业垄断行为不仅没有减少，涉案金额反而越来越大，而且大多

以所谓的行业自律公约表现出来，形式上更为隐蔽。所以行业协会组织实施垄断行为被视为是一种典型的行业垄断行为。

（七）行业自律

在前述检索的行业立法中，有31部现行有效的法律明确检索出了"行业自律"一词。除了少数几部法律是单独对"行业自律"做出规定之外，如《职业病防治法》《安全生产法》《基本医疗卫生与健康促进法》等，大多数法律都如上所述同时在规定"行业协会"或"行业组织"的条文中规定"行业自律"，且通常以"行业协会或行业组织应当加强行业自律"之类的表述出现，如《反不正当竞争法》第五条和《反垄断法》第十四条。此等现象说明，行业协会或行业组织是实施行业自律的平台和载体。

（八）行业诚信

诚信原则既是市场经济的基本要求，也是法律的基本原则，诚信原则对我国的行业立法也产生了重要影响，表现为自2009年起，我国的行业立法开始对"行业诚信"进行明确规定。检索结果表明，在我国现行的行业立法中，率先对"行业诚信"做出规定的是2009年颁布的《食品安全法》第七条。[①]随后，2013年《特种设备安全法》第九条、2015年《广告法》第七条、2018年《电子商务法》第八条、2019年《药品管理法》第十四条、2019年《疫苗管理法》第十三条、2019年《密码法》第三十条、2019年《证券法》第一百六十六条、2021年《动物防疫法》第七十三条、2022年《期货与衍生品法》第一百零四条均对"行业诚信"做出了规定。在这些条款中，"行业诚信"无一例外地出现在"行业自律"之后，由此

---

① 2009年《食品安全法》第七条的规定是：食品行业协会应当加强行业自律，引导食品生产经营者依法生产经营，推动行业诚信建设，宣传、普及食品安全知识。该条在2015年修订《食品安全法》时被调整为第九条，具体内容充实为"食品行业协会应当加强行业自律，按照章程建立健全行业规范和奖惩机制，提供食品安全信息、技术等服务，引导和督促食品生产经营者依法生产经营，推动行业诚信建设，宣传、普及食品安全知识"。此后这一条在《食品安全法》2018年、2019年两次修改后均维持不变。

说明，"行业诚信"与"行业自律"具有更紧密的关系。可以说，"行业诚信"既是"行业自律"的内在要求之一，也是"行业自律"的表现形式之一。

进一步归纳而言，自2009年至今，我国已经有十部法律相继对"行业诚信"做出了规定，看上去没有什么逻辑关联，但结合我国经济和社会实践稍加分析就可以得知，这些行业立法主要集中在食品行业、药品行业、疫苗行业、广告行业、证券行业和电子商务行业等，而这些行业均是很容易爆发出问题或问题比较严重且并未得到有效治理的行业，尤其需要行业诚信。意图通过立法唤醒"行业诚信"，可以感受到立法者的良苦用心。《证券法》对"行业诚信"做出规定便是一个例子。1998年《证券法》颁布时并没有对"行业诚信"做出规定，后历经四次修订仍然如此，直到2019年第五次修订时才对"行业诚信"做出规定。毫无疑问，《证券法》最终纳入"行业诚信"与我国证券行业诚信水平不高密切相关。

（九）从业人员

从业人员是指在某行业从事相关工作的人员，自然也是行业主体的一种。以"从业人员"为检索对象，检索"北大法宝"收录的现行有效的法律，共在30部法律中检索出169次"从业人员"。检索出"从业人员"次数最多的三部法律为《安全生产法》（50次）、《证券法》（22次）、《证券投资基金法》（21次）。此外，还有部分法律检索出了与"从业人员"近似的"专业人员"或"技术人员"，在此不再一一进行统计分析。

与行业监管主体、行业经营主体和行业协会等法人主体和法律拟制人格相比较，行业从业人员是个体主体和自然人格；与同为个体的社会公众或行业消费者比较而言，行业从业人员同时具备行业消费者和从业人员的身份，在享受着消费者的权利之外，还享受着一些特别权利，包括教育培训权（如2021年《教育法》第四十一条、2018年《旅游法》第二十七条和第七十九条第二款及2017年《核安全法》第二十条）、保护合法权益权（如2018年《旅游法》第十四条）、安全保障权（如2017年《核

安全法》第二十条第二款）和保护损害赔偿受偿权（如2018年《旅游法》第七十二条）等；也同时肩负着一些特殊义务，包括必须满足行业资格准入条件的特别要求（如2015年《证券投资基金法》第九条第三款），接受行业特定的管理规则如事先申报规则和避免利益冲突规则（如2015年《证券投资基金法》第十七条和2015年《保险法》第一百三十一条）、健康管理要求（如2021年《食品安全法》第四十五条第一款和2018年《国境卫生检疫法》第十八条）和行业道德规范的约束（如2015年《保险法》第一百二十二条和2017年《电影产业促进法》第九条第二款）等。

第三节　行业法的提出

孙笑侠教授曾经在他的《论行业法》一文中以非常委婉的语气提出，希望学界允许他用"行业"与"法"组合创造出行业法这个词，[①]似乎表明行业法的概念存在着某种逻辑上的不适或不自信。我国台湾地区虽然也有行业、行业规范、行业自治等概念，[②]却根本未曾使用行业法的概念，全台湾地区没有发现一篇以行业法为名的研究文献，似乎也在印证孙笑侠教授的担心不无道理。但从法律发展的角度来看，法律经历了一个由古老的刑民一体发展到民商独立，再发展到后来的法律社会化的漫长过程，且法律社会化发展的过程迄今仍在继续。在法律社会化的发展过程中，正如经济与法可以组合成经济法、社会与法可以组合成社会法、环境与法可以组合成环境法一样，行业与法组合成行业法也已经得到了越来越多的立法响应和越来越多人的认同。可以说，在法律发展理论上，行业法是法律

[①] 孙笑侠：《论行业法》，载《中国法学》2013年第1期，第48页。

[②] 这方面的文献，参见郭介恒等：《汽车运输业管理相关规定法制化作业之研究——法律位阶探讨》，中国台湾地区"交通部"运输研究所2016年版。另可参见我国台湾地区"行政院主计总处"颁布的行业标准分类相关规定和赵相文：《行业自治作为我国行政任务民营化之方法——以证券市场自律机制为例》，台湾大学2005年博士学位论文。

社会化发展的最新表现。通过对"行业"入法现象的实证分析和层层剖析，笔者认为可以有充分的理由和信心，正式向学界提出行业法的概念。"我们研究的目的应该是以通过经验研究发现的实际来决定对理论的选择或拒绝，或修改，追求的是最能使我们掌握和理解我们通过经验研究所发现的真实世界。需要的时候，更可以重新组合理论概念或创建新概念来适当概括自己新的研究发现。"①我国立法实践中大量存在的"行业"入法现象，既是对行业的法律确认，也是得以提出行业法的事实基础，更是行业法存在的有力证明。这种对"行业"做出规定的法律或法律条款，都可以归入行业法的范畴。在中国，"当今社会的发展变化大都发生在各个行业领域，法制的创新发展也主要是向各行业领域延伸，这也正是独立的'行业法'概念产生的社会基础"。②因此，"行业法概念对当代中国的法制建设尤为重要。中国未来法制建设的核心任务是促进行业法的快速发展"。③中国当前的立法实践证明了这些理论主张的正确性，甚至连国家立法机关也认为，"目前我国的立法以行业法居多"。④由此看来，行业法具有强大的理论和实践的生命力。

在对行业法的概念进行探讨之前，首先有必要对我国有关行业法的历史研究成果进行一番刨根问底的梳理，以探寻既有的理论共识。这样做的意义，旨在确定讨论的标准，而确定讨论的标准，是任何研究的前提。如福泽谕吉所说："研究事物，必须去其枝节，追本溯源以求其基本标准。这样就能克服议论的纷纭，而树立起正确标准。"⑤

①　黄宗智：《中国新型正义体系：实践与理论》，广西师范大学出版社2020年版，"总序"第2页。

②　宋亚辉：《风险控制的部门法思路及其超越》，载《中国社会科学》2017年第10期，第155页。

③　语出自谢晖教授。参见朱文英：《游戏规则与体育的社会文明构建意义——〈体育与科学〉学术工作坊"游戏规则与社会法、社会契约"主题沙龙综述》，载《体育与科学》2016年第3期，第11页。

④　参见2016年12月全国人大环境与资源保护委员会《关于第十二届全国人民代表大会第四次会议主席团交付审议的代表提出的议案审议结果的报告》。

⑤　［日］福泽谕吉：《文明论概略》，北京编译社译，商务印书馆2010年版，第1页。

一、行业法研究的历史沿革

尽管我国"几乎每个行业都有相关的法律或法规，但是立法体系中没有侧重于以行业为标准，也没有以行业为标准来确定法律体系的建构"，[①]然而，不容否认的是，行业法在实践中是客观存在的，学界对行业法的使用和研究也由来已久。

从现有文献来看，我国最早提及行业法这个概念是在1983年[②]对日本和德国的个别译介性文献中，如文献中提及的1978年日本"衰落行业法"[③]和1871年德国"行业法"。[④]1987年，一篇对法国大气污染及防治的介绍性文献把法国防治大气污染的法律和法令分为总法（即各行业都必须遵守的环保法）和行业法（即有关行业必须遵守的环保法）两类。[⑤]以上为数不多的文献均是在介绍国外的行业管理法规时使用了行业法的概念。此后没过多久，我国在研究国内法律问题时亦开始使用行业法的概念。1988年，我国有学者在有关经济法的研究中首次提及行业振兴立法、行业经济法律法规和行业法一词，[⑥]1990年，有学者认为在普法教育中开展行业法教育是依法治理的基础，并首次对行业法做出宽泛的界定：行业法是指各行各业应当遵守的法律规章，是人们从事生产活动的规范。[⑦]同年召开的一次研讨会对我国能源法规体系两套建设方案进行了讨论，两套方案

---

① 孙笑侠：《论行业法》，载《中国法学》2013年第1期，第48页。

② 事实上，早在1959年，我国就在一篇《南越的华侨问题》的翻译文章中第一次提及了"行业法令"的概念。参见［美］B.B.佛尔：《南越的华侨问题》，谈荣森译，载《东南亚研究》1959年第2期，第65页。但此时使用的是四个字的"行业法令"的概念，而非三个字的"行业法"的概念，故笔者仍将1983年视为我国最早出现"行业法"概念的年份。

③ 林定伟：《日本是如何整顿衰落行业的》，载《外国经济资料参考》1983年第Z1期，第16页。

④ 樊凤林：《西德火电厂主蒸汽管道金属监督的方法和标准》，载《华北电力技术》1983年第6期，第37页。

⑤ 佚名：《法国大气污染及其防治途径》，载《环境科学情报》1987年第3期，第66—67页。

⑥ 刘隆亨：《关于建立完备的经济法规体系的几个问题》，载《北京大学学报（哲学社会科学版）》1988年第4期，第41—46页。

⑦ 王陆海、宋焕政：《"依法治市"小议》，载《现代法学》1990年第2期，第65页。

均提及"以煤炭、石油、原子能、电业四个行业法和节能法为骨干法"的表述。[①]1993年有学者撰写短文呼吁中国应有自己特色的行业法，但该文将行业法的主要内容仅局限于行业协会。[②]以上是早期对行业法最有代表性的探索。

此后的二十年间，学界虽然偶尔使用行业法的概念，但几乎没有任何以行业法为主题的研究文献，总体上关于行业法的研究并不是很发达。这其中的原因，可能是由于我们在"法治"的问题上，历来表现出偏颇——对国家层面的"法治"的关注，多于对社会层面"法治"的关注。我们的法治建设重点在从中央到地方的国家政权体系中艰难地进行着，法学界也只重点关注国家体系上的法治面向，而较少把精力放在社会体系上的法治面向。[③]如果仔细梳理此阶段的文献对行业法的使用情况，可以发现，法学界主要是从两个方面来理解行业法的：一是从部门法的角度，这种情况占绝大多数比例；二是从非正式法律制度的角度，这种情况占极少数比例。

（一）从部门法的角度理解行业法

第一，从民商法的角度理解行业法。1998年有学者提出，我国已初步建立了以《民法通则》为基础、各种单行法或行业法"各司其职"的债法体系。[④]我国的商事立法实践，是"以'行业法'属性的商业法代替了'部门法'属性的商法，并认为这种商事立法实践强化了否认公、私法观念的思想，助长了部门利益和地方保护主义的泛滥，妨碍了市场经济的发展"。[⑤]

第二，从经济法的角度理解行业法。这种观点占绝大多数。例如，

[①]　佚名：《能源法规体系研讨会综述》，载《中国能源》1990年第5期，第10页。

[②]　参见卢莉芳：《中国应有自己特色的行业法》，载《法学杂志》1993年第12期，第44页。

[③]　孙笑侠：《论行业法》，载《中国法学》2013年第1期，第46页。

[④]　任荣明：《债法与我国市场经济》，载《苏州大学学报》1998年第2期，第31页。

[⑤]　刘光华、吴双全：《市场经济条件下我国商事立法的完善》，载《兰州学刊》1998年第4期，第38页。

直接认为经济法就是行业法。有学者指出，深受苏联社会主义计划体制经济法理论与实践影响的20世纪70年代末80年代初的中国经济法，实质上就是按照各部门或行业的行政管理职能构建的，故又被称之为是"行业法"。[①]行业法的研究如农业法、金融法的研究，是经济法分论研究成果的体现，[②]我国早期的经济法就是行业部门法，表现为我国各个行政主管部门的部门规章。研究和完善我国的经济法应当回归到行业法的本源上来，以分析行业法为起点，明确各方的利益关系，完善政府调控行为的程序规则。[③]为解决社会经济结构不和谐问题，国家可以制定"产业结构法""不景气行业法"。[④]这些观点，相当于直接确认或变相表达行业法是经济法的组成部分的观点。因而与经济法的各种理论主张相类似，行业法被更多地理解为是干预法、监管法或规制法。例如，"行业法，又称'事业法'，是确认和规范国家对特殊领域干预的法律规范，由独立的监管机构具体实施"。[⑤]这种观点主张行业法是干预法。保险法律制度可以分为保险合同法与保险行业法，而后者以商业保险的经营者为规范对象，属于保险监管法。[⑥]这种观点主张行业法是监管法。经济法中的市场规制法和经济规制法，通常被称为行业法，如电力法、电信法、铁路法、航空法等。[⑦]行业法为以经济管制为主要内容，但行业法中经济管制的范围进一步缩小，经济管制的方式也以促进企业间的有效竞争为导向。[⑧]"必须

---

① 参见刘光华：《中国经济法与行政法的"混同"：现实图景及原因背景分析》，载《兰州大学学报（社会科学版）》2005年第5期，第106页。

② 参见程信和：《中国经济法学的回顾与展望》，载《湘潭大学学报》2009年第1期，第24页。

③ 参见陈爱蓓：《论经济法的范式》，载《湖北社会科学》2009年第1期，第167页。

④ 潘银杰：《经济法在构建和谐社会中的作用》，载《理论前沿》2005年第10期，第17页。

⑤ 张占江：《反垄断法与行业监管制度关系的建构——以自然垄断行业内限制竞争问题的规制为中心》，载《当代法学》2010年第1期，第108页。

⑥ 王军、沈雨青：《欧盟保险法的统一进程》，载《河北法学》2007年第8期，第36页。

⑦ 参见刘水林：《经济法是什么——经济法的法哲学反思》，载《政治与法律》2014年第8期，第91页。

⑧ 曹博：《公用企业竞争与管制立法问题探析》，载《法学》2002年第6期，第71页。

坚持统一法规，以总体法和行业法的形式，制定总的规制法和各个行业产业的规制基本法。"①这些观点主张行业法是规制法。

第三，从行政法的角度理解行业法。有学者指出，《森林法》一般被纳入行业法的范畴，被定性定位为主要为木材产业服务的行政性法律，但这种偏狭的定性定位，大大降低了《森林法》的重要地位和作用。②有学者认为，体育法是隶属于行政法部门的一个行业法。③有学者提出，教育法是隶属于行政法部门的行业法而不是独立的部门法。④但这种观点早已有学者表示反对，认为"将所有有关行业调整的法令都归于行政法之下的'行业法'显然是不合时宜的"。⑤

（二）从非正式制度的角度理解行业法

首先，是从民间法的角度理解行业法。有学者把行业法理解为传统意义上的民间法的一种，⑥有学者提出传统社会的治理依靠正式制度和非正式制度，它们主要由国家法、家族法和行业法构成。⑦有学者建议我国的法制建设应强化立法的民间调查，全面研究包括行业法在内的各类民间

---

① 崔德华：《论政府规制的法律性维度》，载《社会科学辑刊》2009年第5期，第58页。

② 参见蔡守秋：《〈森林法〉修改的几个问题》，载《现代法学》2004年第5期，第47页；姚贝：《浅析我国〈森林法〉的修改与林业执法改革》，载《法学杂志》2011年第3期，第121页；敖安强：《从我国国有资源现状看当前国有林管理创新的核心问题》，载《北京林业大学学报（社会科学版）》2011年第4期，第52页；敖安强：《森林问题的发展趋势及其对我国林业法制建设的影响》，载《中州学刊》2011年第6期，第106页。

③ 贾文彤、郝军龙、朱志斌：《我国体育法学基本理论若干问题研究》，载《体育文化导刊》2008年第4期，第23页。

④ 褚宏启：《关于教育法地位的法理学分析——兼与李晓燕、周卫勇等同志商榷》，载《教育研究》2000年第4期，第59页。

⑤ 李晓燕、巫志刚：《教育法规地位再探》，载《教育研究》2014年第5期，第87页。

⑥ 参见黄金兰：《民间规则的认同模式及其意义》，载《山东大学学报》2007年第3期，第21页。

⑦ 参见倪铁：《现代化过程中如何看待传统文化——中国儒学与法律文化研究会2008年年会综述》，载《华东政法大学学报》2008年第4期，第159页。

法、习惯法，并从中提取法律的养料。①还有学者认为中国古代社会形成了"王朝统一的法令"以及以血缘为基础的家族法、宗族法，以地缘为基础的地方习惯法、少数民族习惯法，以业缘为基础的行业法、行会法、帮会法等法律多元局面。②

其次，是从超民族国家的角度理解行业法。如2012年有学者在《全球视野下的法治》一书的译者序言中"提醒我们超越民族国家的框架，从历史和现实两种视角去认识在经济领域长期存在的'行业法'"。③2014年该学者又基于全球化的视角，认为宗教法和行业法不必存在民族国家的法律结构所必须的功能。④

对上述早期关于行业法的两种理解，简要评析如下：从部门法的角度理解行业法，主要是把行业法理解成隶属于部门法的法律，或者说行业法是部门法的组成部分。这种理解，既正确地指出了行业法与部门法存在某种关联的特性，但也存在将行业法与部门法的关系界定得过于简单，对行业法的地位重视不够的问题。同样，从非正式制度的角度理解行业法，既正确指出了行业法具有非正式制度的特征，但也忽视了行业法作为正式制度的特征。总而言之，这两种理解，既有科学合理因而应该肯定的一面，也有不够全面因而需要改进的一面，正确的理解应当是综合二者的观点，取其所长，避其所短。

总体来看，到此处为止，我国对行业法的研究成果数量并不多，且处于散乱的状态，法学界对行业法的理解还很不统一，认识还比较模糊和粗糙。尽管如此，这些研究成果仍然具有探索性价值。

---

① 参见宋一欣：《我国现代商法实践中的民间法、习惯法问题》，载《山东大学学报（哲学社会科学版）》2006年第2期，第18页。

② 王青林、张晓萍：《试论民间法的性质及其效力基础》，载《江西社会科学》2009年第1期，第195页。

③ ［美］詹姆斯·J.赫克曼、罗伯特·L.尼尔森、李·卡巴廷根编：《全球视野下的法治》，高鸿钧、鲁楠等译，清华大学出版社2014年版，"译者序言"第12页。

④ 鲁楠：《全球化时代比较法的优势与缺陷》，载《中国法学》2014年第1期，第116页。

（三）对行业法的深入研究

随着官方对法治社会的倡导、法治社会成为学术热点以及国家立法重心逐渐偏向于行业立法，法学界从理论上对行业法的研究才逐步深入，成果才日渐丰富，主要表现为一次行业法的研讨会得以召开、一篇行业法的专题论文得以发表和一本行业法的书籍得以出版，且均与孙笑侠教授有关。孙笑侠教授由此成为我国行业法研究最有代表性的学者。而本书的研究则致力于将行业法的研究推进到行业法治。

一次行业法的研讨会是指2011年11月在杭州召开的第一次关于行业法的全国研讨会，此即由孙笑侠教授领衔的国家211重点学科建设项目"转型期法治的理论、制度与实验"课题组主办的以"转型期法治和行业法制"为主题的研讨会。孙笑侠教授在会上做了题为"论法治化进程中的行业法——兼论我国法律体系与法学学科的发展趋势"的报告，具体提出了"行业法"的概念，并对"行业法"与部门法的关系、"行业法制"的界定以及"行业法制"的研究必要性进行了分析。与会学者对"行业法制的基础理论""法学教育与行业法制"和"中国法治进程中的行业法制"三大主题进行了深入研讨。[1]一篇行业法的专题论文是指孙笑侠教授《论行业法》一文，[2]这是我国第一篇也是迄今为止唯一对行业法进行综合研究的文献。这篇文献把我国对行业法的研究向前推进了一大步，是我国行业法研究的奠基性和集大成之作。一本关于行业法的书籍是指孙笑侠教授主编的《转型期法治报告（2013年卷）——行业领域的法治》一书，法律出版社2013年出版。虽然此书收录的十八篇文章大多数仍偏重于传统的部门法，但它的出版，对于拓宽行业法及行业法治的研究视野，对于传播行业法及行业法治的理念，不无意义。

自此，行业法的概念得到了法学界越来越多的认同，法学界不再单纯

---

[1]　参见张晓笑、杨桦：《探寻转型期法治的具体建设路径——"转型期法治与行业法制"全国研讨会综述》，载《浙江社会科学》2012年第1期，第153—154页。

[2]　孙笑侠：《论行业法》，载《中国法学》2013年第1期，第46—59页。

强调对某个法律进行部门法归类，也不再单纯从部门法的角度来理解行业法，更不再把行业法仅仅理解为隶属于部门法的法律，而是逐渐开始从行业法的角度来理解和定义各种法律，如认为体育法是行业法、娱乐法是行业法、教育法是行业法、旅游法是行业法、军事法是行业法、矿产资源法是行业法、网络法是行业法等。对行业法的研究而言，这样的转变应当被视为是一种重要的学术转向和提升。与此同时，明确冠以具体行业法之名来研究某一具体行业的文章也开始零星出现，①甚至"行业法"一词也开始出现在我国国家立法机关的相关报告中。②

（四）行业法与领域法的比较研究

孙笑侠教授发表《论行业法》几个月后，我国有学者又提出了"领域法学"的概念，并将"领域法"与"行业法"进行了比较，认为"领域法"与"行业法"的共性在于都强调跨部门的特征，具有部门法所没有的优势和作用。领域法学者还认为"领域法"似乎比"行业法"包容性更强、涵盖面更广。③"似乎"二字，表明了一种不那么肯定的语调，但领域法学者却用十分肯定的态度承认"行业法"的立意视角对现行部门法和法律体系的传统设置进行了相当程度的研讨和检视，并提出了更为上位或超然的法律概念。"行业法"是一种对法律现象新的观察视角，在方法论上具有高度的进步意义。④领域法学者从"领域法"的角度研究"行业法"以及对近几年我国行业法研究成果的高度肯定，无形之中印证了行业

---

① 张敏：《司法视角下物流行业法适用统一研究》，载《中国海商法研究》2015年第3期；周青山：《论体育法的行业法属性》，载《武汉体育学院学报》2017年第11期；叶小兰、王方玉：《论体育赞助合同的体育部门法有名化——基于完善体育行业法的前瞻性考量》，载《体育与科学》2018年第5期。

② 参见2014年3月全国人大常委会发布的《中央有关部门对〈安全生产法（修正案草案）〉的意见》和2016年12月全国人大环境与资源保护委员会《关于第十二届全国人民代表大会第四次会议主席团交付审议的代表提出的议案审议结果的报告》。

③ 刘剑文：《论领域法学：一种立足新兴交叉领域的法学研究范式》，载《政法论丛》2016年第5期，第8页。

④ 王桦宇：《论领域法学作为法学研究的新思维》，载《政法论丛》2016年第6期，第65页。

法作为前沿研究方向在未来的勃勃生机。例如，行业法已经开始成为比较法学关注的问题，"比较法学除了关注国家法，还应重视地方法、行业法、自主组织或私人行动者之间的协议法，各种组织之间的约定法，以及国际法、跨国法和全球法等"。而且，比较法学除了应关注行业法本身之外，还应关注"行业法和国家法所发挥作用的宗教、政治、经济、历史和文化背景"。[①]

综合分析此前三十多年法学界所取得的行业法的研究成果，可以发现基本上还处于从部门法的角度分散性地开展具体行业法制的研究状态中，特别是从民商法、行政法以及经济法这三个部门法的角度来推进行业法的研究。比如行政法学界出现了公共卫生法、教育法、警察法、建筑与规划法等；民商法学界中出现了专门研究房地产法、服务业法、医事法的学者和成果；尤以经济法学界为甚，农业法、矿产资源法、城市建设法、建筑法（房地产法）、交通运输法、邮政法、商业法、旅游法、食品法、金融法、会计法，等等。[②]行业法的综合研究并没有系统展开。但理想的行业法研究，绝不能仅停留在从部门法的角度分散性地研究行业法的状态里，也绝不能止步于仅从行业与法律的结合入手研究行业法，而应当努力做到从行业与法律的综合、行业与法治的综合来研究行业法。这种综合的意义，正如伯尔曼在研究法律与宗教的关系指出的法律与宗教分离的二元时代将让位于法律与宗教综合的新时代那样，"在一定意义上，综合意味着一个法律的新纪元，在其间，法律将扩展到其他学科、行业和社会进程。它将达于社会学、经济学和政治学，及于医学和商业管理，涉足贫穷问题、种族问题与国际关系，深入文学、艺术及宗教领域"。[③]伯尔曼甚至还广为倡导和使用"综合法学"的概念，他还提到博登海默也认为

[①] 高鸿钧：《改革开放与中国比较法学的成长》，载《法学》2018年第8期，第17页。

[②] 孙笑侠：《论行业法》，载《中国法学》2013年第1期，第46—47页。

[③] ［美］伯尔曼：《法律与宗教》，梁治平译，中国政法大学出版社2003年版，第105—106页。

"有必要建立综合法学"。①在伯尔曼看来，综合法学是融合了实证主义法学派、自然法学派和历史法学派而形成的法律哲学。这三大法学流派关于"什么是法律"的主张是不同的，甚至是对立的。如实证主义法学派认为，法律本质上是一种政治工具，是由国家制定（"设定"）的规则体系。自然法学派认为，法律本质上是法律规则所体现的东西，是源于理性和良心的道德准则观念。历史法学派认为，法律是一个民族或社会在历史中不断演进的精神信仰，也是传统的社会思想观念和态度的体现。②正如哈特在其所著《法律的概念》中开篇即指出的："在与人类社会有关的问题中，没有几个像'什么是法律'这个问题一样，如此反反复复地被提出来并且由严肃的思想家们用形形色色的、奇特的甚至反论的方式予以回答。"③伯尔曼为综合法学的融合而提出的方法论也试图回答"什么是法律"这个问题。他说，综合法学要将这三种对立的态度结合起来，唯有从各学派通常采用的法律定义出发，对法律作出更宽的解释。……如果法律被定义为通过民间或官方行为赋予各种社会关系以法律秩序的立法、司法、行政及其他活动或事业，那么，法律的政治方面、道德方面和历史方面就能融合起来。④伯尔曼还认为"综合法学是理解世界法发展的关键"，而世界法的形成，历时上千年，且与行业的融合密切相关，起初是在经济文化领域，包括商品、服务及资本的流通、交通运输、金融往来、通讯联络等，后又通过科学技术、其他领域的学术研究、文学艺术、医药卫生、旅游观光、体育运动以及许多其他活动逐步走向融合。在融合的过程中，世界性的法律规范及程序体系，世界性的法律意识才逐渐形成。⑤

---

① 参见［美］伯尔曼：《信仰与秩序：法律与宗教的复合》，姚剑波译，中央编译出版社2011年版，第271页。

② ［美］伯尔曼：《信仰与秩序：法律与宗教的复合》，姚剑波译，中央编译出版社2011年版，第272页。

③ ［英］哈特：《法律的概念》，张文显等译，中国大百科全书出版社1996年版，第1页。

④ 参见［美］伯尔曼：《信仰与秩序：法律与宗教的复合》，姚剑波译，中央编译出版社2011年版，第271—274页。

⑤ 参见［美］伯尔曼：《信仰与秩序：法律与宗教的复合》，姚剑波译，中央编译出版社2011年版，第288—289页。

伯尔曼提出的"对法律作出更宽的解释"、对"综合法学"的倡导以及揭示出的"世界法的形成与行业融合的关系"的洞见，启迪了行业法的实践、教育和研究，必须尽快结束行业与法律分离的二元时代，尽快开启行业与法律综合研究、行业与法治综合研究的新时代，从而实现行业与法律、行业与法治的双赢局面。行业法和行业法治的意义，全在于此。行业实践中存在的问题，只有综合不同法律部门、不同学科的研究成果，才能得到调适和解决。[①]而这种综合，只有通过行业法和行业法治才能实现。因为行业法正好具有跨部门法和跨学科体系的特点，[②]行业法就是综合法。

早在1985年，我国著名科学家钱三强教授就指出："科学的突破点，往往发生在社会需要和科学内在逻辑的交叉点上。"[③]而恩格斯也指出，社会一旦有技术上的需要，则这种需要就会比十所大学更能把科学推向前进。[④]行业法正是基于以"行业需要"为核心内容的"社会需要"和"行业入法"的实践逻辑而产生的新兴交叉学科。钱三强教授当时还预测，20世纪末到21世纪初将是一个交叉科学时代。[⑤]反映到行业法这个交叉学科，则可以说，我国的法律发展在21世纪初已经进入了行业法的新阶段，这是我国法律发展到了一个新时代的表现。综合开展对行业法这个新兴法学学科的研究，应当被视为是新时代我国法学研究的新任务[⑥]之一，任重而道远。

---

① Peggy C.Davis, "Social Science in Law，" *Science*, Vol.243, No.4889, (Jan.20, 1989), pp.414-416.

② 参见郑永流：《法律的"交叉"研究和应用的原理》，载《中国法学》2018年第4期，第128页。

③ 钱三强：《迎接交叉科学的新时代》，载《机械工程》1985年第3期，第46页。

④ 转引自王广禄：《中国法学70年回眸与前景展望——访中国人民大学法学院教授黄文艺》，载《中国社会科学报》2019年10月29日，第1版。

⑤ 参见钱三强：《迎接交叉科学的新时代》，载《机械工程》1985年第3期，第46页。

⑥ 参见郭栋：《美好生活的法理观照——"新时代社会主要矛盾深刻变化与法治现代化"高端智库论坛述评》，载《法制与社会发展》2018年第1期，第221页。

二、行业法研究的理论共识

什么是行业法？在法学界现有的研究中，以孙笑侠教授、张文显教授以及周青山教授这三位学者的观点最具有代表性。通过归纳他们的学术观点，基本可以确定法学界在"何为行业法"的问题上已经取得了某些理论共识，这种理论共识就是：行业法是包括"硬法"和"软法"在内的体系。所谓"硬法"，即具有立法权限的机构制定的具有强制约束力的法律，在我国是指《立法法》中规定的法律形式。所谓"软法"，最初来自国际法领域。国际上有代表性的观点是法国学者弗朗西斯·斯奈德提出的，"软法"是原则上没有法律约束力但有实际效力的行为规则。[①]在国内，罗豪才教授是软法理论的首倡者和引介者，他认为软法是指那些效力结构未必完整、无需依靠国家强制保障实施，但能够产生社会实效的法律规范。[②]如对一个社团而言，社团的章程就是法律，凯尔森曾经指出："构成社团秩序或组织就是社团的法律，社团的所谓章程（by-laws），即调整社团成员行为的规范的总和。"[③]这种法律不是"硬法"，而是"软法"。[④]但是，凯尔森特别强调："社团只有通过它的法律才算在法律上是存在的。"[⑤]可见，作为"软法"的章程对于社团而言更具有基础性意义，无章程即无社团，有社团即有章程。对"何为行业法"在取得理论共识的基础上，孙笑侠教授、张文显教授以及周青山教授这三位学者的研究

[①] Francis Snyder, "Soft Law and Institutional Practice in the European Community（In Steve Martin（Ed.）: *The Construction of Europe*: *Essags in the honor of Emile Noel*, Kluwer Academic Publishers）"，转引自姜明安：《软法的兴起与软法之治》，载《中国法学》2006年第2期，第25—26页。

[②] 罗豪才、宋功德：《认真对待软法——公域软法的一般理论及其中国实践》，载《中国法学》2006年第2期，第4页。

[③] ［奥］凯尔森：《法与国家的一般理论》，沈宗灵译，商务印书馆2013年版，第158页。

[④] 兰捷：《作为软法的社团章程》，载罗豪才主编：《软法的理论与实践》，北京大学出版社2010年版，第226页。

[⑤] ［奥］凯尔森：《法与国家的一般理论》，沈宗灵译，商务印书馆2013年版，第158页。

亦各有侧重，观点也存在细微的差异。分述如下：

其一，孙笑侠教授认为，"行业法是指以国家涉及行业的法律为基础，通过政府涉及行业的行政法规和行政规章、地方立法机关以行业为背景的地方性法规等，从而形成的行业法体系的总称"。①从这个定义可以看出，行业法是"硬法"。但是，孙笑侠教授给行业法下了"硬法"的定义之后，又主张行业法"如果做广义解释，还包括各行业组织制定的自治性规范……行业法中有大量的国家法，但我们不应该把行业法只看成国家法；国家法是行业法中的一部分，而不是全部；行业法还包括行业组织规范、行业规范等"。②行业法主要是指"各行各业具有特殊性的法律法规"，③但其"法律形式（法的渊源）可以是法律、行政法规、地方性法规、部门规章、地方规章，甚至可以是行业自治性规则、行业标准、行业习惯等等"。④可见，孙笑侠教授的观点可以归纳为：行业法主要是"硬法"，但兼顾了"软法"。需要说明的是，孙笑侠教授本身是反对"泛法化"的，他认为"微法""软法""党法"都不是法律原意上"国法"的范畴，但他也承认，这些细节化的规则很重要，实际上存在着的法律之外的这些规则，日益制约着法律的实施和法治的落实。他以行业法为例进行进一步说明，认为行业内的专业性、技术性规则不是法律，但同时，从法治化治理的意义上，日益细化的行规与行业法是一体共存、相互作用的。⑤从中可见，孙笑侠教授只是认为"软法"不是"国法"，而并不否认"软法"现象，他试图用"规则细化"现象来解释实际中大量存在的"软法"现象。"规则细化"固然是一种客观存在，但事实上，"软法"理论要比"规则细化的主张"更胜一筹，且更易于接受和传播。因此，笔

①　孙笑侠：《论行业法》，载《中国法学》2013年第1期，第53页。

②　孙笑侠：《论行业法》，载《中国法学》2013年第1期，第53—54页。

③　孙笑侠：《法治是一种"规则细化的生活"》，载《现代法治研究》2016年第1期，第18页。

④　孙笑侠：《论行业法》，载《中国法学》2013年第1期，第48页。

⑤　参见孙笑侠：《法治是一种"规则细化的生活"》，载《现代法治研究》2016年第1期，第18页。

者对孙笑侠教授关于行业法的学术观点仍做出如上归纳。

其二，张文显教授指出，"社会软法体系中，主要指市民公约、乡规民约、行业规章、团体章程等社会规范，学者们把这些社会规范称为'软法'。软法中，行业法制是主体"。[①]"在软法体系中，'行业法制'非常重要，它们是社会自治的重要规范，也是依法治国的重要保障。"[②]从中可以看出，行业法是"软法"。但是，与孙笑侠教授类似，张文显教授在给行业法下了"软法"的定义之后，又认为行业法不排斥"硬法"，"当各个行业都有健全的规范体系（或者是由国家制定的，或者是由行业自己制定的）时，整个法律体系和法治体系就有坚实的社会基础"。[③]可见，张文显教授的观点可以归纳为行业法主要是"软法"，但兼顾了"硬法"。

其三，周青山教授在前人的研究基础上也提出了对行业法的理解，"行业法以特定的行业为空间，以行业所体现的特殊问题为载体，着重探讨传统部门法在特定行业中的适用，并拓展至研究相关的专门性行业立法、行业自治规范、行业标准和行业习惯等"。[④]显然，传统部门法和专门性行业立法是"硬法"，而行业自治规范、行业标准和行业习惯等则是"软法"，因此，周青山教授所讲的行业法也包括"硬法"和"软法"在内，行业法兼顾了"硬法"和"软法"。

综上分析，虽然这三位代表性学者之间的观点略有差异，但已形成基本的理论共识，即行业法不仅是一种"硬法"，也不仅是一种"软法"，而是"硬法"和"软法"的结合，是兼顾了"硬法"和"软法"在内的体系。这里的"硬法"，既包括特定行业的专门立法，也包括传统意义上的部门法中适用于某一行业治理的法律规范。这里的"软法"，则包括行业规划、行业标准、行业章程、行业伦理、行业政策和其他行业自治规范等

①　张文显：《建设中国特色社会主义法治体系》，载《法学研究》2014年第6期，第19页。
②　张文显：《习近平法治思想研究（中）》，载《法制与社会发展》2016年第3期，第16页。
③　张文显：《习近平法治思想研究（中）》，载《法制与社会发展》2016年第3期，第16页。
④　周青山：《论体育法的行业法属性》，载《武汉体育学院学报》2017年第11期，第61页。

在内。行业法是兼顾"硬法"和"软法"的体系应被理解为学界共识。早在2011年底召开的"转型期法治与行业法制"全国研讨会上，与会学者就一致认为，"研究行业法制应该将各种各样的规范性行为纳入视野：既包括政府审批在内的强制性法规，也包括允许各行业一定程度意思自治的任意性法规；既包括行业结构这样的技术性规范，也包括行业组织的自治性章程，以及行业内外各种各样的契约关系"。[①]因此，把行业法理解成兼顾"硬法"和"软法"在内的体系，更加贴近行业法的实际和本质。"硬法"是刚性的，而"软法"具有灵活性，博登海默说："只有那些以某种具体的和妥切的方式将刚性和灵活性完美结合在一起的法律制度，才是真正伟大的法律制度。"[②]行业法就是博登海默所说的"伟大的法律制度"。

三、行业法与部门法的关系

行业法与部门法都应该成为我国法律体系的成员，学界最初对行业法的探讨也大多是从部门法的角度来理解行业法，且主要将行业法理解为部门法的组成部分。而2011年"转型期法治和行业法制"全国研讨会所形成的共识是："行业法一定是跨部门法的，但还需要进一步界定行业法与部门法的关系。"[③]由此可以判断，行业法与部门法的关系问题是在行业法的研究中必须要解决的问题，故此时仍有必要单独就部门法和行业法的关系予以进一步说明。本书认为，仅仅将行业法与部门法的关系理解为跨越与被跨越的关系是不够的，更准确更具体地说，行业法与部门法之间存在如下两种关系：一是交叉与重叠关系；二是包含与被包含关系。

---

① 张晓笑、杨桦：《探寻转型期法治的具体建设路径——"转型期法治与行业法制"全国研讨会综述》，载《浙江社会科学》2012年第1期，第153页。

② ［美］E.·博登海默：《法理学：法律哲学与法律方法》，邓正来译，中国政法大学出版社2004年版，第424页。

③ 张晓笑、杨桦：《探寻转型期法治的具体建设路径——"转型期法治与行业法制"全国研讨会综述》，载《浙江社会科学》2012年第1期，第154页。

（一）交叉与重叠关系

孙笑侠教授认为，行业法与部门法的关系，首先表现在行业法是跨部门的法。某一个行业法可以涉及多个部门法。①张志铭教授则认为，从部门法与行业法的关系看，部门法与行业法不是相互取代的，而是并行的。以部门法把握法治实践仍然是有效的。部门法是学理的，行业法是生活的。部门法涉及要调整的法律关系的性质，行业法主要是这个法律关系所涉及的领域，行业法所调整的社会关系的特点是综合性的，或交叉——不同部分分属于不同的部门法，或重叠——某些部分可能同属于不同的部门法。湛中乐教授提出，"行业法制"的研究离不开扎实的部门法的基本功，只有对部门法相当熟悉，才能打通各部门法……使行业法的研究视野不至于过于狭隘同时也不偏离法律基本的价值目标。②宋亚辉教授主张构建"跨部门的行业法"以回应现代社会结构的变迁。③但笔者认为行业法与部门法的关系首先应当是一种交叉与重叠的关系。④

所谓交叉与重叠关系，就是行业法与部门法之间存在着相互跨越或相互重合的关系，有两种表现形式：第一种表现形式是一个行业法可能跨越了不同的部门法。例如，任何工程行业都有基本建设程序的规定。一般而言，一个项目的基本建设程序包括工程可行性研究、立项、设计、施工、验收、投入使用和后评价等几个阶段。规定这些基本建设程序的法律法规，可统称为"基本建设程序法"。"基本建设程序法"包括《公路法》《建筑法》《环境影响评价法》《招标投标法》《城乡规划法》《土地管理法》《关于基本建设程序的若干规定》等法律法规，可见，"基本建设

---

① 孙笑侠：《论行业法》，载《中国法学》2013年第1期，第53页。

② 张晓笑、杨桦：《探寻转型期法治的具体建设路径——"转型期法治与行业法制"全国研讨会综述》，载《浙江社会科学》2012年第1期，第153页。

③ 宋亚辉：《社会基础变迁与部门法分立格局的现代发展》，载《法学家》2021年第1期，第12页；宋亚辉：《风险立法的公私法融合与体系化构造》，载《法商研究》2021年第3期，第61页。

④ 这里讲的交叉与重叠关系，不完全等同于张志铭教授上文提出的"或交叉""或重叠"的关系。特此说明。

程序法"跨越了经济法、环境法、行政法和社会法等几个不同的部门法。第二种表现形式是一个部门法也可能跨越了不同的行业法。这种情形更显而易见。如作为部门法的经济法,包括金融法、产品质量法、广告法、种子法等在内,而这些法律,分别是金融行业、制造行业、广告行业、种子行业的基础法律。考虑到传统部门法理论范式的不足,在这两种表现形式中,第一种表现形式更应该引起学界的关注和重视。

认识到行业法与部门法之间的交叉和重叠关系,有助于更好地对风险进行立法规制。在传统的风险立法中,"受大陆法系的影响,中国立法者习惯于套用部门法的理论范式,路径依赖地以各部门法的逻辑来控制风险。不断发展中的民法、刑法和行政法均通过内部结构的改造,将公共风险纳入各自的调整范围,中国风险立法由此呈现出部门法'三足鼎立'之势"。[①]这种"三足鼎立"之势,意味着一种"各自为政"的封闭局面,也意味着我国风险规制的立法体系处于彼此隔绝的状态。但是,行业法与部门法之间的交叉与重叠关系,说明行业法与部门法之间必然存在着不无裨益的合作与互动,行业法和部门法都不再是孤立封闭的法律体系。行业法与部门法的交叉与重叠关系可以在分解为图1.3和图1.4之后得到形象的展示。

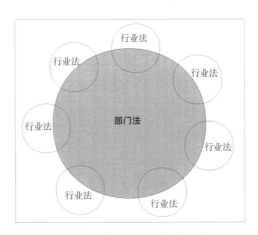

图1.3 行业法与部门法的关系示意图之一

---

① 宋亚辉:《风险控制的部门法思路及其超越》,载《中国社会科学》2017年第10期,第136—137页。

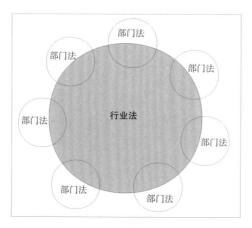

图1.4　行业法与部门法的关系示意图之二

有学者打了一个非常形象的比喻，"处于动态变化中的行业法恰似太空世界的'卫星'一样，环绕于相对恒定的部门法周围，形成一个动态有序的'星系结构'，以动、静结合的方式回应风险领域的社会关系变化"。[①]这种观点认为行业法与部门法之间的关系类似于卫星和行星的关系，即如图1.3所示，但这只是行业法与部门法之间的关系的一种，前述作为部门法的经济法与经济法中的行业法的关系即是如此。而行业法与部门法之间的另一种关系如图1.4所示，即行业法与部门法之间的关系类似于行星和卫星的关系，如前述作为行业法的"基本建设程序法"与其跨越的部门法的关系即是如此。

虽然对图1.3和图1.4进行分析后所形成的结论截然不同，但却体现了分析思路和逻辑上的相似性。在宇宙世界中，卫星和行星永远不可能换位，卫星永远只能围绕行星转。但在法律世界中，在行业法与部门法的开放结构和开放体系中，行业法和部门法之间的关系是卫星和行星的关系还是行星与卫星的关系，则是完全有可能彼此交换位置的。这也是行业法与部门法之间交叉与重叠关系的必然内涵。

---

① 宋亚辉：《风险控制的部门法思路及其超越》，载《中国社会科学》2017年第10期，第155页。

（二）包含与被包含关系

部门法本身就是一个法律体系，称之为部门法体系。如果深入到部门法体系内部，展开对行业法与部门法的关系的分析，便可以发现行业法与部门法除了交叉或重叠关系之外，还有另外一种关系，即包含与被包含的关系。孙笑侠教授曾经略微论及部门法分论与行业法的关系："部门法分论不同于行业法，它代替不了行业法，它只是行业法的一个组成部分。"[1]孙笑侠教授所提及的"部门法分论"，相当于笔者提出的"部门法内部"。在这里，笔者以作为"部门法内部"或"部门法分论"的公路法为例，对部门法与行业法的关系进行说明。

从部门法的角度理解公路法，即部门法视野中的公路法，暂且简称为公路部门法。公路部门法是部门法中的小法律体系，由以《公路法》为核心的法律及与其配套的公路行政法规、地方性法规、部门规章、地方政府规章、自治条例和单行条例等法律组成。而从行业法的角度理解公路法，即行业法视野中的公路法，暂且简称为公路行业法。公路行业法是对公路行业做出规定的所有法律规范的总称，既包括以《公路法》为核心的法律及与其配套的公路行政法规、地方性法规、部门规章、地方政府规章、自治条例和单行条例等组成的小法律体系，也包括《建筑法》《安全生产法》《招标投标法》等与公路建设与管理密切相关的法律法规，还包括《民法典》《刑法》《行政处罚法》等法律中适用于公路行业的法律条文。两相比较，很显然，公路行业法的范围大于公路部门法，公路部门法构成公路行业法的组成部分，由此说明，公路行业法与公路部门法是包含与被包含的关系，如图1.5所示。

---

① 孙笑侠：《论行业法》，载《中国法学》2013年第1期，第53页。

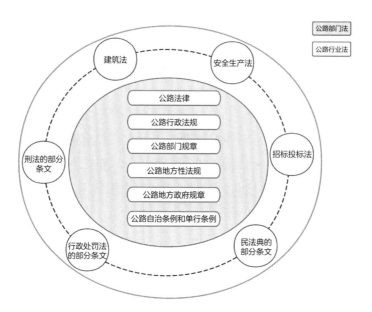

图1.5　公路行业法与公路部门法的关系示意图

综上，通过对"行业"入法的实证分析，可以有充足的理由、信心和逻辑提出行业法的概念。而对我国行业法既有研究成果的梳理，则为过渡到行业法治的研究准备了基础和前提。

第二章

行业法治的概念分析

先有法而后才有法治，先有行业法而后才有行业法治。行业法的客观存在以及逐渐兴起，导致很自然地提出行业法治的概念。行业法治的概念基于法治概念的宽泛性和灵活性而提出，其目的主要在于利用法治思维和法治方式推进行业治理的法治化，进而推进社会治理的法治化。因此行业法治的提出，既有理论价值，也有实践意义。而行业法"软硬法兼有"的独特性，有助于准确界定行业法治的概念和内涵。本章拟在梳理行业法治的历史研究成果的基础上，再对行业法治概念的各个组成部分进行深入而系统的分析。故本章命名为行业法治的概念分析。

第一节　行业法治的提出

一、提出行业法治的逻辑

孙笑侠教授说把行业法治、地方法治与国家法治并列在一起，不是从逻辑上划分类别，而是从中国现实问题上来提炼重点，这样的提炼不求逻辑上的穷尽与完美，而是为了突出问题、显示问题。[①]这当然是一种务实的学术主张。的确，"实践和问题是不理会有无学科归属感的"，[②]是否合乎逻辑也绝非首先关注的问题。法学研究本身具有很强的实践导向和问题导向，只要存在社会关注和社会需要，便是有合理性的问题。德国法学家耶林在其作品《法学的概念天国》中曾用反讽的手法指出，为了满足实践的需求，有时法律概念不一定非得遵循逻辑一致性。[③]况且按照笔者

---

①　参见孙笑侠：《"法治中国"的三个问题》，载《法制与社会发展》2013年第5期，第35页。

②　郑永流：《法律的"交叉"研究和应用的原理》，载《中国法学》2018年第4期，第128页。

③　参见［德］鲁道夫·冯·耶林：《对法学的戏谑与认真》，张焕然译，法律出版社2023年版，"译者导读"第25页及第313—328页。

的理解，行业法治概念的提出仍然基于一定的逻辑，这种逻辑延展开来便是：行业法治是法治社会建设的途径之一，当然也是法治的下位概念。对于法治的概念，法学家们都指出，"法治"没有一个明确的、四海皆准的定义，它是个开放的概念，可以有很多不同的解释。[①]即法治的概念不会恒定不变，法治概念本身具有宽泛性和灵活性。法治概念的宽泛性表现为"法治是由众多的点、线和面所构成的一个有机体系，它的生成与发展更是涉及到人的日常生活的各个方面和社会活动各个领域"。[②]这也意味着，法治作为一种理想，对之很难形成一个统一的意见；[③]甚至在政治学家和法学家之间常常会形成一种尖锐对立的法治观。[④]法治概念的灵活性意味着，法治也需要随着社会发展的需要而变革，[⑤]每一代人都面临很多社会难题，都不同程度地需要法治，因而法治一直处于历史进步之中，[⑥]当人们需要时，随时可以运用"法治"概念。正是由于法治概念具有灵活性，甚至具有模糊性，法治才成为一个富有魅力的研究议题。[⑦]"法治不是'完成时'，而是'现在进行时'。"[⑧]而行业法治正是一个发展中的法治概念。学界有观点认为国家讲法治、行业讲自治，家庭讲亲情，不能所有概念前面都冠以法治，因此行业法治的概念有点牵强。那么行业法治是否会导致对法治概念的滥用？历史上的确存在过法治被滥用的案例，如希特勒领导的纳粹德国，也号称继承了德国"法治国"的传统，但实质上根本不是法治国家，只不过是"借法律之名行恐怖之实"，"合法性成了

---

① 陈弘毅：《法治：启蒙与现代法的精神》，中国政法大学出版社2013年版，第57页。

② 姚建宗：《法治的生态环境》，山东人民出版社2003年版，第14页。

③ 王人博、程燎原：《法治论》，广西师范大学出版社2014年版，第94页。

④ ［美］布雷恩·Z. 塔玛纳哈：《论法治：历史、政治和理论》，李桂林译，武汉大学出版社2010年版，第4页。

⑤ 陈金钊：《"法治改革观"及其意义——十八大以来法治思维的重大变化》，载《法学评论》2014年第6期，第2—3页。

⑥ ［美］彼得·德恩里科、邓子滨编著：《法的门前》，北京大学出版社2012年版，第409页。

⑦ 参见［美］詹姆斯·J. 赫克曼、罗伯特·L. 尼尔森、李·卡巴廷根编：《全球视野下的法治》，高鸿钧、鲁楠等译，清华大学出版社2014年版，"序言与导语"第3页。

⑧ 孙笑侠：《法治转型及其中国式任务》，载《苏州大学学报（法学版）》2014年第1期，第24页。

装点门面的傀儡"。①但笔者认为，以弥补国家法治不足及以制约社会权力和国家权力为核心的行业法治，不会构成对法治概念的滥用。从某种意义上，本书通篇都是为了回答这个问题。

总之，提出行业法治的逻辑基于法治概念的宽泛性和灵活性。这种宽泛性和灵活性，也无形之中表明了法治概念具有非常强的包容性。

二、行业法治研究的历史沿革

行业法治的概念萌芽于1999年法治国家正式写入我国宪法之后。其时法学界开始提出"行业的法治化"问题。例如，在中国法学会法理学研究会1999年度年会上，就有学者提出："新时代法学家的要务是揭示中国法的精神，构建法治的总体规划，并建构各地区、各行业的法治模式。"②此外，还有"行业的法治市场"③以及与行业法治相类似的"事业法治"概念④开始出现。

我国第一次正式提出行业法治的概念是在2003年，比1983年行业法的首次出现大概晚了20年。而且此时提出的"行业法治"概念是随着"保险行业法治"概念一并提出来的。⑤可见最初阶段的行业法治概念仍是基于传统部门法的角度而言的，也是与某一具体行业相结合而提出来的。此后，粮食行业法治、医药行业法治、烟草行业法治、铁路行业法治、体育行业法治、房地产行业法治、工程机械行业法治、快递行业法治、出租车

---

① 引自前联邦德国宪法法院法官马丁·希尔施教授为《恐怖的法官——纳粹时期的司法》写的序言，参见［德］英戈·穆勒：《恐怖的法官——纳粹时期的司法》，王勇译，中国政法大学出版社2000年版，"序言"第1—4页。

② 范劲松、万曙春等：《回眸与前瞻：跨世纪的法理学》，载《政治与法律》2000年第1期，第77页。

③ 孙皓琛：《入世与我国房地产服务贸易的发展——以〈服务贸易总协定〉为基础的探讨》，载《国际贸易问题》2002年第6期，第19页。

④ 郭忠：《论图书馆事业的法治化》，载《四川图书馆学报》1999年第5期，第4—7页。

⑤ 陈晓斌、宋晓春：《发挥保险行业优势 推进企业年金的健康发展》，载《保险研究》2003年第8期，第21页。

行业法治、评估行业法治、公交行业法治、网络游戏行业法治等诸多具体行业法治的概念纷纷提了出来，这些研究为中国行业法治的发展积累了宝贵的经验和素材。但除个别成果外，这些研究仅停留在行业法治化管理的宣传口号上，普遍呈现出文献发表刊物等级不高、研究成果影响力不大、偏重于对策性研究、理论性不强等特点。[①]还有，与行业法治概念相关的是，法治行业的概念也偶有文献明确提及。[②]从学界当前的使用情况来看，行业法治的使用频率远远高于法治行业的使用频率。但是，法治行业和行业法治的关系完全被既有文献所忽略。事实上，行业法治与法治行业是一对既有关联又有区别的概念。二者关系大致是：行业法治是法治行业得以实现的过程和手段，而法治行业是行业法治发展的结果和目标；行业法治是动态的概念，而法治行业是静态的概念。

　　总体而言，法学界此时对行业法治的研究，还处在边缘化的位置。还有一个例证是，自2003年至今，中国社会科学院法学研究所每年都发布了年度法治蓝皮书，蓝皮书中有很多关于行业法治的内容，如医疗卫生法治、食品安全法治、慈善法治等，却从来没有使用更为凝练的行业法治的概念。2019年发布的法治蓝皮书，使用了"医疗卫生行业管理法治化"[③]的概念，可说是最接近行业法治的概念。行业法治的这种状况与黄文艺教授2012年在《认真对待地方法治》一文中指出"地方法治的边缘化位置"的道理是一样的，逻辑是相通的。[④]因此如同黄文艺教授呼吁"认真对待地方法治"一样，笔者也要呼吁"认真对待行业法治"。

---

　　① 　一个事实是，以"行业法治"为篇名检索"中国知网"收录的CSSCI期刊论文，没有一篇有关"行业法治"的论文；经检索"中国知网"收录的北大核心期刊论文，迄今也只有三篇相关论文，寥寥无几。

　　② 　参见牛牧：《食品行业是道德工业更是法治行业》，载《中国食品工业》2008年第9期；苏少林：《中国电信业：走向法治行业》，载《中国电信业》2010年第10期。

　　③ 　陈甦、田禾主编：《中国法治发展报告No.17（2019）》，社会科学文献出版社2019年版，第25页。

　　④ 　黄文艺：《认真对待地方法治》，载《法学研究》2012年第6期，第19—20页。

三、行业法治的理论主张

随着行业实践的发展，法治实践领域也开始慢慢在一些政策性文件中使用行业法治的概念。以"行业法治"为检索对象检索"北大法宝·法律法规"数据库下的"中央法规"栏目，可以发现从2005年至2023年，总共有60份行业主管部门发布的政策性文件中提及"行业法治"。在这60份政策性文件中，2011年之前只有4份，2011年之后则多达56份。可见提及"行业法治"的政策性文件主要集中在2011年后。其中最多的年份是2016年，这一年发布了15份政策性文件提及"行业法治"。与此基本同步，法学界一些思想敏锐的知名学者开始思考行业法治的问题，其中比较有代表性的学者包括孙笑侠、张文显和姚建宗等教授。他们之间既有理论共识，也有理论分歧。

2012年7月，孙笑侠教授在"全国地方法治建设理论与实践研讨会"中率先提出行业法治的概念，"行业法治，指非政府的、非政权的、非政治国家的国民经济生产的各个系统"。[①]这是中国第一次提出没有前缀具体行业的纯正的行业法治概念。随后，他又在研究法治中国问题时进一步清晰地提出，法治中国包含国家法治、地方法治、行业法治三大重点板块，揭示了中国法治建设的三对矛盾，即国家与社会、中央与地方、政府与行业之间的矛盾。[②]孙笑侠教授认为行业法治是法治中国的动力之一。他说，法治中国的动力，除了官方推动力和民间推动力之外，还存在第三种势力——"一种职业共同体的推动力"，这是一种"来自专业的力量"，[③]如前所述，这种"职业的推动力"和"专业的力量"，其实就是行业的力量。法治社会中的"行业"，正是由这样的职业和专业组成；法治社会中的"社会"，正是由这样的行业组成。不仅如此，孙笑侠教授还

---

① 宋慧宇、仇晓光：《突出地方法治重要地位 繁荣地方法治理论研究——"全国地方法治建设理论与实践研讨会"综述》，载《社会科学战线》2012年第11期，第281页。

② 参见黄文艺：《法治中国的内涵分析》，载《社会科学战线》2015年第1期，第227页。

③ 孙笑侠：《"法治中国"的三个问题》，载《法制与社会发展》2013年第5期，第35页。

认为行业和行业法治是社会法治的重点。"近年来很多行业为什么混乱，为什么很多行业都出了问题？其中缺乏法治是主要原因。显然，行业是社会法治的重点。"①因此，孙笑侠教授预测："目前以及今后相当长的一个时期，我国在建设政治国家领域的法治的同时，还需要建设民间社会领域的法治，而后者的重点应该是行业法治的发展。"②他建议应"重视行业法治"，因为行业法治体现了"推进法治的深度和广度"，③有利于我国转型期法治的建设。

张文显教授也是行业法治的倡导者，自2014年至今，他在研究"法治中国""全面依法治国""中国特色社会主义法治体系"等问题时多次指出，"我国农业、金融、文化、教育、体育、卫生等各个行业都构成相对独立的行业法治领域"；④"建设法治中国……不仅要搞好国家法治，还要搞好地方法治、行业法治，促进国家法治、地方法治、行业法治的协调发展"；⑤"统筹推进国家法治、地方法治、区域法治、行业法治发展"；⑥"全面依法治国……涉及协调发展国家法治、地方法治、社会法治、行业法治"；⑦"党的十八大以来……国家法治、区域法治、地方法

---

① 孙笑侠：《"法治中国"的三个问题》，载《法制与社会发展》2013年第5期，第36页。

② 孙笑侠主编：《转型期法治报告（2013年卷）——行业领域的法治》，法律出版社2013年版，"编者的话"第2页。

③ 孙笑侠：《法治转型及其中国式任务》，载《苏州大学学报（法学版）》2014年第1期，第32页。

④ 张文显：《建设中国特色社会主义法治体系》，载《法学研究》2014年第6期，第19页。

⑤ 张文显：《法治与国家治理现代化》，载《中国法学》2014年第4期，第22页；张文显：《法理：法理学的中心主题和法学的共同关注》，载《清华法学》2017年第4期，第39页；张文显：《法治中国建设的前沿问题》，载《中共中央党校学报》2014年第5期，第34页；张文显：《论建构中国自主法学知识体系》，载《法学家》2023年第2期，第12页；张文显：《全面推进中国特色社会主义法体系更加完善》，载《法制与社会发展》2023年第1期，第6页；张文显：《论中国式法治现代化新道路》，载《中国法学》2022年第1期，第21页；张文显：《习近平法治思想的系统观念》，载《中国法律评论》2021年第3期，第7页；张文显：《国家制度建设和国家治理现代化的五个核心命题》，载《法制与社会发展》2020年第1期，第24页。

⑥ 张文显：《新时代全面依法治国的思想、方略和实践》，载《中国法学》2017年第6期，第22页。

⑦ 张文显：《中国法治40年：历史、轨迹和经验》，载《吉林大学社会科学学报》2018年第5期，第11页；张文显：《新思想引领法治新征程——习近平新时代中国特色社会主义思想对依法治国和法治建设的指导意义》，载《法学研究》2017年第6期，第12页。

治、行业法治、涉外法治协调发展，中国特色社会主义法治体系日益完善"。①可见，张文显教授把对行业法治的研究从法治中国进一步深化细化到全面依法治国和中国特色社会主义法治体系等主题中。

姚建宗教授认为法治必须在行业中去落实，这是必然的，但并不能就此提出行业法治的概念，二者不能混为一谈，逻辑上也没有对应关系，②否则可能造成一些额外的风险，这些风险表现在：特别提出行业法治的概念，是在表明行业的所谓特殊性。这种特殊性在理论和实践当中都潜藏着行业的自我封闭、自我设防、自我排斥的问题，这可能对单一制国家的法治统一性在实践上是一种伤害。因此，他建议法治中国建设要慎用"地方法治""行业法治""领域法治"这些似是而非的命题。③姚建宗教授在他的其他研究成果中坚持他的观点："尽管'法治'需要也必然要从一个个具体的'地方'或'地区'、一个个具体的'行业'或'领域'中通过实践活动得以落实和实现，但任何一个社会的'法治'无论是在逻辑上还是在现实生活中都绝不可能是'地方法治'或者'地区（地域）法治'、也绝不可能是'行业法治'或者'领域法治'……我们所要建设的'法治'自始至终都只能是'综合'的'法治'。"④可见，姚建宗教授不太赞同行业法治概念的立场。

综上，虽然目前这三位学者对行业法治的立场还存在分歧，且他们的研究均停留理念和概念阶段，例如，他们的研究只是告诉我们，行业法治是与国家法治、地方法治、社会法治不一样的法治概念和法治领域，而并没有对行业法治很多有待解决的理论性问题展开探索，但他们的开拓性研究，哪怕是对行业法治的担忧，都是法学界在战略层面而非技术层面思考

① 张文显：《在新的历史起点上推进中国特色法学体系构建》，载《中国社会科学》2019年第10期，第31页。

② 如前文所述，对行业法治的逻辑问题，行业法治概念的提出者孙笑侠教授也认同，但他认为行业法治是基于中国现实提炼出问题，不追求逻辑的穷尽与完美。

③ 姚建宗：《法治中国建设的一种实践思路阐释》，载《当代世界与社会主义》2014年第5期，第24页。

④ 姚建宗：《新时代中国社会主要矛盾的法学意蕴》，载《法学论坛》2019年第1期，第52页。

没有以具体行业做前缀修饰词的行业法治问题之始，表征着法治中国、全面依法治国和中国特色社会主义法治体系等法治范畴中的行业法治，乃是宏大学术命题的具体切入点，指引着中国未来法治研究和法治实践的基本方向。黄文艺教授指出，从2012年至今，在法治研究领域已经形成了中国式的全方位法治研究格局，并推动了中国特色法治话语体系的构建，这其中就有行业法治研究的学术贡献在内。[①]"行业法治"是"新时代法治中国建设全景图"的重要内容。[②]

第二节　行业法治的内涵

如何界定行业法治是首先要解决的问题。如前所述，法治社会是社会领域实现法治化的治理状态，那么，行业法治可以理解为是指行业领域的法治化的治理过程。如果各行各业都通过法治化的治理过程而实现了法治化的治理状态，那么法治社会自然就实现了。结合行业法和行业法治的概念，对行业法治的内涵，可以做如下阐述：

一、"硬法"之治与"软法"之治的结合

行业法是包括"硬法"和"软法"在内的体系，那么，行业法治就是"硬法"之治与"软法"之治的结合。现代社会，一方面强调"硬法"之

---

① 参见王广禄：《中国法学70年回眸与前景展望——访中国人民大学法学院教授黄文艺》，载《中国社会科学报》2019年10月29日，第1版；黄文艺：《迈向法学的中国时代——中国法学70年回顾与前瞻》，载《法制与社会发展》2019年第6期，第8—12页；黄文艺：《新时代中国马克思主义法理学的前景展望》，载《哈尔滨工业大学学报（社会科学版）》2020年第3期，第30页；王利明、黄文艺：《论法学学科的发展规律和发展前景》，载《大学与学科》2020年第1期，第108页。

② 黄文艺：《新时代中国马克思主义法理学的前景展望》，载《哈尔滨工业大学学报(社会科学版)》2020年第3期，第29页。

治，一方面又逐步认识到"硬法"之治的弊端，即把"法与国家挂钩，进而被与国家强制力捆绑起来，这妨碍了人们对法的内涵及其实施机制的全面认识，割裂了国家与社会。这种国家中心主义观念主导下的法治产生了一系列弊端"。①这种弊端，在立法、执法和司法方面都有所体现。"首先，在立法方面，强调法出于国家，有意无意把社会自我治理和自我调适边缘化。其次，在执法过程中容易导致两个问题，一是形式主义严重，二是过度依赖强制力，执法简单粗暴，极易激发社会矛盾。再次，在司法方面，容易导致'机械主义'和'司法中心主义'两种倾向，要么把司法过程简单化、庸俗化，要么过分拔高司法的功能。"②正是由于"硬法"之治的种种弊端，源于国际法领域的"软法"理论逐渐在国内法和国内公共治理领域兴起。在"软法"理论中，"政府不再是合法权力的唯一源泉，公民社会也同样是合法权力的来源，一元的国家管理开始过渡到多元主体的公共治理，立法权由国家垄断变成由国家与社会共享"。③立法主体出现了多元化的特征，法律的定义从一元论的法律观发展到了多元论的法律观，对应表现为两种法律理论范式：现代化范式和本土化范式。现代化范式从政治学的角度界定法律，强调法律和国家的必然联系，坚持一元论的法律观；而本土化范式则从社会学的角度界定法律，强调法律是在社会生活中实际起作用的规则，法律不仅指国家法，还包括民间通行的规则（民间法），因而持多元论的法律观。④在多元论的法律观中，法律的定义"固然不再纯粹，但更加理性"。⑤博登海默、伯尔曼和塔玛纳哈显然也持多元论的法律观。博登海默认为，"即使一个拥有大量立法权的现代国家，也不可能制定出有关每一件事和每一个人的法律。政府法律仍保留了大量的真空领域"。这种"真空领域"是"自由立法的飞地"，"必须或

---

① 罗豪才、周强：《软法研究的多维思考》，载《中国法学》2013年第5期，第103页。

② 罗豪才、周强：《软法研究的多维思考》，载《中国法学》2013年第5期，第103页。

③ 罗豪才、周强：《软法研究的多维思考》，载《中国法学》2013年第5期，第103页。

④ 黄文艺：《中国法律发展的法哲学反思》，法律出版社2010年版，第57—58页。

⑤ 此语出自罗豪才与宋功德两位教授合著的《软法亦法：公共治理呼唤软法之治》（法律出版社2009年版）一书的封面勒口上的内容简介。

能够通过行使私性或准私性的立法权力予以填补"。①而伯尔曼则进一步明确指出："法律不仅而且主要不是来自国家的立法权，也是而且主要出自许多个人和群体在其日常的相互交往中创造的关系。人民、社会而不是国家、政府权威一直被认为是法律的主要渊源。组成各种联合的人们、建立相应的权利和责任的雇主和雇员、彼此间订立协议的商人们、把孩子们抚养成人的父母们——他们建立了各种民间（unofficial）法律关系，创造了可以被恰当地称作习惯法的制度。"②长期致力于法律多元主义研究的塔玛纳哈明确地宣称法律多元主义无处不在，且历时千年之久。法律多元主义过往以及当下的许多表现形态都涉及社群法（community law）、政权法（regime law）、政权间法（cross-policy law）这三个法律范畴表现形态之中以及之间的关联。③从"软法"的角度看，博登海默所讲的"私性或准私性的立法权力"、伯尔曼所讲的"个人和群体在其日常的相互交往中创造的关系"和"民间法律关系"以及塔玛纳哈所讲的"社群法"，都可以看作是一种"软法"。

在法律多元主义的视角下，"软法"的实施机制也开始多样化，"国家意志不应当是软法规则唯一而必要的合法性基础，法应当依靠的是人们与规则制定者和实施者的有效沟通和合作"。④因此，"法治不仅是硬法之治，同时还应是软法之治；硬法与软法在法治化的过程中应当并行不悖、各展其长、各得其所"。⑤法治的这个发展趋势在行业法治表现得最为明显，行业法治的内涵首先表现为"硬法"之治和"软法"之治的结

---

① ［美］E.·博登海默：《法理学：法律哲学与法律方法》，邓正来译，中国政法大学出版社2004年版，第441页。

② ［美］伯尔曼：《法律与宗教》，梁治平译，中国政法大学出版社2003年版，第178—179页。

③ 参见［美］布莱恩·Z. 塔玛纳哈：《法律多元主义——历史、理论与影响》，赵英男译，商务印书馆2023年版，第1—28页。

④ Jaye Ellis, "The King Is Dead, Long Live the King?A Reply to Matthias Goldmann," *Leiden Journal of International Law*, Vol.25, (2012), pp.369-372.

⑤ 罗豪才、宋功德：《认真对待软法——公域软法的一般理论及其中国实践》，载《中国法学》2006年第2期，第11页。

合。季卫东教授指出我国的传统法治面临两难困境："一方面，不得不通过规范的刚性约束力来缩减外部环境的复杂性；另一方面，流动的局势要求临机应变的决定，使得规范的约束力不得不相对化。"①但行业法治中并不存在这种两难困境，因为行业法治所具有的"硬法"之治和"软法"之治相结合的内涵恰好化解了这个困境。

二、依法监管与依法自治的结合

行业法治首先是对行业的依法治理，依法治理是依据法律或运用法律手段管理公共事务的实践活动，依法治理的主体包括公民、党和国家机关、人民团体和社会组织，依法治理的客体主要是公共权力和公共事务。②习近平总书记指出："人类社会发展的事实证明，依法治理是最可靠、最稳定的治理。"③结合依法治理的主体，综合理解行业依法治理，主要包括依法监管和依法自治两个方面。例如，国家机关参与依法治理，可以归入依法监管的范围；而公民、人民团体和社会组织参与依法治理，可以归入依法自治的范围。从法治发展的实践来看，中国的行业依法治理形成于普法教育运动的过程之中。早在1985年11月，全国人大常委会通过了《关于在公民中普及法律常识的决议》，决定自1986年正式开启以五年为一个周期的普法教育运动，迄今已进入第八个五年普法周期。"中国的全民普法运动既是中国历史上、也是人类历史上规模空前和影响深远的法治启蒙运动，是一场先进的思想观念和文明的生活方式的宣传教育运动。"④经过几十年的发展，以法治启蒙为宗旨的普法教育形成了"依法治理"的理念，普法教育经历了"从最初的着重法律知识普及到现今积极

---

① 季卫东：《大变局下的中国法治》，北京大学出版社2013年版，第31页。

② 张铁英：《关于新时期依法治理工作的思考》，载《中国司法》2015年第9期，第26页。

③ 习近平：《论坚持全面依法治国》，中央文献出版社2020年版，第120—121页。

④ 张文显：《中国法治40年：历史、轨迹和经验》，载《吉林大学社会科学学报》2018年第5期，第7页。

增强公民权利意识；从最初的公民守法教育到现在的'把权力关进制度的笼子'官方法治意识教育"①的演变。可以说，"我国自1986年以来在普法教育基础上发展起来'依法治理'活动，是一种很成功的实践"。②

"行业依法治理"很早就进入到普法教育所提出的"依法治理"的视野中。"一五"普法期间，依法治理活动开始在一些地区和企业进行实践，但尚未形成整体性的布局和态势。"二五"普法时期开展了依法治乡、县、市和省、自治区、直辖市依法治理及行业依法治理的试点工作。③可见，中国首次提出"行业依法治理"是在"二五"普法期间。自此，"依法治理"和"行业依法治理"逐步推进，走过了三十多年的历程而绵延至今。在这三十多年中，"我国的依法治理事业……形成了地方依法治理为主体、行业依法治理为支柱，基层依法治理为基础的三大工程和多层次多领域的工作格局"。④依法治理具有构建法秩序的含义，⑤行业依法治理当然也具有建构行业法秩序的含义。但是，依法治理只是接近法治而不等同于法治，"依法治理是法治的必然要求和载体，但依法治理能否实现真正的法治，则取决于对法治精神的把握和贯彻"。⑥与此相似，行业依法治理也只是接近行业法治而不等同于行业法治，行业依法治理能否实现真正的法治，同样取决于对法治精神的把握和贯彻。"在法治社会建设过程中，绝不能将法治社会简单地、片面地解读为国家依法来管制社

①　侯学勇：《法治建设与改革关系刍论》，载《上海政法学院学报》2018年第6期，第127页。

②　李步云：《论法治》，社会科学文献出版社2008年版，第54—55页。

③　张铁英：《关于新时期依法治理工作的思考》，载《中国司法》2015年第9期，第27页。

④　张铁英：《关于新时期依法治理工作的思考》，载《中国司法》2015年第9期，第27页。

⑤　张志铭、于浩：《转型中国的法治化治理》，法律出版社2018年版，第49页。

⑥　马长山：《依法治国必须弘扬正义法精神》，载《求是学刊》2000年第6期，第68页。

会。"①同样，在行业法治建设过程中，也不能将行业法治简单地理解为政府依法管制行业。然而，中国法治建设的实际情况却表明在这方面还存在一些问题。自1999年"依法治国"入宪以来，中国一直在以行政区划为单位，从国家、省、市、县、区、乡、村的层面来谈法治，出现了依法治省、依法治市、依法治县、依法治区、依法治乡、依法治村，甚至还出现了依法治企、依法治林、依法治水、依法治土、依法治路等口号。历史地看，这些口号比无法无天的时代要进步许多；表面上看，这些口号也没有什么问题。但有的行业在具体治理过程中，把治理的矛头主要指向作为法治主体的行业企业或社会个体，任性地要求行业企业或社会个体必须做什么或不得做什么。这样的做法实际上是背离了法治"限制权力、保护权利"的初衷，颠倒了法治的主客体关系，而导致法治的庸俗化使用，构成对法治概念的滥用。在行业治理过程中，行业法治如果要避免构成对法治的滥用，要讲究"依法治理"，但绝不能陷入传统的"依法治理"的窠臼，绝不能颠倒法治的主客体关系。行业法治所追求的是要"让民间行业成为法治建构的新主体，在推进政府法治化的同时，增强行业自治性，让行业与官方、民众、职业法律人并列成长为法治秩序的新主体，以主体的身份加入到法治中来"。②

前已述及，行业法治所依据之法，不仅包括"硬法"，而且也包括"软法"。"硬法"之治主要表现为依法监管，"软法"之治主要表现为依法自治。从行业实践来看，行业的发展除了有赖于依法监管外，还取决于依法自治。对行业的依法监管实际上是一种国家干预，意味着行政权对行业治理的法律介入。"绝大多数这种行业性的管理都有行政权的适当介入。"③既然是国家干预行业，就有可能存在干预失灵或监管失灵的情

---

① 郭道晖：《法治新思维：法治中国与法治社会》，载《社会科学战线》2014年第6期，第233页；郭道晖：《论法治社会及其与法治国家的关系》，载《社会科学战线》2015年第1期，第216页。

② 孙笑侠：《法治转型及其中国式任务》，载《苏州大学学报（法学版）》2014年第1期，第32页。

③ 关保英：《论行政法中技术标准的运用》，载《中国法学》2017年第5期，第230页。

况，无论哪个国家都是如此。如米尔顿·弗里德曼在其著作《资本主义与自由》中曾经批评美国的政府管理，"在今天，政府的措施构成了美国经济增长的主要障碍……我们迫切需要的是减少而不是增加政府干预"。①他还以举例的方式批判了存在于铁路、税收、货币、农业、住房、工会、社会保险等行业的政府干预。但与此同时，弗里德曼也肯定了"全国上下交叉的高速公路、宏伟的横跨大河的堤坝以及运行于轨道上的人造卫星"是"政府支配巨大资源能力的贡献"，②反向说明即便是自由主义经济学家也承认国家在一定程度上干预经济和监管行业的必要性。事实上，"从国际上市场经济发展的经验教训来看，市场作用不断发挥的历史，也是政府监管不断创新和加强的过程。不论哪个国家在什么时候忽视或放松政府监管，就会发生始料不及的严重问题"。③即便在美国，也同样如此。如2008年美国爆发殃及全球的金融危机，一个重要原因是美国政府一度放松了金融监管。④因此，"没有监管，也不会有自由市场"。⑤实践中的教训进一步证明了行业监管的必要性。这种必要性在中国当下独特的社会转型期尤其如此。在中国独特的情境中，行业的公平竞争、对行业秩序的维护以及对消费者和公众权益的保护，主要依靠行业监管。如在金融行业中，P2P、私募基金、"套路贷"、非法集资等案件频发，表明了行业监管的某种不足。而公安机关的打击则具有事后性，显然无法承担过程监管的责任。这也充分说明如果没有政府的依法监管，行业的依法自治也很难建

---

①　［美］米尔顿·弗里德曼：《资本主义与自由》，张瑞玉译，商务印书馆1986年版，第38页。

②　参见［美］米尔顿·弗里德曼：《资本主义与自由》，张瑞玉译，商务印书馆1986年版，第189—191页。

③　魏礼群：《创新和加强监管 提高政府治理水平》，载《行政管理改革》2015年第7期，第20页。

④　这是奥巴马担任美国总统期间，其政府信息与监察事务办公室主任的卡斯·桑斯坦在他的专著《简化——政府的未来》中提出来的观点。参见魏礼群：《创新和加强监管 提高政府治理水平》，载《行政管理改革》2015年第7期，第20页。

⑤　语出自美国奥巴马政府信息与监察事务办公室主任的卡斯·桑斯坦《简化——政府的未来》一书。参见魏礼群：《创新和加强监管 提高政府治理水平》，载《行政管理改革》2015年第7期，第20页。

立，即便建立了所谓的自治，也容易异化为弱肉强食的局面。实践中已查处的"套路贷"、非法集资等案件表明，这些案件背后大都有黑恶势力把持行业运作和发展的因素。在某种程度上可以说，我国的行业自治可能更加需要加强监管才有实现的可能，并不完全像西方社会的经验那样，政府退出才意味着自治。但是，因为监管失灵的存在，行业治理绝不能只追求对行业的依法监管，还应当追求行业依法自治。这也是因为市场经济的制度构造，"既不是由完全自由的市场机制完全取代国家（政府）的必要干预，也不是由国家（政府）的干预居于完全的自由市场机制之上，当然更不是由国家（政府）的干预完全取代自由市场机制"。①

从依法自治的角度看，行业治理绝不仅仅只追求依法自治，也应当追求依法监管。其原理在于，"社会自治和行业自律，涉及公共权力，必须受到行政法原则和原理的支配"。②而且，"法治社会所强调的社会组织、公民团体等参与主体的'多元治理'不应理解为完全'自主治理'……所需遵循的最低标准是国家制度和法律的规定"。③德国法理中有"经济自治"的概念，其具体内涵是："国家对经济活动之调节与规整，除自设主管机关执行外，亦可将此任务交由独立之公法团体，如各类公会、公法财团或营造物自治管理或执行，甚至将公权力委由私人或私法团体行使，而国家自己则立于监督地位，对此等团体、财团法人、营造物或私人之自治管理或执行，进行法律监督以审查其行为有无违背法令，或进行专业监督以审查其行为有无合目的性，此即所谓经济自治。"④可见，这种经济自治是不能完全离开政府的法律监督的。有实证分析表

---

① 姚建宗：《法治的生态环境》，山东人民出版社2003年版，第62页。

② 余凌云：《法治国家、法治政府与法治社会一体建设的途径》，载《法学杂志》2013年第6期，第26页。

③ 陈金钊、宋保振：《法治国家、法治政府与法治社会的意义阐释——以法治为修辞改变思维方式》，载《社会科学研究》2015年第5期，第86页。

④ 赵相文：《行业自治作为我国行政任务民营化之方法——以证券市场自律机制为例》，台湾大学2005年博士学位论文，第100页。

明，世界上没有一个国家的"第三部门"能做到完全独立于政府。[①]一般认为，前述"独立之公法团体"和"私法团体"便是国家第三部门的一种存在形态，它们事实上是不可能完全独立于政府部门的。总之，世界各国的经验显示，依法监管和依法自治的合力与合作才能更好地促进行业的发展。虽然依法监管与依法自治并存于行业法治中，但是依法监管并非要优于或高于依法自治，而是恰恰相反，是依法自治要优于或高于依法监管。也就是说，如果行业自己能解决的问题，应让其充分自决。

综上，行业法治并不是单纯的依法监管，也不是单纯的依法自治，而是依法监管与依法自治的结合，[②]这是一种"混合法治的新模式"。[③]传统法治喜欢将依法监管与依法自治对立起来，而行业法治则需要打破这种观点。也就是说，在行业法治中，依法监管与依法自治并非截然对立的，而是相互补充的。依法监管与依法自治构成了行业法治的两翼，两翼彼此依赖相互需要，缺少任何一翼都不完整。

三、横向体系和纵向体系的结合

法治是一个体系性的概念，行业法治也不例外。法治体系[④]可以分解为横向体系和纵向体系两个方面。从横向角度而言，法治表现国家法治、地方法治、社会法治和行业法治的协调发展；从纵向角度看，法治可以分为立法、执法、司法、守法等方面。行业法治的体系也可以分解为横向体系和纵向体系两个方面。从横向角度而言，行业法治可以分解为各个行业

---

① Dennis R. Young, "Alternative Models of Government—nonprofit Sector Relations: Theoretical and International Perspectives," *Nonprofit and Voluntary Sector Quarterly*, Vol.29, No.1, (Mar.2000): pp.149–172.

② 类似的主张还可以参见刘毅：《论中国特色文化娱乐法的兴起与发展》，载《北京理工大学学报（社会科学版）》2023年第7期，第135页。

③ 罗豪才、周强：《软法研究的多维思考》，载《中国法学》2013年第5期，第108页。

④ 我国著名科学家钱学森最早在他的系统论的相关研究中提出法治系统工程或法治体系的概念。参见钱学森：《钱学森讲谈录——哲学、科学、艺术》，九州出版社2009年版，第12页。

的法治状态，如公路行业法治、铁路行业法治等。即行业法治是由所有行业的法治状态构成的，各个行业都构成相对独立的行业法治领域。[1]从纵向角度而言，行业法治可以分解为行业立法、行业监管、行业纠纷解决、行业守法等方面。行业法治的纵向体系基本上都与公共权力和公共治理相关，但"公共部门在法治社会的建设中是一支重要力量，但绝不是唯一的决定性力量"，[2]行业法治的纵向体系还应当包括表征非公共部门的行业自治在内。

法治的核心是限制权力、保护权利，行业法治的核心也是限制权力、保护权利。法治和行业法治所保护的权利是一致的，但是，所限制的权力存在一些差别。法治所限制的权力是政府权力，而行业法治所限制的权力，既包括限制政府权力，也包括限制社会权力，但主要是社会权力。行业法治对社会权力的限制，也体现出"行业法治是传统法治框架下的行业自治"的内涵。对社会公权力的约束和规范，主要有两条途径：一是社会公权力组织的自律途径（主要通过软法实现），二是国家监督途径（主要通过硬法实现）。[3]这就意味着，行业法治既不能完全单纯依靠国家权力来推进，又不能完全脱离国家权力。在行业法治发展的过程中，总的发展趋势是政府权力放松对行业的管制，转为加强行业治理和行业自治。

综上，行业法治的横向体系包括各行各业的法治，行业法治的纵向体系包括行业立法、行业监管、行业纠纷解决、行业守法和行业自治等方面。本书的目的即主要以横向体系中的具体行业法治来研究纵向体系中的行业法治相关理论和实践问题。

---

[1]　张文显：《建设中国特色社会主义法治体系》，载《法学研究》2014年第6期，第19页。

[2]　钱弘道、王梦宇：《以法治实践培育公共理性——兼论中国法治实践学派的现实意义》，载《浙江大学学报（人文社会科学版）》2013年第5期，第25页。

[3]　姜明安：《论法治国家、法治政府、法治社会建设的相互关系》，载《法学杂志》2013年第6期，第6页。

第三节 行业法治的特性

行业法治的特性，应该放在整个法治体系中来考察。如此则可以发现，作为法治社会的组成部分，行业法治的特性既有不同于国家法治的方面，也有需要结合国家法治来理解的方面。二者共同构成了行业法治与众不同的特性。由此，行业法治可以称之为是一种"复杂"的法治。

一、法治主体的多元性

所谓法治主体的多元性，是指行业法治的参与主体众多。行业法治的参与主体包括行业立法者、行业纠纷化解者、行业监管者、行业组织、行业经营主体和行业消费者及社会公众等在内。行业法治主体的多元性突破了国家和社会、政府和公民的传统法治主体二元格局。这种法治主体的多元性几乎得到了所有行业法律的响应。

其一，行业立法者主要是国家行业主管部门。在行业管理实践中，行业主管部门一般是由归口的国务院各部委承担。根据我国《立法法》确定的立法体制，国务院可以向全国人大及其常委会提出法律案，也可以制定行政法规；各部委可以在本部门的权限范围内制定部门规章。立法实践中，国务院各部委除可以制定部门规章之外，国务院提出的法律案和制定的行政法规也多是由各部委草拟初稿，经国务院审查通过后，或以国务院的名义公布（行政法规）或上报全国人大或常委会审议（法律）。[①]可以说，我国的行业立法主要是由行业主管部门草拟的，并根据所拟行业立法的重要性和成熟度的区别，有规范性文件、部门规章、行政法规和法律等不同归宿。由于行业主管部门最熟悉行业的实际情况，由其草拟管理本行业的法律，有一定的合理性但也有一定的弊端。

---

① 根据姜明安教授的统计，90%的现行法律都是由国务院相关部门起草制定的。参见张维炜：《立法法修改：为法治引领改革立章法》，载《中国人大》2014年第19期，第16页。

其二，行业法律并没有对行业纠纷解决的司法体系进行专门规定，而是以一种"准用性规范"的方式将现有司法体系纳入行业法治的范畴，如《公路法》第八十四条以及《安全生产法》第九十条第二款。[①]但是除了现有的四级法院体系及军事法院、森林法院、海事法院、铁路运输法院等专门法院体系外，我国最近几年又新设立了互联网法院、知识产权法院和金融法院等，可以看作是行业纠纷解决的司法体系的最新发展。此外，对行业纠纷的解决机制，国家越来越提倡行业纠纷的多元化解，包括建立行业协会专家咨询制度、行业协会调解制度和行业仲裁制度等，而且这种行业纠纷的非司法解决方式更适应行业纠纷专业性强的特点。

其三，行业法律对行业监管主体、行业经营主体、行业组织和社会公众也进行了规定。行业监管主体和行业经营主体是行业法治的重要参与主体，其存在过于普遍化而无需做过多解释。而对行业组织和社会公众应进一步阐释一下。行业组织主要就是行业协会，除个别行业法律（如《烟草专卖法》）外，我国的行业法律几乎都对行业协会做出了规定。至于社会公众参与行业法治，在行业立法、行业纠纷解决、行业监管等行业法治运行的诸过程中都有体现，具体表现为立法全民讨论、立法听证、价格听证、征求意见、公益诉讼、环境影响评价、举报投诉等制度的建立和实施，如《立法法》第七十四条和《大气污染防治法》第十四条。

二、法律规范的复合性

所谓法律规范的复合性，是指行业法治的法律规范类型繁多和所调整的行业法律关系复杂。

首先是法律规范类型繁多。从纵向看，行业法律规范包括宪法、法

---

① 2017年《公路法》第八十四条规定："违反本法有关规定，构成犯罪的，依法追究刑事责任。"第八十五条规定："违反本法有关规定，对公路造成损害的，应当依法承担民事责任。"2021年《安全生产法》第九十条第二款规定："负有安全生产监督管理职责的部门的工作人员有前款规定以外的滥用职权、玩忽职守、徇私舞弊行为的，依法给予处分；构成犯罪的，依照刑法有关规定追究刑事责任。"

律、行政法规、地方性法规、部门规章和地方政府规章。如公路行业法，就包括《公路法》《公路保护条例》《公路工程设计施工总承包管理办法》《天津市公路管理条例》《浙江省收费公路管理办法》等。从横向看，行业法律规范类型既包括民事法、行政法、经济法和刑法，也包括实体法和程序法，还包括技术标准，如公路工程技术标准规范等。"国家为行业专门立法只是行业法治的一个方面，各行各业的从业者组织成行业协会以行业自律公约、行业自治章程、行业规章等形式来自我管理、自我监督、自我规范，同样是行业法治规范的重要来源。"①这已成为学界共识。

其次是行业法律关系复杂。法律总是调整一定的社会关系而形成法律关系。因此，与行业法律类型繁多相适应，法律规范的复合性还延伸表现为行业法律关系复杂。从公法和私法的视角来看，行业法律关系包括公法关系和私法关系："行业法律体系中，一定存在着私法与公法相交汇、相结合的状况，这是行业法制所必要的。"②从部门法的视角来看，行业法律关系包括民事法律关系和行政法律关系，③甚至还包括刑事法律关系。而且，在行业法律关系中，公法关系和私法关系、民事法律关系和行政法律关系并不是泾渭分明，而是会纠缠交织在一起，难分难解。例如，在公有公共设施的法律关系中存在三方当事人：所有者（国家或其他依法拥有所有权的主体）、维护者（行政机关或其特许的或法律授权的企业、事业单位）、利用者（公民、法人），前二者之间为行政特许或行政合同、行政委托关系，公民与设置管理者之间是利用关系，而且这种利用

---

① 郭烨：《全面依法治国新时代的法治规范渊源》，载《法制与社会发展》2022年第2期，第20页。

② 孙笑侠：《论行业法》，载《中国法学》2013年第1期，第52页。

③ 例如，工程法律关系的复杂性是行业法律关系复杂性的一个典型例子。我国第一本《工程法学》教材将工程法所调整的社会关系分为横向的工程民事关系和纵向的工程行政关系，参见周佑勇主编：《工程法学》，中国人民大学出版社2010年版，第7页。而工程行业的专业人士也认识到，工程法律体系涉及工程行业和法律专业各个层面，关系错综复杂。参见殷瑞钰、李伯聪、汪应洛等：《工程方法论》，高等教育出版社2017年版，第198页。可见，不论是法学界，还是工程学界，对工程行业法律关系的复杂性，都有一定的认识。

关系并不是平等的民事合同关系。即便对公有公共设施有收费行为（如收费公路），这种收费不是营利性的，而是一种规费，价格上以设置、管理成本为标准，目的是为了养护、修缮公有公共设施。所以利用者与设置、管理者之间不是以对价为基础的民事合同关系。[①]相应的法律关系对应着相应的法律责任，复杂的法律关系对应着复杂的法律责任，在行业法律责任中也就必然存在民事责任、行政责任和刑事责任的分类。而更复杂的问题还在于，有的行业法律，比如公路行业法律，甚至还存在民事责任与行政责任的竞合和混合，此时需要考虑是适用民法还是行政法来确定责任。[②]"行业事实上是一个小社会，内部存在着各种不同的法律关系，如民事法律关系、行政法律关系、刑事法律关系等，也就是说，传统部门法都有在不同行业适用的可能性。但是，我们也要看到，法律不仅讲求普适性，同时也必须有相应的灵活性，能够根据具体的情况进行相应的调整，在不同的行业，基于行业特殊性的存在，传统部门法在普遍适用的同时，也必须尊重其特殊性。"[③]如果进一步考虑到人工智能和互联网等新兴行业引起的"法律关系的深度变革"，比如，智能机器人摆脱人类的纯粹工具地位，而获取主体身份的必然趋势，虚拟财产等新的法律客体以及财产类型不断出现，免受自动化决策权、可携带权、虚拟财产权等新型权利不断出现，[④]那么，行业法治所调整的行业法律关系就显得更为复杂。如此复杂的行业法律关系正是传统的部门法法治所不具备的特征，而是只有行业法治才具备的特征。这也从另一个方面说明了行业法治在未来的社会治理中大有作为。

---

① 参见马怀德、喻文光：《公有公共设施致害的国家赔偿》，载《法学研究》2000年第2期，第17页。

② 参见陈广华、徐小锋、那函：《高速公路经营者民事责任研究》，中国政法大学出版社2013年版，第304—311页。

③ 周青山：《论体育法的行业法属性》，载《武汉体育学院学报》2017年第11期，第60—61页。

④ 参见马长山：《智能互联网时代的法律变革》，载《法学研究》2018年第4期，第28—29页。

三、行业治理的差异性

所谓行业治理的差异性，是指在行业法治中存在此行业和彼行业、新行业与旧行业的差异。此行业和彼行业的主体间的权利义务各有特点，而新行业和旧行业则不仅具有主体间权利义务各不相同的特点，还具有行业的发展成熟度截然不同的特点。随着科学技术的进步和经济社会的发展，旧的行业有的会日趋成熟，有的会慢慢消失，而新的行业在不断产生，又慢慢变成旧的行业。行业不断处于动态调整之中。因而根据行业的不同和行业成熟度的不同，行业法治化的策略不可能完全一致，行业法治化的程度也不可能完全一致。行业法治的推进需要考虑到行业的特性和行业间的差异而采取不同的策略。简言之，就是行业法治既有统一性，也有差异性；既有法治的共性，也有行业的个性。因此，世界上并没有一成不变的行业法治模式，行业监管政策和行业自治政策也不是一成不变的，均应当因应行业的发展情况而制宜应变。

并非巧合的是，国际上的"回应型监管"理论为行业治理的差异性提供了不约而同的理论支撑。1992年提出的"回应型监管"理论[1]与1978年提出的"回应型法"理论[2]具有相似性，"回应型监管"理论明显受到了"回应型法"理论的影响。"回应型法"要解决的问题是"改造法制，设定一个符合社会变革需要的规范性模式"，因为"社会在不断地变动和发展，反映并用于调整社会关系的法制也必然要相应地改变自身"。[3]可见，"回应型法"的主要特点是"变"，"既是一种社会变革的法律模式，又是一种法治变革的政策模式"。[4] "回应型监管"的主要特点也是

---

[1] Ian Ayers and John Braithwaite ，*Responsive Regulation：Transcending the Deregulation Debate*，Oxford University Press，1992.

[2] ［美］P. 诺内特、P. 塞尔兹尼克：《转变中的法律与社会：迈向回应型法》，张志铭译，中国政法大学出版社2004年版。

[3] 季卫东：《法治秩序的建构》，商务印书馆2014年版，第379页。

[4] 季卫东：《法治秩序的建构》，商务印书馆2014年版，第384页。

"变"——因时因事、根据不同对象变化监管的策略，①"回应"的内涵主要是"根据被监管对象的具体情况给予差别性待遇，选择有针对性的策略或手段"。②

在行业法治的运行中，有的行业自治程度很高，如美国的体育行业是完全自治的，而且运转良好，③既不存在国家的行政监管，也排除国家的司法管辖；而有的行业自治程度比较低，如公路行业，由于关系到公众的公共安全和出行需求，就普遍需要国家对公路的建设和管理进行严格监管，以确保公路建设质量。对我国一些处于特殊情势中的行业也不应一概而论。如有些行业的经营本来应当走市场化道路，但行政主体却将该领域的经营权全部收归于行政系统或是将经营权授予特定主体，④由此形成了垄断行业。对此我国要深化垄断行业改革，进一步放宽市场准入，形成有效竞争的市场格局。而对于林业行业，在"政事分开"和"政企分开"成为主流趋势的今天，由于"长期以来，国有林区管理体制不完善，森林资源过度开发，民生问题较为突出，严重制约了生态安全保障能力"，故2015年3月国务院发布《国有林区改革指导意见》提出了因地制宜逐步推进国有林区政企分开。

此外，对新兴行业尤其应当采取差别化的策略。有的新兴行业，更偏向于行业自治，因而需要尽可能地减少行业监管，如诞生之初的电视行业。美国电视行业发展的经验表明，"电视行业对于政府的监管是非常机警的。为了避免在电视节目的形式、语言和内容方面的监管，电视行业采取'自我管理'。在1952年，正当电视行业处于婴幼儿时期的时候，国家广播电视协会对电视也采取了一项自愿性的准则标准，整个国家三分之二

---

① 王虎峰、甘铁立：《新时期的卫生行业综合监管：根由、路径及价值考量》，载《中国行政管理》2018年第10期，第20页。

② 杨炳霖：《回应性监管理论述评：精髓与问题》，载《中国行政管理》2017年第4期，第132页。

③ 参见张成元：《法治观念下的体育行业自治研究》，吉林大学2007年博士学位论文，第17—18页。

④ 关保英：《新时代法治政府精神研究》，载《西南民族大学学报（人文社科版）》2019年第8期，第101页。

的电视台很快就赞成这项准则"。①而有的新兴行业，对依法监管的需求非常强劲。如互联网金融，由于牵涉到广泛的社会公众的切身利益，因而需要严格加强行业监管。还有一些新兴行业，如对最近几年兴起的网约车，同样要严格监管但不能以严格管制之名扼杀技术的进步，行捍卫既存业者的既得利益之实。正如西方经济学者指出的，与其说政府监管的目的是保护消费者免受剥削，还不如说是保护生产者免受竞争的压力。②这里的"生产者"，实际上主要是既存业者，也就是指既得利益者。"规制的结果往往是形成了对既存业者的过分保护，使其丧失了本来的活力。"③因此，如何通过技术和法律手段对网约车进行监管，做到趋利避害，保持网约车和巡游出租车的活力，是网约车行业法治化管理最重要的问题。我国最近的行业监管实践很好地响应了回应型监管理论的要求，贯彻了对新兴行业实行差别化管理的策略，体现出行业治理的差异性。④

总之，社会中所有行业都有法治化的需求，只有适应行业的差异性、尊重行业治理的差异性，才能真正促进行业的发展，才能真正促进行业法治的发展。"法治在行业领域呈现出勃勃生机，这不仅表现为各行各业的法律问题层出不穷（这不是坏事情），还表现为各行各业出现行业内的'小法律体系'，更表现为各行各业有法治化的民间需求。"⑤这也就是说，《国民经济行业分类》中存在的每一类行业都有行业法治成长的空间。最终，"行业法的目标就是与国家和政府法治化并列、平行的社会整体的法治化。如此才能构成法治这一目标的整体性，否则是残缺的法治"。⑥

---

① 〔美〕劳伦斯·弗里德曼：《二十世纪美国法律史》，周大伟等译，北京大学出版社2016年版，第693页。

② Gorge J. Stigler, "The Theory of Economic Regulation," *The Bell Journal of Economic and Management Science*, Vol.2, No.1, (Spring, 1971), pp.3-21.

③ 杨建顺：《论经济规制立法的正统性》，载《法学家》2008年第5期，第53页。

④ 参见2019年9月国务院《关于加强和规范事中事后监管的指导意见》。

⑤ 孙笑侠：《论行业法》，载《中国法学》2013年第1期，第57页。

⑥ 孙笑侠：《论行业法》，载《中国法学》2013年第1期，第57页。

四、运行机制的共治性

所谓运行机制的共治性，表现在行业法治的主体多元共治、运行方式多元共治和规则多元共治三个方面。显然，这种共治性意味着行业法治是一种多元治理秩序。西方学者曾经提出过"包容性制度"的概念，认为"包容性制度是建立在权力运作限制以及政治权力在社会中多元分配的基础上的，这是法治尊奉的信条"。①包容性制度是实现长期经济增长的条件。②在法治社会中，"包容性制度"特别注重社会力量参与，致力于实现从国家构建到共建共享的重要法治转向，③国家与社会之间的双向构建的多元治理成为一种趋势。④这种法治的包容性信条、共建共享的法治转向和多元治理的趋势在行业法治的运行机制中表现得最为典型。以行业监管为例，我国最近几年提出了"包容审慎监管"，即是"包容性制度"在行业监管领域的表现之一。

行业法治的主体多元共治，是法治社会多元主体共治在行业法治中的表现。"法治社会的治理主体……包括国家和社会，二者共治。"⑤"法治社会的基本理念不是社会的单一自治，而是国家与社会相对独立的前提下的互动互构，并由此形成'国家在社会中'的稳定结构。"⑥而行业法治主体不仅包括国家和社会、政府和公民，还包括行业组织、社会组织，行业组织和社会组织在制定行业运行规则、化解行业纠纷、维护行业利益

① 〔美〕德隆·阿西莫格鲁、詹姆斯·A. 罗宾逊：《国家为什么会失败》，李增刚译，湖南科技出版社2015年版，第230页。

② 李增刚：《包容性制度与长期经济增长——阿西莫格鲁和罗宾逊的国家兴衰理论评析》，载《经济社会体制比较》2013年第1期，第25页。

③ 马长山：《从国家构建到共建共享的法治转向——基于社会组织与法治建设之间关系的考察》，载《法学研究》2017年第3期，第24页。

④ 参见马长山：《互联网时代的双向建构秩序》，载《政法论坛》2018年第1期，第135页。

⑤ 郭道晖：《论法治社会及其与法治国家的关系》，载《社会科学战线》2015年第1期，第217页。

⑥ 江必新、王红霞：《法治社会建设论纲》，载《中国社会科学》2014年第1期，第151—152页。

和消费者权益等方面均发挥着国家和政府所不能发挥的作用。

行业法治的运行方式多元共治，是指行业法治需要在依法监管和依法自治的共同运行下发挥作用。对于这种具有依法监管和依法自治双重内涵的"共治"，从治理规范的来源来看，监管所依据的规范是"硬法"，而自治所依据的规范是"软法"，在这两种规范中，"尽管国家法律的效力层次高于行业自治规范，但在不违背国家强行法的前提下，行业自治规范应该优先于国家法而适用"。①从依法监管与依法自治的关系来看，行业自治首先处于"优位"状态，而公权力处于"备位"地位。"共治意味着公权力释放更多的空间，社会组织透过自治规范进行治理，而公权力仅处于补充性地位，时刻处于备位状态。"②这种实行分级治理的法治社会，是典型的自治型社会，各种社会组织享有充分的治权，国家权力所及的只是它们无力解决的问题。③

行业法治的规则多元共治，是指"硬法"和"软法"共存于行业法治之中。"硬法"产生于国家立法机关，而"软法"产生于行业组织和民间团体，"硬法"和"软法"的互动，实际上就是国家和社会、政府与行业之间的互动。这种互动关系体现在，"软法"不仅可以弥补"硬法"的不足，而且，"软法"和"硬法"之间还会相互吸收或相互转化。这就是规则的融贯性，"在建设法治社会的进程中，应当着力使……国家法的价值和原则等的实质性内核融入到社会自治规则之中，使自治规则获得与国家法相一致的内在品质"。④但与国家法融入社会自治规则、"硬法"融入"软法"的运动相比，更重要的是社会自治规范和行业自治规范向国家法律的渗透或"软法"向"硬法"的渗透，以及国家法律对社会自治规

① 黎军：《基于法治的自治——行业自治规范的实证研究》，载《法商研究》2006年第4期，第50页。

② 江必新、王红霞：《法治社会建设论纲》，载《中国社会科学》2014年第1期，第152页。

③ 参见严存生：《法治的观念与体制——法治国家与政党政治》，商务印书馆2013年版，第251页。

④ 江必新、王红霞：《法治社会建设论纲》，载《中国社会科学》2014年第1期，第150页。

范和行业自治规范的吸收或"硬法"对"软法"的吸收，其前提当然是自治规范与国家法律、"软法"与"硬法"的强制性规定不相违背。这是行业法治的必然内涵和发展趋势。行政法的最新演变为此提供了佐证。我国"十九大报告……强调了社会治理的广泛社会参与问题，尤其强调了存在于民间的习惯、乡规民约、社区规约等在调整社会关系中不可低估的作用。这充分表明在新的历史条件下，部门行政法要大量吸收乡规民约，大量吸收行业章程，大量吸收相关的习惯和惯例。基于此，部门行政法在新的历史条件下趋于民间化"。①这样，通过"硬法"与"软法"之间的双向互动，包括行业自治规范在内的"软法"得以转化为"硬法"，从而使得"硬法"可以得到更多的认同和更自觉的遵守。②这样的法律才是真正的法律。从最根本的意义上说，真正的法律并不是"创制"的，而是"发现"的。"硬法"吸收"软法"、国家法吸收自治规范，便称得上是一个"发现"法律的过程。这个"发现"法律的过程，与哈耶克所秉持的"在大多数社会中，法律以自发的进化方式发展，这种自然生成的法律应该优于有意识制定的法律"③的观点非常类似，也类似于萨维尼说的法律的"发展完全是靠无声无息的潜在力量而非立法者的专断意志"。④

在行业法治中，运行机制的共治性进一步清晰地说明了依法监管与依法自治的关系不是相互排斥的，而是互相补充的。依法监管与依法自治具有天然的亲近关系。行业依法自治意味着行业的问题完全在行业内部由行业自己处理，他人不得干预，但必须是在法律框架下进行的。也就是说，

---

① 关保英：《部门行政法在新时代的变迁研究》，载《社会科学战线》2019年第4期，第196页。

② 马长山教授也提出，民间法作为国家以外的规则体系，是人们在长期的复杂博弈过程中逐渐形成的，是社会自发秩序生成的基本尺度和依据。因此，在立法的过程中，国家法应吸纳民间法中具有法治价值的原则和理念，从而增强国家法在运行中的可接受性和夯实社会根基。参见马长山：《"法治中国"建设的理论检视》，法律出版社2017年版，第161页。

③ [美]弗朗西斯·福山：《政治秩序的起源：从前人类时代到法国大革命》，毛俊杰译，广西师范大学出版社2012年版，第248页。

④ 转引自[美]伯尔曼：《信仰与秩序：法律与宗教的复合》，姚剑波译，中央编译出版社2011年版，第289页。

行业自治并不是没有条件的，也不是不讲依据的。只不过，行业自治的依据既可以是国家的法律，也可以是自制的章程和行规行约。从这个意义上，行业法治就是法治框架下的行业自治。

五、调整范围的全面性

在传统法学理论中，"硬法"具有的指引、评价、教育、预测和强制功能，只对外部行为具有效力，这在一定程度上反映了法律的局限性和传统法治的局限性，难以有效应对行业治理问题。对于行业治理而言，只有深入到行业"内部"，才能真实了解并有效解决行业中存在的问题。举一个形象的例子类比说明，假如有一对成年男女带着一个小孩去饭店吃饭，外人一般会认为他们是一家三口，他们的聚会是家庭聚会，这就是外部视角。而事实上，这对成年男女并不是外人以为的夫妻关系，而只是朋友关系，女士只是恰好带着小孩从外地来到男士所在地旅游，因此他们的聚会是朋友聚会。这就是内部视角。如此看来，通过外部视角做出的判断往往有所不足，只有通过内部视角才能确定真相。"在现代化的活动系统里，法律（仅指硬法——作者注）仅规范具有外部性的行为，已不足以达到其调整社会关系的目的，而必须深入到社会活动系统内部，通过对系统内各具体环节的规范，才能达到法律调整社会关系的目的。"[1]显然，行业"内部"就是这里的"社会活动系统内部"，行业法就是"真正反映行业'内部'的规范体系。它恰恰是从法律专业外部，深入到行业里面的，因为它是发生于行业生态需要的一套规范体系"。[2]而行业法之所以能成为反映行业"内部"的规范体系，之所以能成为"行业生态需要"的规范体系，恰恰是由行业法中的"软法"规范所决定的。以食品行业为例进行说明，"食品生产的条件、包装材料、贮存与运输条件、食品容器、洗涤剂、消毒剂以及食品添加剂等，必须满足何种要求，才能确保食品安

---

① 柳经纬：《标准与法律的融合》，载《政法论坛》2016年第6期，第25页。
② 孙笑侠：《论行业法》，载《中国法学》2013年第1期，第54页。

全，均为科学技术问题。以权利义务配置为规范方式的法律（同样仅指硬法——作者注）并不能对这些问题给出合理的答案，只有标准可以解决这些问题"。①这里的"标准"即是行业法治中的"软法"。可见，正是凭借"软法"，行业法治通过对行业"内部"和"社会系统活动内部"的"各具体环节的规范"，弥补了"硬法"所不及的那些行业治理问题。综上，行业法既能通过"硬法"治理行业"外部"，也能通过"软法"治理行业"内部"，这种"内外兼治"，就是行业法治调整范围的全面性。

第四节　行业法治的理念

理念首先是一个哲学概念，但何为理念，在哲学上并没有一个统一的认识。江山教授梳理出理念有五种涵义，第一种涵义即理念是内在精神。②而他认为的法治理念，即是理念的此种涵义在法律领域的运用。"法理念即实在法或理性法所内含的内在精神。"③法理念或法治理念是一种精神，说明法治理念首先具有价值指引功能，此即法治理念的价值性，但法治理念并不是没有实践基础的空中楼阁，正相反，法治理念也具有实践指引功能，此即法治理念的实践性。"法治理念的价值性决定了立法、执法和司法的方向，法治理念的实践性则直接关涉立法、执法和司法的品质。"④因此，"从内容结构上说，法治理念就是以法治宗旨或目的为核心的一整套观念体系。立法、执法、司法则可以理解为围绕法治目的而展开的一系列制度建构和制度运作的活动"，⑤这可以概括为"法治和

---

① 柳经纬：《标准与法律的融合》，载《政法论坛》2016年第6期，第25页。

② 江山：《中国法理念》，中国政法大学出版社2005年版，第2页。

③ 江山：《中国法理念》，中国政法大学出版社2005年版，第392页。

④ 王旭光：《法治理念的基本特性与功能分析》，载《人民法院报》2015年1月14日，第8版。

⑤ 王旭光：《法治理念的基本特性与功能分析》，载《人民法院报》2015年1月14日，第8版。

制度建设，理念和观念先行"。大多数制度主义者都认为，当决策者面临非常规和不稳定的情况时，思想观念而非物质利益更容易影响制度的变迁。①法治理念是一套观念体系与法治理念是一种内在精神，这两种界定在内涵上是基本一致的。可以说，虽然哲学界对何为理念还没有形成共识，但法学界对何为法治理念却率先取得了共识。这种共识就是法治不只是一种制度化模式或社会组织模式，而且也是一种理性精神和文化意识。②探讨行业法治的理念，应基于将法治理念作为一种内在精神或一套观念体系的内涵而加以展开。但"法治理念引出的话题，是法治的多义性。不同的法治有不同的理念，也引出不同的法治思维，其价值取向自然也存在差异"。③这不仅仅是指我国传统意义上的法治和西方现代法治有不同的法治理念，而且即便在西方社会内部，古代社会和现代社会的法治理念也有很大的不同，④即便在现代法治结构内部，法治国家、法治政府、法治社会所秉持的法治理念也并不相同。但是，不管是哪一种法治，其最根本的理念只能是限制权力和保护权利。这是自古希腊以来的法治传统。⑤在古希腊，城邦的权威来自预定的、公开的法律。法律对统治者具有约束力，统治者必须服从法律，这样的服从对于良好的治理来说至关重要。⑥法治理论经过几千年的发展，"尽管法治的内容纷繁复杂，但是其依旧有最主要的命题，那就是一个恰当的法律体系，公权力得到限制，公民权利得到保障"。⑦或者说"法律的目的即在于保护市民社会的权利、

---

①　[美]约翰·L. 坎贝尔：《制度变迁与全球化》，姚伟译，上海人民出版社2010年版，第112页。

②　王人博、程燎原：《法治论》，广西师范大学出版社2014年版，第197页。

③　张建伟：《依法治国的三个面向》，载《中国法律》2014年第6期，第8页。

④　参见张文显：《西方法哲学》，法律出版社2011年版，第278—293页。

⑤　但是，李贵连教授提出，即使就法治国家的发源地——西方工业先进国家而言，法治也不是他们的传统，而是他们对传统加以反省、批判和改造的产物。参见李贵连：《法治是什么：从贵族法到民主法治》，广西师范大学出版社2013年版，第108页。

⑥　[爱尔兰]约翰·莫里斯·凯利：《西方法律思想简史》，王笑红译，法律出版社2010年版，第22页。

⑦　江秋伟：《论中国法治的进程及其评估》，载《江汉学术》2018年第4期，第74页。

限制政治国家的权力"。①将限制权力和保护权利排除在理念之外的法治，那一定不是真法治，而是假法治。行业法治自然也秉持权利保护的理念以及与之密切相关的公平正义理念，但又不止于此。行业法治的目的在于促进行业发展，为了实现此目的，行业法治的理念还应当包括科学发展理念。由于行业自治是行业法治的重要内容，所以行业法治的理念还应当包括自治理念。只有遵循了上述理念的行业法治，才可能成为行业治理的标准，促进行业发展。

一、权利保护理念

"权利是人类文明社会所具有的一种实质性要素……是人作为主体自我需求与满足的探寻。"②所有的法律都应"为权利而斗争"，权利保护理念是所有法治最为重要的理念，是法治的精髓所在，自然也是行业法治最为重要的理念，也是行业法治的精髓所在。权利是法律主体的权利，行业法治的权利保护理念应是指行业法治应奉行保护行业主体的权利的理念。然而，行业主体包括行业监管主体（政府）、行业经营主体（企业）、行业协会（行业组织）、行业消费者（社会公众）。行业法治应保护所有行业主体的权利，这一点毫无疑问。但是，行业法治的权利保护理念，是应该对这四大类行业主体实行同等保护，还是应有所区别？

从实力对比的角度来看，在所有行业主体中，行业企业具有强大的经济实力，行业协会具有专业知识和前沿信息，政府机关则拥有行政强制权力，只有行业消费者，既无钱无识又无权无势，信息和专业知识均处于不对称的状态，堪称是最弱势的主体。与行业法关系最密切的部门法是经济法，经济法基础理论中有所谓形式正义和实质正义或形式公平和实质公平的区分。"形式正义……要求同等的人应当受到同等对待；实质正义……

---

① 何勤华、任超等：《法治的追求——理念、路径和模式的比较》，北京大学出版社2005年版，第131页。

② 程燎原、王人博：《权利论》，广西师范大学出版社2014年版，第1页。

强调针对不同情况和不同的人予以不同的法律调整。民法所追求和体现的是形式正义，经济法所追求和体现的则是实质正义。"①或者说，对权利实行同等保护是形式正义或形式公平，在某些情况下对权利实行倾斜性的保护是实质正义或实质公平。实质正义的本质是以通过形式上的不公平来达到结果上的公平。

综合考虑行业主体力量的强弱对比情况，笔者认为行业法治的权利保护理念应完全吸收经济法的实质正义理论，应对消费者权利或公众权利实行倾斜式的保护，以达到实质正义之结果。一般而言，行业法治的权利保护理念可以通过公众参与、权利救济和行业监管等三个途径而得以实现。

（一）通过公众参与实行权利保护

行业是经济和社会的组成单元，每一行业都控制着社会的部分资源，每一行业也都涉及公众日常生活的一个方面，如交通运输行业直接关系到公众的出行需求。行业法治建设直接牵涉到公众的切身利益的实现，因此，行业法治要实现权利保护的目的，赋予公众参与权是首当其冲的选择。

在行业法治中，行业立法、行业监管和行业自治都需要公众参与。公众参与是指"公共权力在进行立法、制定公共政策、决定公共事务或进行公共治理时，由公共权力机构通过开放的途径从公众和利害相关的个人或组织获取信息，听取意见，并通过反馈互动对公共决策和治理行为产生影响的各种行为"。②用很通俗的话来说，公众参与就是给公众就影响到公众自己的公共事务和公共决策等发表意见的机会，内含着涉及公众自己的事，由公众自己做主的原理。因此，公众参与是一种民主制度。而行业是公共空间，行业治理是公共事务，必然对行业消费者和社会公众产生影响。为了保护行业消费者和社会公众的权利，法律建立了公众参与制

① 史际春、邓峰：《经济法的价值和基本原则刍论》，载《法商研究》1998年第6期，第9页。

② 蔡定剑主编：《公众参与：风险社会的制度建设》，法律出版社2009年版，第5页。

度，赋予社会公众对涉及自己权益的公共事务发表意见以影响公共决策的权利。

公众参与是响应我国法治建设的重心不断下移的制度构建，也是行业法治社会化的表现。最早期的公众参与是从微观领域开始的，[①]具体的行业治理就是这样的微观领域。行业治理中的公众参与在环保、公共卫生、城市规划、公用事业、非政府组织等行业中得到了长足发展。[②]在我国现行法律制度下，行业治理中的公众参与主要有几种途径：其一是参与行业立法，首先表现为2000年《立法法》中规定的立法听证制度。我国的立法听证制度是从对工程行业的立法听证开始的。1999年7月，深圳市法制局首次举行听证会，对《深圳市建筑材料使用管理规定（草案）》中提出的相关审批制度的改革进行了立法听证。这是我国首例立法听证实例。1999年9月，广东省人大常委会为解决建筑工程建设中大量存在的"暗箱操作"的问题，而对《广东省建设工程招标投标管理条例（草案）》中的个别条款进行了听证。这是我国第一例由立法机关主持的立法听证实例。[③]此外，公众参与行业立法还表现为法律法规草案公开征求意见制度。其二是参与行业标准制定。在我国当前的标准化实践中，标准制定的一个发展趋势是，"政府将权力逐渐转移给具有一定专业知识的社会机构，并通过进一步规范制定程序予以保障。通过强化透明度，确保利益相关者的知情权，增设消费者参与的法定程序，在涉及消费者利益的标准制定上，引入消费者代表参与机制，并以法律形式明确参与的方式、程序、权利义务等"。[④]在我国现行标准化法律体系中，公众参与制定行业标准的环节，包括参与标准立项调查、提出标准立项建议、提出建议草案以及对标准草

---

① 蔡定剑主编：《公众参与：风险社会的制度建设》，法律出版社2009年版，第6页。

② 参见蔡定剑主编：《公众参与：风险社会的制度建设》，法律出版社2009年版，第76—203页。

③ 刘刚、李迁：《论工程社会化的法律表现》，载《广西社会科学》2018年第10期，第117页。

④ 张清、武艳：《包容性法治框架下的社会组织治理》，载《中国社会科学》2018年第6期，第101页。

案提出修改意见，等等。其三，公众参与还包括参与行政听证、参与价格听证、参与环境影响评价、举报投诉及进行监督等途径。[①]这方面的主体既包括行业协会等行业组织，也包括社会公众个人。《法治社会建设实施纲要（2020—2025年）》颁布以后，我国法律赋予行业协会、行业组织和社会公众参与重大决策的制度越来越健全，范围越来越广泛，途径越来越多，形式越来越多样。

（二）通过权利救济实现权利保护

无救济则无权利现在已经成为法治常识，行业法治要实现权利保护的目的，必须畅通其救济途径。行业法治视野中的权利救济包括行业救济和司法救济两大途径。行业救济是指行业成员向行业协会寻求救济的方式，包括向行业协会投诉、行业调解、行业仲裁等。在行业救济方面需要注意的是，行业协会运用自治规范裁决所属成员之间的争议时，不能以所谓的内部规则为理由限制基本权利。在行业法治实践中，早年发生的"亚泰足球俱乐部状告中国足协"一案，中国足协根据足协章程"不得将争议提交法院，而只能向中国足球协会及其诉讼委员会提出申请"的规定，认为该案不属于法院司法管辖的范围。但法学界普遍认为，司法上的诉讼权属于基本权利的范畴，根据法律保留原则，行业协会在制定自治规章时无权限制基本权利。因此，其自行排除司法介入的规定显然是无效的。[②]司法救济是指行业主体向法院提起诉讼，请求法院对争议做出司法裁决的救济方式。司法是社会公平正义的最后一道防线。从理论上来说，任何争议，经济争议自不用说，即便是政治争端，都可以在法院的裁决中得到最后的解

---

① 参见刘刚、李迁：《论工程社会化的法律表现》，载《广西社会科学》2018年第10期，第116—118页。

② 黎军：《基于法治的自治——行业自治规范的实证研究》，载《法商研究》2006年第4期，第50页。不同的观点可参见张春良：《体育协会内部治理的法治度评估——以中国足协争端解决机制为样本的实证考察》，载《体育科学》2015年第7期，第21页。

决，①且独立于外来的政治和经济动机，这就是法治的要义和精髓。②行业法治的司法救济方式，除了传统的诉讼途径之外，最近的发展突出表现为公益诉讼制度的建立。公益诉讼制度主要是针对生态环境和资源保护、食品药品安全、国有资产保护、国有土地使用权出让等行业的治理而建立的。2012年《民事诉讼法》第一次在法律的层面规定了公益诉讼制度；2014年《环境保护法》规定了社会组织提起环境公益诉讼制度；2015年全国人大常委会授权人民检察院开展提起公益诉讼试点工作；2017年《民事诉讼法》和《行政诉讼法》分别规定了人民检察院提起民事公益诉讼制度和行政公益诉讼制度；2018年最高人民法院和最高人民检察院联合发布的《关于检察公益诉讼案件适用法律若干问题的解释》针对破坏生态环境和资源保护、食品药品安全这几个行业中发生的损害社会公共利益的犯罪行为，建立了刑事附带民事公益诉讼制度；2018年《陪审员法》对公益诉讼案件的审判组织明确做出了安排。2018年《人民检察院组织法》和2019年《检察官法》分别将提起公益诉讼列入人民检察院和检察官的职责范围中。到此时为止，我国的公益诉讼制度主要体现在上述诉讼法和组织法等法律中，行业立法只有《环境保护法》一部。但是最近几年，公益诉讼制度的扩张主要体现行业立法中，包括2020年《未成年人保护法》、2021年《军人地位和权益保障法》和《安全生产法》、2022年《反垄断法》和《妇女权益保障法》、2022年《反电信网络诈骗法》、2023年《青藏高原生态保护法》和《无障碍环境建设法》等大都做出了人民检察院可以提起公益诉讼的安排。由此，通过这一系列的制度安排，我国建立了一个相互配套的公益诉讼制度。公益诉讼制度大多将"侵害众多消费者合法权益""损害社会公共利益"作为提起公益诉讼的构成要件，其目的在于实现对消费者权利的保护，也就是实现对公众权利的保护。

---

① 参见［法］托克维尔：《论美国的民主（上卷）》，董果良译，商务印书馆2013年版，第341页。

② ［美］彼得·德恩里科、邓子滨编著：《法的门前》，北京大学出版社2012年版，第410页。

（三）通过行业监管实行权利保护

所谓行业监管，有广义和狭义两种界定。狭义的行业监管仅指政府对行业的依法监管，广义的行业监管不仅包括政府对行业的依法监管，还包括行业协会、社会公众和媒体等对行业的监管。学界用所谓"大监管"来概括广义的行业监管，认为这种"大监管"是包括政府主导、行业自律、企业自控和社会参与在内的监管体系。[①]实践中，我国已经出现了以行业监管之名的专门立法，如2012年商务部发布的《典当行业监管规定》，即构建了一个以政府监管为主、兼顾了行业协会自律、公众举报投诉等监管手段在内的典当行业监管体系。

对行业进行监管的目标首先同样在于保护消费者或者公众的权利。事实证明，在我国的行业治理中，凡是政府监管力度比较薄弱的行业，都是对权利保护力度最弱的行业，如最近几年引发社会强烈关注的"套路贷"问题，就是在政府几乎没有监管、且行业自治制度也无法建立的环境中产生的。此等行业乱象后面大都存在黑恶势力问题。在行业法治的运行中，主要是政府的行业监管应该承担起保护行业消费者和社会公众的权利的职责。实践中，除了行业主管部门单独履行监管职责外，还可以通过联合执法、专项行动等方式履行监管职责。如2018年1月，中共中央、国务院发出《关于开展扫黑除恶专项斗争的通知》，强调对涉黑涉恶问题突出的重点行业，进行重点监管，督促限期整改；要求政法机关对行业管理漏洞，要及时提出加强监管和行政执法的建议；严格落实行业监管责任等。"扫黑除恶"专项斗争针对的是"在各个行业、各个领域中不享有公权的个人所实施的强权行为，其主要表现形式是黑社会性质组织和'恶势力'实施的犯罪行为"。[②]从行业法治的角度而言，"扫黑除恶"的目的在于全方

---

① 参见蒋硕亮、刘凯：《上海自贸试验区事中事后监管制度创新：构建"四位一体"大监管格局》，载《外国经济与管理》2015年第8期，第92页；丁水平、林杰：《市场管理改革中事中事后监管制度创新研究——构建"多位一体"综合监管体系》，载《理论月刊》2019年第4期，第86页。

② 王强军：《知恶方能除恶："恶势力"合理界定问题研究》，载《法商研究》2019年第2期，第135页。

位的打击黑恶势力，维护行业消费者和社会公众的合法权益。自"扫黑除恶"斗争开展以来，通过打击重点行业和领域内的典型问题，如非法放贷、非法采砂、非法集资等，社会治安明显好转，扫黑除恶专项斗争取得阶段性成果。[①]

二、公平正义理念

公平正义理念最早可溯源至古罗马法学家杰尔苏说的"法乃善良与公正的艺术"和乌尔比安说的"法学是关于正义与非正义的科学"。在法治的历史长河里，正是这种早期的罗马法观念深刻影响了人类的法治观念，公平正义理念率先成为法治理念的内容之一，且迄今未有任何改变。法治如果不能实现公平正义，就不可能成为真正的法治。"法治是一种有目的的活动，内含了关于法治伦理性、正当性的价值追求，表现出法治理念的价值性；法治最基本的目的理念是公平正义。"[②]党的十八大报告提出的要"逐步建立以权利公平、机会公平、规则公平为主要内容的社会公平保障体系，营造公平的社会环境，保证人民平等参与、平等发展的权利"以及《法治社会建设实施纲要（2020—2025年）》提出的建设公平正义的社会主义法治社会、健全社会公平正义法治保障制度等，都是公平正义理念的体现。如果说权利保护理念中提到的是实质公平或实质正义理念，侧重于保护行业消费者或社会公众的权利，那么这里说的公平正义理念便是形式公平或形式正义理念，侧重于保护行业企业的权利。自古希腊古罗马时代以来，所谓形式公平或形式正义理念就是在国家和社会生活中"给予每个人以其应得的东西"，[③]或是"力图将各人的东西给予各人的一种永恒

---

① 引自习近平总书记在党的二十大所做的报告。参见习近平：《习近平著作选读（第一卷）》，人民出版社2023年版，第10页。

② 王旭光：《法治理念的基本特性与功能分析》，载《人民法院报》2015年1月14日，第8版。

③ ［美］E. 博登海默：《法理学：法律哲学与法律方法》，邓正来译，中国政法大学出版社2004年版，第277页。

的意志"。①但这样表述尚停留在原理或原则的层次而稍显抽象，在行业法治中应对公平正义理念予以进一步具象化。具体来说，行业法治的公平正义理念主要体现在以下三个方面。

（一）行业准入公平

行业准入公平是机会公平或机会均等的问题。"在政治哲学传统中，机会均等原则意味着：……每个人都有平等的资格凭着自己的能力去争取自己所想要的东西。"②机会公平或机会均等是市场经济的必然要求，市场准入公平是机会公平或机会均等的表现，而行业准入是市场准入的一部分。长期以来，我国的行业准入和市场准入，大都实行严格的审核批准制，表现在社会实践中具体行业的准入条件和经营范围有多重限制，其市场准入需要经过政府的行政审批。如在公路行业中，公路被视为是一种国家所有的公共资源。③我国《公路法》中出现了20次"国家"，足以说明国家在公路管理中扮演了极其重要的角色。1997年《公路法》第六十条第三款规定的国内外经济组织投资建设公路，必须按照国家有关规定办理审批手续。这是一种必要的行政审批。但是，随着市场经济的进一步发展，社会越来越认识到行业准入审核批准制体现出来的是一种"重审批、轻监管"的行政思维，无法满足市场经济的要求，甚至还会带来权力寻租的危害。十八届四中全会提出"推行政府权力清单制度，坚决消除权力设租寻租空间"。权力清单制度是指法律上明确列举的权力，行政机构才可行使，否则不得行使，此即"法无授权不可为"。根据1997年《公路法》第六十条第二款的规定，收费公路收费权可以有偿转让，但收费权的转让期限由出让、受让双方约定并报转让收费权的审批机关审查批准，但最长不得超过国务院规定的年限。而根据国务院2004年《收费公路管理条例》的

---

① ［日］中山龙一等著：《法思想史》，王昭武译，北京大学出版社2023年版，第31页。

② 张文显：《二十世纪西方法哲学思潮研究》，法律出版社2006年版，第457页。

③ 谭家超：《资源配置、法律规制与行政审批制度改革》，载《改革》2017年第5期，第136页。

规定，每条收费公路都有一定的收费期限，既然已有固定的收费期限，那么，这种对收费权转让期限的行政审批显然是多余的，收费权的转让期限完全是出让和受让双方之间意思自治的范畴，根本无需行政权力介入。这种不必要的行政审批在2017年11月《公路法》第五次修订时被彻底取消，收费公路转让期限的行政审批权已经从政府权力清单中移除。值得说明的是，2017年5月，交通运输部等三部委印发了《关于进一步规范收费公路权益转让行为的通知》，再一次强调交通运输主管部门筹资建成的公路，国道的收费权转让必须经交通运输部批准，国道以外的其他公路的收费权转让必须经省一级政府批准并报交通运输部备案。但仅仅过了半年时间，《公路法》在2017年11月的修订中就取消了这种收费权转让的审批，调整为备案，①表明了行业主管部门进一步放松行业准入监管的立场，折射出我国行业法治在行业准入公平方面取得的进步。

对市场主体而言，应奉行的是"法无禁止即可为"的理念。基于此，我国又提出了针对市场主体的负面清单制度。所谓负面清单制度，即除法律上明确列明不得进入的行业、领域或具体业务外，市场主体均可以进入，政府不得进行任何干预。2013年9月，负面清单制度首先在上海自贸区外商投资准入中进行试点，其列明的负面清单包括除社会组织和国际组织之外的国民经济所有18个门类，涉及89个大类、419个中类和1069个小类，编制特别管理措施共190项，对负面清单之外的领域，实行内外资一致的原则，将外商投资项目由核准制改为备案制。②此后，我国将负面清单制度作为治国理政的一种方法在社会的所有行业和领域中加以推行。2015年10月，国务院颁布了《关于实行市场准入负面清单制度的意见》，明确规定由国务院以清单方式明确列出在中国境

---

① 2017年《公路法》第六十一条规定：本法第五十九条第一款第一项规定的公路中的国道收费权的转让，应当在转让协议签订之日起三十个工作日内报国务院交通主管部门备案；国道以外的其他公路收费权的转让，应当在转让协议签订之日起三十个工作日内报省、自治区、直辖市人民政府备案。

② 李成刚：《以法治理念厘清政府与市场关系》，载《中国经济时报》2015年10月30日，第9版。

内禁止和限制投资经营的行业、领域、业务等，由各级政府依法采取相应管理措施。市场准入负面清单以外的行业、领域、业务等，各类市场主体皆可依法平等进入。自2018年起，我国正式实行全国统一的市场准入负面清单制度。"凡是法律法规未明确禁入的行业和领域都应该鼓励民间资本禁入，凡是我国政府已向外资开放或承诺开放的领域，都应该向国内民间资本开放。"①2019年《外商投资法》第四条进一步规定："国家对外商投资实行准入前国民待遇加负面清单管理制度。"2021年《海南自由贸易港法》第十九条亦规定了"海南自由贸易港对外商投资实行准入前国民待遇加负面清单管理制度"。至此，行业准入或许仍有进一步调整的可能，如对新兴行业是否放宽，对传统行业是否进一步放宽等，但最起码可以说，对于那些没有列入负面清单的行业，不论外资或内资，不论国有或民营，都可以进入，其行业准入可以说是接近公平的。长此以往，行业准入的机会公平必将深刻影响社会的基本结构。如罗尔斯所言，正义的"首要主题是社会的基本结构，或更准确地说，是社会主要制度分配权利和义务，决定由社会合作产生的利益之划分的方式"。②

（二）行业运行公平

行业运行公平在制度上主要表现为行业的公平竞争制度和禁止行业垄断制度。竞争是市场发挥资源配置基础性作用的核心机制之一，我国致力于从反不正当竞争和反垄断两个角度维护竞争机制，维护行业运行公平。

早在1993年，我国就颁布了《反不正当竞争法》，以规制经营者的不正当竞争行为。2017年我国对《反不正当竞争法》进行了首次修订，除了完善对不正当竞争行为的界定和调查程序之外，还明确赋予行业组织职责，增加"行业组织应当加强行业自律，引导、规范会员依法竞争，

---

① 编写组：《习近平法治思想概论》，高等教育出版社2021年版，第183页。

② ［美］约翰·罗尔斯：《正义论》，何怀宏等译，中国社会科学出版社2009年版，第6页。

维护市场竞争秩序"的规定。2019年《反不正当竞争法》进行了第二次修订。

根据《反不正当竞争法》第二条的规定，经营者在生产经营活动中除了应当遵守法律外，还应当遵守商业道德。但何为商业道德，在司法实践中容易引起争议。2022年3月，最高人民法院发布了《关于适用〈中华人民共和国反不正当竞争法〉若干问题的解释》，其中第三条规定，特定商业领域普遍遵循和认可的行为规范，人民法院可以认定为反不正当竞争法第二条规定的"商业道德"。人民法院认定经营者是否违反商业道德时，可以参考行业主管部门、行业协会或者自律组织制定的从业规范、技术规范、自律公约等。可见，行业主管部门、行业协会或其他行业自律组织发布的行业规则、行业规范和行业自律公约在人民法院审理不正当竞争案件中发挥着极为重要的作用，这种情形反过来对行业规则、行业规范和行业自律公约的制定提出了更高的要求，而制定得科学合理的行业规则、行业规范和行业自律公约又将进一步促进行业运行公平。这也是行业法治和行业发展良性互动的表现。

随着经济的发展，市场主体滥用市场支配地位危害市场竞争的行为时有发生，立法者开始意识到"有的行业中，垄断的苗头也已开始显现，迫切需要引导和规范，以避免产生严重限制甚至排斥竞争的后果"。[①]因此，我国于2007年颁布了《反垄断法》，除了对"滥用行政权力排除、限制竞争"的行政垄断行为进行规制外，还重点对"经营者达成垄断协议、滥用市场支配地位以及具有或者可能具有排除、限制竞争效果的经营者集中"等市场垄断行为进行了规制。一个例外规定是，《反垄断法》对"国有经济占控制地位的关系国民经济命脉和国家安全的行业以及依法实行专营专卖的行业"经营者的合法经营活动予以保护，但也明确要求这些行业的经营者应当依法经营，诚实守信，严格自律，接受社会公众的监督，不得利用其控制地位或者专营专卖地位损害消费者利益。针对行业协会组织

---

① 曹康泰：《关于〈中华人民共和国反垄断法（草案）〉的说明——2006年6月24日在第十届全国人民代表大会常务委员会第二十二次会议上》。

实施的反竞争行为和垄断行为越来越多的实际情况，《反垄断法》除了明确要求"行业协会应当加强行业自律，引导本行业的经营者依法竞争，维护市场竞争秩序"之外，亦明确规定行业协会不得组织本行业经营者从事禁止的垄断行为，否则，反垄断执法机构可以对行业协会处五十万元以下的罚款；情节严重的，社会团体登记管理机关可以依法撤销其登记。2022年《反垄断法》进行了修改完善。

《反不正当竞争法》和《反垄断法》均明确把保护公平竞争纳入了立法宗旨。为促进公平竞争，我国在行业法治实践中建立并强化了对包括行业运行在内的市场体系运行的公平竞争审查制度。首先是2014年6月，国务院发布了《关于促进市场公平竞争维护市场正常秩序的若干意见》，提出了多项事关行业运行公平的具体举措：一是打破行业垄断；二是放开自然垄断行业竞争性业务；三是改革自然垄断行业监管办法；四是加快建立对高危行业、重点工程等的风险评估指标体系、风险监测预警和跟踪制度、风险管理防控联动机制；五是防范区域性、行业性和系统性风险；六是推动地方、行业信用信息系统建设及互联互通；七是推进跨部门、跨行业综合执法，相对集中执法权；八是发挥行业协会商会的自律作用；等等。其次是2016年6月，国务院发布了《关于在市场体系建设中建立公平竞争审查制度的意见》，对建立公平竞争审查制度提出了具体详细要求，明确提出行政机关和法律、法规授权的具有管理公共事务职能的组织等政策制定机关在制定市场准入、产业发展、招商引资、招标投标、政府采购、经营行为规范、资质标准等涉及市场主体经济活动的规章、规范性文件和其他政策措施，应当进行公平竞争审查，致力于破解行业壁垒和行业垄断。第三是2021年6月，国家市场监管总局、国家发展改革委、财政部、商务部和司法部联合印发了《公平竞争审查制度实施细则》，进一步把政策制定机关制定市场退出的政策措施以及制定"一事一议"形式的具体政策措施补充纳入了公平竞争审查的范围。第四是2021年6月，全国人大常委会颁布了《海南自由贸易港法》，该法第二十四条第一款首次在法

律层面上明确了"公平竞争审查制度"。①第五是2022年6月，全国人大会常委会在修订《反垄断法》时增加了"国家建立健全公平竞争审查制度"的规定，并明确规定"行政机关和法律、法规授权的具有管理公共事务职能的组织在制定涉及市场主体经济活动的规定时，应当进行公平竞争审查。"这就是2022年《反垄断法》新增的第五条的内容。

（三）行业结果公平

无论是维护行业准入公平的权力清单制度和负面清单制度，还是维护行业运行公平的竞争制度和反垄断制度，其目的均在于行业结果公平。行业准入公平的结果是人人都有机会参与，行业运行公平的结果是行业参与者的合法权益都可以得到相同的保护和救济，两者的结合就是行业结果公平的体现。

三、科学发展理念

行业法治要助力实现人民对美好生活的向往的目标，只能是通过促进行业的科学发展而实现。这就是行业法治的科学发展理念。我国经济实践和法治实践中的科学发展理念因时而变，经历了一个从"硬道理"到"科学发展观"再到"新发展理念"演变的过程。改革开放初期，邓小平同志提出了"发展才是硬道理"的理念，指导着我国当时的经济建设和行业发展。但是，改革开放经过三四十年的发展之后，不论是在行业规范、行业标准、行业制度和行业法律方面，还是在行业市场和行业经济方面，我国的行业发展均取得了极为丰硕的成就，发展理念已不能仅停留在"硬道理"的层次上，而应当予以适时更新。因此2007年党的十七大报告正式提出了"科学发展观"，这表征着科学发展理念的正式提出。2015年

---

① 2021年《海南自由贸易港法》第二十四条第一款的规定是："海南自由贸易港建立统一开放、竞争有序的市场体系，强化竞争政策的基础性地位，落实公平竞争审查制度，加强和改进反垄断和反不正当竞争执法，保护市场公平竞争。"

十八届五中全会又首次提出了以"创新、协调、绿色、开放、共享"为主要内容的"新发展理念"。"新发展理念"可以说是最新的科学发展理念。其中，"创新发展注重的是解决发展动力问题，协调发展注重的是解决发展不平衡问题，绿色发展注重的是解决人与自然和谐问题，开放发展注重的是解决发展内外联动问题，共享发展注重的是解决社会公平正义问题"。①现以公路行业法治建设过程为例予以说明。

（一）创新理念

"创新是引领发展的第一动力"，②创新理念在当今世界最长的跨海大桥——港珠澳大桥的建设过程中有最具代表性的体现。作为我国首个在"一国两制"框架下由广东、香港和澳门三地政府合作共建共管的跨海通道，港珠澳大桥跨越了三个司法管辖区和三个关税区，涉及三种货币体制，由此引起的法律冲突现象极其突出。为了解决港珠澳大桥带来的法律冲突，粤港澳三地政府以物理切割的方式将大桥"一分为四"，即以分界线为界，把大桥分为香港口岸及接线、珠海口岸及接线、澳门口岸及接线和主体工程（位于珠海口岸与粤港分界线之间）四个部分，达成了"各自口岸及接线由三地政府分别负责建设，主体工程由三地政府共同投资、共同建设和共同管理"的共识，并创造性地形成了"三级架构、两级协调"的管理模式。所谓"三级架构"，是指港珠澳大桥专责小组、港珠澳大桥三地联合工作委员会和项目法人（即港珠澳大桥管理局）这三级架构；所谓"两级协调"，是指港珠澳大桥三地联合工作委员会对涉三地公共事务问题的协调和港珠澳大桥专责小组对涉中央事权问题的协调。根据国务院的批复，港珠澳大桥主体工程按公路法体系中的高速公路标准和政府还贷公路模式建设。从2003年8月4日开启前期工作，到2018年10月23日建成通车，港珠澳大桥前后历时十五年，在建设过程中不仅取得了很多技术创新和管理创新，而且在行业法治实践方面也取得了许多前所未有的创新。比

①　编写组：《习近平法治思想概论》，高等教育出版社2021年版，第149—150页。
②　习近平：《习近平著作选读（第一卷）》，人民出版社2023年版，第425页。

如，港珠澳大桥三地协调机制、共商共建共管共享机制，都是很重要的制度创新。尤其是三地政府共同在内地举办事业单位性质的项目法人，此前从未有过任何先例。因此，港珠澳大桥的建设既是"贯彻新发展理念，落实高质量发展要求的生动实践"，[①]也是我国行业法治创新发展理念的生动实践，为解决全球大型跨境基建项目的法律问题提供了"中国经验"和"中国方案"。[②]

（二）协调理念

改革开放四十多年，在"要致富，先修路"的社会共识指引下，我国的公路建设取得了长足的发展，特别是高速公路和国道省道以及收费公路的建设，但农村公路建设和管理却成为我国公路建设和管理的短板。于是，我国开始着手从政策和法治保障上解决农村公路建设的问题。国家交通行业主管部门于2006年制定了我国第一部《农村公路建设管理办法》，并在2018年进行了修订，明确规定了农村公路建设资金"以财政投入为主、多渠道筹措为辅的资金筹措机制"。在此期间，农村公路建设力度开始加大，到目前基本实现了村村通公路。与此同时，农村公路的养护管理也提上了议事日程。2015年11月，交通运输部门制定了我国第一部《农村公路养护管理办法》，对农村公路的养护资金和养护管理等做出了明确安排。2019年9月，国务院办公厅发布了《关于深化农村公路管理养护体制改革的意见》，明确指出"深化农村公路管理养护体制改革"是"打赢脱贫攻坚战、实施乡村振兴战略、推进农业农村现代化的先行工程"。2021年2月，交通运输部印发《农村公路中长期发展纲要》，进一步提出农村公路"是交通强国建设的重要内容"。对农村公路建设和养护管理的日益重视，体现的正是公路行业法治中的协调理念。必须指出的是，当前，农

---

① 引自时任中央政治局常委、国务院副总理韩正2018年10月23日《在港珠澳大桥开通仪式上的讲话》。

② 引自王振民教授为《融合与发展——港珠澳大桥法律实践》一书撰写的序言，参见朱永灵、曾亦军主编：《融合与发展——港珠澳大桥法律实践》，法律出版社2019年版，"序言"第2页。

村公路质量与城区公路质量仍然存在比较大的差距，"城乡二元结构"在公路行业仍然比较突出，协调发展的理念仍然需长期坚持。

（三）绿色理念

绿色理念就是环保理念。为贯彻国家提出的"管发展必须管环保、管生产必须管环保、管行业必须管环保"的要求，2017年4月，交通运输部印发了《推进交通运输生态文明建设实施方案》，要求"将绿色发展理念融入到交通运输发展的全过程和各方面，切实推进交通运输行业转型升级和提质增效"，其中制定了一系列关于公路行业绿色发展的措施。2017年底，交通运输部发布了《关于全面深入推进绿色交通发展的意见》，再一次强调到2020年"交通基础设施建设全面符合生态功能保障基线要求"。2021年10月，交通运输部印发《绿色交通"十四五"发展规划》进一步提出了"深化绿色公路建设"。2022年8月，交通运输部办公厅印发《绿色交通标准体系（2022年）》，将绿色交通标准体系细分为"基础通用标准、节能降碳标准、污染防治标准、生态环境保护修复标准、资源节约集约利用标准和相关标准"。行业主管部门发布的上述绿色交通标准和其它政策对于公路行业绿色发展非常重要，有学者曾建议应将政策转化为法律，注重政策导向和法律导向的统一；改变以"软法"为主的状态，实行"软法"和"硬法"的综合之治；注重制度的创设与实施，实现全过程的法律治理；转化治理思维和方式，变单一的官方主导为"官民共治"等。①应当说，学者的相关建议是典型的行业法治的观点，而且有些建议已被行业主管部门吸收，在相关政策性文件中部分有所体现，由此形成了理论界和实务界的良性互动。

（四）开放理念

2001年12月，我国加入世界贸易组织（WTO）。根据我国的入世承

---

① 杨解君：《当代中国发展道路及其推进方式的转变：绿色发展理念的法治化》，载《南京社会科学》2016年第10期，第93—94页。

诺，在加入WTO后三年内必须开放外国建筑业企业的市场准入并取消非国民待遇限制。据此，我国有关行业主管部门对此进行了紧锣密鼓的法律、法规、规章的立、改、废工作。比如，2002年9月，原建设部和原对外经济贸易合作部联合颁布《外商投资建筑业企业管理规定》，以取代旧有的《在中国境内承包工程的外国企业资质管理暂行办法》和《关于设立外商投资建筑业企业的若干规定》，以落实我国的入世承诺。行业开放的过程一直延续，没有结束。比如，2019年2月，我国发布了《粤港澳大湾区发展规划纲要》，提出要"推动对港澳在……建筑及相关工程等领域实施特别开放措施，研究进一步取消或放宽对港澳投资者的资质要求、持股比例、行业准入等限制"。2019年《外商投资法》和2021年《海南自由贸易港法》明确对外商投资实行准入前国民待遇制度和负面清单管理制度。包括公路行业在内的建筑行业的开放发展过程，即是行业法治的开放理念的生动体现。

（五）共享理念

所谓共享，就是互通有无，相互弥补。共享其实是西方社会的启蒙思想之一，来自法国的启蒙思想家蒙田四百多年前就高度推崇共享理念。他认为群体活动和共享的空间，有助于改善我们的社会。[①]蒙田的共享思想在21世纪仍在发生影响力。比如，21世纪俨然已是共享经济的世纪，互联网模式下的共享单车、共享汽车、拼单拼团等体现共享理念的新经济模式层出不穷。共享经济创造了很多软法规则，如在"互联网+"新业态中应运而生的各种交易规则、纠纷处理规则、知识产权保护规则（如淘宝、网约车、短租）等"软法"。[②]这样，"以往那种政府主导的单方面设计和规制方式，将在负面清单、权力清单和责任清单的体制下面临民间自律主

---

① ［英］索尔·弗兰普顿：《触摸生活：蒙田写作随笔的日子》，周玉军译，商务印书馆2016年版，第251页。
② 马长山：《互联网+时代"软法之治"的问题与对策》，载《现代法学》2016年第5期，第49页。

张和软法生产的冲击"。①由此，共享经济不仅带来了经济观念的变革，而且也带来了公共治理观念的变革。共享理念的法治意蕴在于"主张政府、企业、公民以及社会各力量诸方之间的良性互动与平衡合作，最终保证每个公民都能有参与法治建设、分享法治成果、获得法治保障的均等机会"。②进一步说，共享理念还体现了共同富裕或普遍富裕③的内在要求，这既是中国特色社会主义的本质要求，也是可持续发展的必然要求。在我国公路行业，"要致富、先修路"的社会共识如今早已扩及农村公路，所以共享理念同样在农村公路建设中有最典型的体现，如《农村公路建设管理办法》的立法目的之一即为"促进农村公路可持续健康发展"。共享理念前景光明。

四、自治理念

法学界普遍认为自治是法治的基础，社会自治是法治政府的基础。行业法治的自治理念，正是法治的自治理念在行业法治中的反映。

行业是公共空间，同时需要依法监管与依法自治。但是，在法律的工具主义长期盘踞在人们思维之中的时期，如果仅通过政府监管来实现行业法治的目的，总的看来只是一种善良愿望。今天的人们普遍有一种错误的认识，以为法律和法治是万能的。殊不知无论是在中国还是西方国家，法律工具主义都是难以消除的。塔玛纳哈极其冷静地提醒世人，法律的工具主义观念在美国就像我们呼吸的空气一样理所当然，人们普遍认为法律是一个能承载人们欲望的容器，是可以被操控、施行和利用以实现特定目的

---

① 马长山：《法治中国建设的"共建共享"路径与策略》，载《中国法学》2016年第6期，第10页。

② 马长山：《"法治中国"建设的理论检视》，法律出版社2017年版，第8页。

③ 如托克维尔所说，社会的普遍富裕有利于一切政府的安定，而特别有利于民主政府的安定，因为民主政府的安定取决于最大多数人的情绪，而且主要是取决于最贫困阶层的情绪。参见［法］托克维尔：《论美国的民主（上卷）》，董果良译，商务印书馆2013年版，第354页。

的工具。①有着现代法治传统的美国尚且如此，而缺乏现代法治传统的中国也差不多。在这样的法治生态环境反照之下，行业自治的重要性就极其凸显。突出强调行业法治的自治理念，既能减少政府权力介入的机会，节约权力资源，防止权力滥用，杜绝权力寻租的风险，也有助于行业发展，更好地实现行业管理，进而有助于实现权利和权力的均衡，有助于实现行业法治的目的。这也是法治的初心。"法治的出发点当然不在国家或者政府，但也不在社会，而在现实的个人……因此，在人的日常生活领域，私人生活优于公共生活，自治与自律优于他治与他律。"②这里的个人并不完全是指单个的人，更是指由单个人组成的某些集体。"由于人类文明的发展和进步，个人的生活始终是在与他人的互动关系的网络结构之中展开的，个人的不同形式的组合（如家庭、社团、政党等）才成了现实的人的日常生活的基本形式并逐渐在形式上和表面上脱离了个人而存在，它们也才成为介于个人与国家之间的中间层次的社会实在……只有个人优位观念基础上的社会优位观念才能与法治相容。"③由个人组成的行业以及行业协会等"社会实在"，也正是如此。只有建立在行业自治基础上的"社会实在"优位理念才与行业法治相容。

综上，行业自治理念的背后是自由，行业自治理念的基础也是自由。正如马克思所言，"法典就是人民自由的圣经"。④孟德斯鸠也指出，"自由是做法律所许可的一切事情的权利"。⑤而米尔顿·弗里德曼则肯定的宣称，"自由的制度会比强制的国家力量提供更加肯定的途径、即使有时是比较缓慢的途径来达到……目标"。⑥行业法治捍卫行业自治，正是捍卫行业自由的表现。反过来说，捍卫行业自由与行业自治，也是捍卫

---

① ［美］布莱恩·Z. 塔玛纳哈：《法律工具主义对法治的危害》，陈虎、杨洁译，北京大学出版社2015年版，第1页。

② 姚建宗：《法治的生态环境》，山东人民出版社2003年版，第5页。

③ 姚建宗：《法治的生态环境》，山东人民出版社2003年版，第5页。

④ 《马克思恩格斯全集》（第1卷），人民出版社1995年版，第176页。

⑤ ［法］孟德斯鸠：《论法的精神》，许明龙译，商务印书馆2013年版，第184页。

⑥ ［美］米尔顿·弗里德曼：《资本主义与自由》，张瑞玉译，商务印书馆1986年版，第195页。

行业法治的表现。行业法治就是法治框架下的行业自治，可见自治理念对行业法治的意义。行业法治奉行自治理念，更容易实现自己的目的。

第五节　行业法治的意义

行业法治是一个新的概念，但新概念的提出并非为了创新而创新，而是社会、经济、法治和政治发展到今天而必然出现的新课题。行业法治的提出，可以理解为是法治试图通过其特有的稳定性来稳定行业的预期，确保行业的稳定性。行业法治对于行业发展有着非常强大的功能支撑效果，如果没有法治，行业发展就是没有基础没有保障的空中楼阁。但是行业法治绝不仅仅只可以给行业保驾护航，其对于法治本身的意义也同样不可忽视。也就是说，研究行业法治，在法治发展和行业发展两个维度同时具有重要的理论价值和实践意义。

一、法治发展维度

（一）有助于拓展法治的理论空间

法治是一个古老却又弥新的话题。说古老，是因为人类第一次对法治思想进行阐释，还是在古希腊的亚里士多德所写的《政治学》一书中："我们应该注意到邦国虽有良法，要是人民不能全都遵循，仍然不能实现法治。法治应包含两重意义：已成立的法律获得普遍的服从，而大家所服从的法律又应该本身是制定得良好的法律。"① 说弥新，是因为人类到今天为止还一直在对法治进行探索，且这个探索过程，远未完结，如我国在

---

① 　［古希腊］亚里士多德：《政治学》，吴寿彭译，商务印书馆1997年版，第199页。

21世纪初提出了法治国家、法治政府和法治社会一体建设的思想。而要建设法治社会，就有赖于行业法治。因此，法治社会和行业法治可以说是人类对法治的最新思索和表达。"在理论层面，'法治社会'是具有高度中国实践特色的概念，是西方学界和政界在'法治'之外并不单独讨论的范畴。"①行业法治同样是产生于我国法治建设的特有概念，是具有高度中国实践特色的概念，不仅英美法系国家没有，连大陆法系国家也没有；不仅外国没有，甚至连我国台湾地区也没有。②

在此前的法治理论中，人类都是从国家角度出发论述法治的。亚里士多德描述法治有两重内涵，一是已成立的法律获得普遍服从，即法治是守法之治，不仅民众要守法，更重要的是国家政治权力要受制于法律，是谓法律的至上性；二是大家所服从的法律本身是制定得良好的法律，即法治是良法之治，是谓法律的正当性。③亚里士多德得出的结论，基于他对158个希腊城邦的政制（宪法史）进行调查和研究所形成的《雅典政制》一书。④汤姆·宾汉姆把创设"法治"这个术语的功劳归功于同为英国学者的戴雪。戴雪在其1885年出版的《英宪精义》中使用了"法治"这个术语，并给出了法治的三种含义：一是除非是根据国家常设法院的判定，某人明确无误地违反了以常规法律程式所确立的法律，任何人不应遭到处罚，或者其人身或财产可以合法的遭到损害。二是不仅我们每一个人不能超越法律，而且在这个国家，每一个人，无论他的身份或地位，都应接受王国常规法律的制约，服从王国常设法院的管辖。三是法治或法律精神至

① 陈柏峰：《中国法治社会的结构及其运行机制》，载《中国社会科学》2019年第1期，第67页；类似的表述还可参见陈柏峰：《习近平法治思想中的法治社会理论研究》，载《法学》2021年第4期，第4页。

② 这种现象不只为行业法所独有，在经济法领域中也有一个老生常谈的问题，即：我国有经济法的概念，而英美法系没有。尽管比较法视野中存在这样的差异，但正如英国学者安东尼·奥格斯在其《规制：法律形式与经济学理论》（中国人民大学出版社2008年版，骆梅英译，第2页）一书中所说的，"在某些法律文化中，总能找到这样一个或一组具体的概念，来形容为了达到……目标而适用的一整套工具和支配这些工具的法律"。比如，英美法系就是用business law来统称各行各业的法律法规，用business regulation来统称对各行各业的规制。

③ 王人博、程燎原：《法治论》，广西师范大学出版社2014年版，第10—11页。

④ 王人博、程燎原：《法治论》，广西师范大学出版社2014年版，第9页。

上的原则，是英国制度的一种特性。宪法中遍布法治精神，是因为宪法一般原则（例如个人自由的权利、公共集会的权利等）的形成，是司法判决的结果。很显然，这三种含义都是将法治作为"国家的特质"来讲的。[①]可见，无论是亚里士多德指出的法治的两重内涵，还是戴雪所说的法治的三种含义，都是从国家政制或国家特质的角度来描述的。

在实践层面，与这种国家政制或国家特质的法治理论相对应的，是法治被普遍认为是"现代国家的运行模式"，[②]并表现为法治国家或法治政府的建立。法治国家或法治政府的建立，肇始于资本主义市场经济的产生及发展对社会治理提出的新的要求。一方面，市场经济的核心原则是等价交换，这种交易原则要求交易主体要诚实守信，但是人性中天生的趋利性与此相悖，这就要求国家对此加以规制。另一方面，等价交换的原则又只能建立在财产私有制的基础上，17世纪约翰·洛克提出的"财产不可公有"[③]逐渐成为社会的主流观念，这不仅要求国家立法予以保护，而且也要求国家之手不要伸得太长，公权力应当受到法律的制约，以保障私权和自由，"法无明文规定政府不可为"成为社会的又一个主流观念。因此，为了保障市场经济的发展，国家奉法治为治理方略，形成法治国家或法治政府。

西方市场经济的发展，不仅催生了法治国家或法治政府，而且打破了国家和教会一统天下的格局，市民社会得以形成，国家与社会呈现出二元化格局。[④]在洛克看来，政治社会……就是制度化的自由与权威的机

---

① ［英］汤姆·宾汉姆：《法治》，毛国权译，中国政法大学出版社2012年版，第3—6页。
② 段秋关：《中国现代法治及其历史根基》，商务印书馆2018年版，第12页。
③ 但是，约翰·洛克所主张的财产，是人的劳动使处于自然状态的、为人人共有的物脱离原来共有的状态，而开始变成一种财产的，他所提出的"财产不可公有"仅是指通过个人劳动而获得的财产不可公有。参见［英］约翰·洛克：《政府论（下篇）》，叶启芳、瞿菊农译，商务印书馆2013年版，第20页；相关论述亦可参见［日］中山龙一等著：《法思想史》，王昭武译，北京大学出版社2023年版，第76页。
④ 肖北庚：《法治社会：法治演进的逻辑必然》，载《法制与社会发展》2013年第5期，第40页。

制，就是法治社会。①法治的真正基础和源泉是市民社会。②而法治社会是市民社会的法律表现形态。③或者说市民社会与法治社会常常是互为表里。④市民社会的萌生带来了社会观念和社会结构的变化。社会观念上的变化，如自由主义成为市民社会的核心观念，包括经济发展的自由主义和个人主义，中等阶级在政治上的自治。⑤社会结构上的变化，如行会、商业社团和各种类别的工人和商人在中世纪的欧洲法律革命中成为制定法律的主体，⑥而且"行会垄断了绝大多数工商业，而教会也在道义上认可了行会的各种规章。这些规章涉及价格、工资、产品质量和工艺标准、准入条件及要履行的义务等。行会有权制定各种有约束力的规则，并对违反规则的行为进行裁定和惩罚"。⑦由此可见，西方的行会等社团组织从产生之日起就具有很强的自治性。这样，经过此后几百年的发展，在市民社会的发展过程中，诸如工会和行会等具有很强的自治性色彩的组织进一步发展壮大，集体组织的力量强于分散的个体，他们在市场经济运行过程中继续提出自己的需求，发出自己的声音，这"不仅让人们有了开拓市场和疆域的欲念，更唤起了对于法律演化必要性的关注"，⑧在法律上就形成欧根·埃利希指出的"通过人类团体中力量对比关系变化的法律变化"现象，每一次变化都必然引起团体内部流行的社会规范的变迁。⑨可以说，市民社会的成长和成熟，是法治国家迈向法治社会的重要标志，而行业协

---

① 王人博、程燎原：《法治论》，广西师范大学出版社2014年版，第28页。

② 何勤华、任超等：《法治的追求——理念、路径和模式的比较》，北京大学出版社2005年版，第131页。

③ 胡平仁：《法治理论与实践的新格局》，载《法治研究》2019年第5期，第69页。

④ 张文显：《法治与法治国家》，法律出版社2011年版，第187页。

⑤ 参见雷海宗：《西洋文化史纲要》，上海古籍出版社2011年版，第277页。

⑥ 参见［美］托比·胡弗：《近代科学为什么诞生在西方》，周程、于霞译，北京大学出版社2010年版，第115—134页。

⑦ ［美］内森·罗森堡、L. E. 小伯泽尔：《西方现代社会的经济变迁》，曾刚译，中信出版社2009年版，第41—42页。

⑧ 康宁：《在身份和契约之间：法律文明进程中的欧洲中世纪行会》，社会科学文献出版社2023年版，第5页。

⑨ ［奥］欧根·埃利希：《法社会学原理》，舒国滢译，中国大百科全书出版社2009年版，第433页。

会和商业社团等则是市民社会发育的重要推动力量。

如果说法治国家和法治政府追求的是善政的话，那么，法治社会追求的就是善治。但善政离不开善治，法治社会的建设有利于推动善治。习近平总书记在党的二十大报告中指出："法治社会是构筑法治国家的基础。"①在学术界，俞可平教授指出："善治实际上是国家的权力向社会的回归，善治的过程就是一个还政于民的过程。善治表示国家与社会或者说政府和公民之间的良好合作，从全社会的范围看，善治离不开政府，但更离不开公民。从某个小范围的社群来看，可以没有政府统治，但却不能没有公共管理。善治有赖于公民自愿的合作和对权威的自觉认同，没有公民的积极参与和合作，至多只有善政，而不会有善治。所以，善治的基础与其说是在政府或国家，还不如说是在公民或公民社会。"②这在一定程度上就是亚里士多德法治思想的延续，因为，亚里士多德所主张的良法之治原本就"意味着对自愿的臣民的统治，以区别于恶法的仅靠武力支持的专制统治"。③

陈兴良教授在其所著《刑事法治论》一书中指出：法治的概念需要从法理上来进行研究，但法治本身不是抽象的、空洞的，它需要落实到具体的部门法之中，因而有行政法治、刑事法治和民事法治之称。④"从法治这个命题中，可以合乎逻辑地引申出刑事法治的概念。刑事法治是刑事领域中的法治。"⑤可见陈兴良教授仍然是基于传统部门法的角度来论述刑事法治的，这种刑事法治可以理解为是一种部门法的法治。但行业法首先是跨部门法的，那么行业法治就是一种跨部门法的法治。这样，我们对法治的研究，就不仅可以从法治国家、法治政府推进到法治社会；也可以从刑事法治、行政法治和民事法治等部门法的法治推进到跨部门法的行业法

---

① 习近平：《习近平著作选读（第一卷）》，人民出版社2023年版，第35页。
② 俞可平：《中国公民社会的兴起与治理的变迁》，载俞可平主编：《治理与善治》，社会科学文献出版社2000年版，第326页。
③ 王人博、程燎原：《法治论》，广西师范大学出版社2014年版，第11页。
④ 陈兴良：《刑事法治论》，中国人民大学出版社2007年版，"出版说明"第2页。
⑤ 陈兴良：《刑事法治论》，中国人民大学出版社2007年版，第1页。

治。在建设法治国家和法治政府的过程中，必然要求"更好地发挥行业管理、市场自律和社会自治功能"，[①]这正是行业法治的内涵所在。行业法治不仅是法治社会的建设途径，也是法治国家和法治政府的建设基础。如此看来行业法治的确大大拓宽了法治的理论空间。如果说法治社会是法治由国家层面向社会层面的移转和深化，[②]那么，行业法治则是法治在社会内部的横向推进。我国已经提出了建设中国特色社会主义法治体系的总目标，那么，行业法治就是中国特色社会主义法治体系的新成员，也是中国特色社会主义法治体系的重要组成部分。

（二）有助于填补传统法治的短板

行业法治不仅拓宽了法治的理论空间，在实践层面，行业法治的推进也有助于填补传统法治的短板，主要表现在两个方面：

首先，从产生机制的角度看，我国传统法治萌芽于1949年后所颁布的一系列立法之中，包括《中国人民政治协商会议共同纲领》（1949年）、《土地改革法》（1950年）、《惩治反革命条例》（1951年）、《惩治贪污条例》（1952年）、《婚姻法》（1950年）和《宪法》（1954年）等。[③]但由于历史的原因，我国传统法治的建设直到1978年改革开放后才由政府主导大力推进。按照马克斯·韦伯的观点，正当统治的类型可分为传统型统治、个人魅力型统治和法律理性型统治（简称为法理型统治）。传统型统治对应着家长式统治方式，个人魅力型统治对应着领袖集权统治，而法理型统治对应着"官僚制"统治方式。在官僚制中，行政官员的权力来自法律，公民的权利和义务也由法律来界定，各种社会关系以及这

---

① 马长山：《法治中国建设的"共建共享"路径与策略》，载《中国法学》2016年第6期，第15页。

② 江必新、王红霞：《法治社会建设论纲》，载《中国社会科学》2014年第1期，第144页。

③ 参见张金才：《中国法治建设四十年：1978—2018》，人民出版社2018年版，第1—22页。

些关系组成的社会结构都由法律这种抽象的一般性规则来安排。[①]对照韦伯的分类，我国传统法治建设从表面上看虽然初具法理型统治的雏形，但实际上仍然没有摆脱长期以来存在的以某种超自然和超人的力量为核心内容的个人魅力型统治的影响。例如，1954年《宪法》第八条明确规定了农民的土地所有权，[②]但是1954年《宪法》的目标是建构国家，而不是确认公民权利，强调政治需求的意义与功能，甚至暗含了反对农民土地所有权的要素。这也能解释，为什么农民土地所有权可以与合作化、人民公社化运动和平共处，构成了土地改革运动的复线结构。立宪者的心理预期也大致划定了宪法的有效期，1954年《宪法》中的农民土地所有权既没有完全实现过，也不准备让其在体制内长期"安营扎寨"，这种权利的修辞随时可能被宏大的政治叙事吞噬。[③]这正是当时我国政法体制下传统法治的吊诡之处，表面上法律明确规定了农民土地所有权，但其实质竟然暗含着反权利的要素，这种权利也就是一种纸上的权利、无法兑现的权利和无法恒久的权利。

经历了"文化大革命"的教训之后，从1978年实施改革开放至今，我国的法治建设和法治实践得到了长足发展，社会主流意识已经彻底抛弃了法律虚无主义和法学教条主义，我国已经进入了中国特色社会主义新时代，并提出了建设中国特色社会主义法治体系的总目标。但是，法律工具主义和法律实用主义仍然在社会生活中大量存在，在法治实践中大行其道，由此形成种种法治乱象，表明传统法治的不足。正如庞德一百多年前指出的，20世纪官僚国家对经济和社会生活的法律控制经常超出"有效的法律行动的范围"。[④]长此以往，社会渐渐倾向于认同"由于广泛的理

---

① 参见郑戈：《法律和现代人的命运——马克斯·韦伯法律思想研究导论》，法律出版社2006年版，第101—107页。

② 1954年《宪法》第八条的规定是："国家依照法律保护农民的土地所有权和其他生产资料所有权。"

③ 刘连泰：《"土地集体所有"的规范属性》，载《中国法学》2016年第3期，第108页。

④ Roscoe Pound, "The Limits of Effective Legal Action," *The international Journal of Ethics*, 1917, pp.150—167.

由，法律的干预可能都是无用功。要避免那种试图超出其领域而施加影响引发的挫折，法律工具论者的明智做法是加深对社会控制系统中非法律构成部分的理解"①的观点。与之形成印证的是，主要围绕经济建设和经济改革的需要而展开的我国四十余年的法治实践，"在一步步加大市场主体权利保护力度的同时，一点点收紧国家机构在经济活动中的权力范围"，②其结果便是市场经济体制的建立，市场主体得以逐渐成长，市民社会得以逐渐生成。市民社会与法治之间的协调与合作催生了法治社会的理念。"随着制度框架的逐步确立和法治要素的建立健全，中国法治建设进入反思与完善的问题回应阶段。这一阶段的法治建设，重在对本国法治的细化、优化和实质化。"③而法治社会正是法治精细化发展的体现，行业法治则是法治社会精细化发展的体现，法治社会和行业法治的自治性都可以看作是社会控制系统中的"非法律构成部分"。与传统法治的政府推动相比，法治社会和行业法治的建设更多来自社会发展和行业发展的自我驱动。法律不强人所难，这种自我驱动机制意味着法治更能得到社会和行业的认同。

其次，从实施机制的角度看，传统法治的建设偏重于硬法，主要依靠国家强制力实施。这种做法过于突出法律的刚性品格，而忽视了法律的柔性品格；过于强调法治的形式性，而弱化了法治的实质性；把法治想得过于简单，而忽视法治的复杂性。广义上，一切"规则之治"皆为"法治"，无论是"硬法"还是"软法"，只要是建立在民主的基础之上、用于约束和规范个体及私人部门行为的规则，都可以作为治理社会的

---

① ［美］罗伯特·C. 埃里克森：《无需法律的秩序》，苏力译，中国政法大学出版社2003年版，第348页。

② 侯学勇：《法治建设与改革关系刍论》，载《上海政法学院学报》2018年第6期，第128页。

③ 江必新、王红霞：《法治社会建设论纲》，载《中国社会科学》2014年第1期，第157页。

合法依据。①富勒说，"法律是使人类行为服从于规则之治的事业"，②
但富勒精心构建的法律定义也只是设定了"规则之治"的框架，并没有
限定在政府只能执行正式规则，而是也包括非正式规则在内。③绝大多数
制度主义者都把制度界定为一套制约行为的正式与非正式规则。④非正式
规则在西方具有悠久的历史传统。发生于12—13世纪的欧洲法律革命，
其核心是社团被视为是具有法律人格的团体，被准许颁布它们自己的法
令和条例，而这些旨在管理和控制社团成员的法令和条例可能成为新法
律和新规则的来源。⑤在这样的法律情境和法治传统中，"法治"一词所
意味着的不只是单纯的法律存在，⑥法律规则治理也只是法治的基本前提
而非法治的全部。"法律至上绝不意味着法律是唯一的行为规范，只是
说法律在法治实现过程中发挥着最重要的作用。"⑦因此，仅仅把法治
的内涵界定为基于现有法律规则的"硬法"之治，会导致对法治的僵化
理解。

　　在这样的背景下，社会治理和行业治理不再单一地强调命令和服从，
而是更多地强调自愿和合作。"制度是制约人们行为的规则，但必须得
到人们的认同才能约束人们的行为。"⑧伯尔曼针对"国家吞噬社会"的
危险而提出的对策也正是"通过创造一种不是自上支配因此而削弱、而

---

①　陈晓春、肖雪：《社会组织参与法治社会建设的路径探析》，载《湖湘论坛》2019年
第4期，第54页。

②　［美］富勒：《法律的道德性》，郑戈译，商务印书馆2005年版，第124—125页。

③　Lawrence M. Friedman, *American Law*: *An Introduction*, 2nd ed., W.W.Norton
and Company（New York and London），1998，p.35.

④　［美］约翰·L. 坎贝尔：《制度变迁与全球化》，姚伟译，上海人民出版社2010年
版，第37页。

⑤　［美］托比·胡弗：《近代科学为什么诞生在西方》，周程、于霞译，北京大学2010
年版，第128—131页。

⑥　［美］P. 诺内特、P. 塞尔兹尼克：《转变中的法律与社会》，张志铭译，中国政法
大学出版社2004年版，第59页。

⑦　陈金钊：《"法治政治"及其实现的方法论》，载《贵州民族大学学报（哲学社会科
学版）》2017年第5期，第152—153页。

⑧　陈金钊：《用法治方式化解社会主要矛盾》，载《内蒙古社会科学（汉文版）》2018
年第9期，第103页。

是自下巩固从而加强构成所谓'市民社会'的志愿性联合的法律"。[①]作为社会治理和行业治理的基本方式，法治需要对此做出回应和响应。而制度是法治最核心的部分，在制度的变迁中，制度早已成为一种"从各种斗争与讨价还价[②]中产生的设置。它们代表和反映其制定者的资源和权力，同时反过来又影响社会资源的分配与权力的配置"。[③]有分析表明，在大部分工业化民主国家，治理已经变成了一种讨价还价和仲裁调解的过程，而不再只是施行统治的过程。[④]这样的演变符合韦伯的政治社会学理论的分析。在韦伯那里，权力不是一种单向作用的力（force），而是一种"关系"（relation）。这种关系是由具有主观意义取向的社会行动建构起来的。无论是权力的行为还是服从权力的行为，都是行动者有意识的"选择"，而不是完全被动的接受。[⑤]同样，我国作为后起的工业化国家，经过四十多年高速经济发展后，"社会变得更加分化和多元"，[⑥]"社会流动性的增大使得共识仅变成一种法律上的拟制"，[⑦]社会以及各行各业均有足够的力量参与社会治理的博弈。如此，国家强调社会的自我管理和自

---

① ［美］伯尔曼：《法律与宗教》，梁治平译，中国政法大学出版社2003年版，第178页。

② 需注意的是，这里的斗争与讨价还价，应被视为一种正式的社会治理机制。但是，根据季卫东教授的研究，在人际关系非常稠密、社会结构的网络化程度非常高的中国，存在着大量的非正式的讨价还价。这种非正式的讨价还价一般发生在"关系资本家"身上，而这种关系资本家是蛀蚀社稷梁柱的蠹虫、到处渔利的巨鲨以及在重大的关头无济于事的捎客和漂流者。季卫东教授认为，要完全否定非正式的讨价还价等互动过程是脱离实际的幻想，从社会学理论的角度来看也没有这样的必要。但是，应该把各种小集团之间的交涉和妥协限定在适当的范围、适当的程度之内，而不能让非正式的讨价还价成为制度化的基本装置，为此，应借助法治原理来重构"关系本位"社会中的通过交涉形成秩序的机制，通过程序规则把非正式的讨价还价纳入正式的公共选择过程中并加以适当的排序和整合。参见季卫东：《通往法治的道路——社会的多元化与权威体系》，法律出版社2014年版，第60—67页。

③ ［美］约翰·L.坎贝尔：《制度变迁与全球化》，姚伟译，上海人民出版社2010年版，第1页。

④ ［美］B.盖伊·彼得斯：《政府未来的治理模式》，吴爱民、夏宏图译，中国人民大学出版社2013年版，第6页。

⑤ 郑戈：《法律与现代人的命运——马克斯·韦伯法律思想研究导论》，法律出版社2006年版，第99页。

⑥ 阎云翔：《中国社会的个体化》，陆洋等译，上海译文出版社2012年版，第328页。

⑦ 季卫东：《法治秩序的构建》，商务印书馆2014年版，第189页。

我约束就具有了非常强烈的时代意义。法治应与社会现实紧密衔接，应随着社会的转变而调整。法治的这种转向，在法治社会特别是在行业法治的理论与实践中有最生动的体现，这就是行业依法监管和行业自治的有机结合。

（三）有助于国家治理体系的完善

1949年以来七十余年的发展实践证明，我国处理社会公共事务的理念，经历了从改革开放前的"统治"，到改革开放后的"管理"，再到21世纪的"治理"转变的过程。中国特色社会主义新时代更是将"国家治理体系和治理能力现代化"确定为"全面深化改革"的总目标之一。这里的"治理"，是指管理、服务、协调、规制、奖励、惩罚等，决不能把对社会的治理简单地等同于惩治和处罚。[①]在这个过程中，国家和社会的关系也开始从"大政府小社会"向"小政府大社会"转变，从"强政府弱社会"向"强政府强社会"转变。治理虽然意味着国家在更多社会领域的逐步退出，但却并不意味着国家对社会治理能力的削弱。这是因为，社会从国家放松管制的过程中释放出来巨大的能量，意味着社会比以前更强大，而一个更强大的社会有着更强大的自治能力。在政府监管"退居二线"之际，社会将自动"站上一线"补位成为政府与民间的缓冲地带。

从治理的类型来看，国家治理体系包括政府治理、社会治理和市场治理在内。而所谓市场治理，涵盖了对进入市场的所有产业和行业的治理。[②]可见，行业治理是国家治理体系中最基本的单元，当然也是国家治理的重要组成部分。因此，行业法治的实现，自然有助于社会治理和政府治理，进而有助于国家治理。从治理的要素来看，国家治理体系是由"治理主体、治理客体、治理目标、治理方式"等要素构成的完整体

[①]　最高人民法院中国特色社会主义法治理论研究中心编：《法治中国——学习习近平总书记关于法治的重要论述》，人民法院出版社2017年版，第321页。

[②]　李君如：《从全能型国家体系的改革到现代国家治理体系的重构》，载《毛泽东邓小平理论研究》2017年第6期，第4页。

系。①对比分析这四种要素，均可以发现国家治理与行业法治存在高度的契合。

其一，从治理主体来说，我国在改革开放前的传统治理体系是一种全能型国家治理体系，在这种体系中，国家是治理责任的唯一主体。而现代国家治理体系中，治理主体呈现出多元化的特征，"我国在政治体制、经济体制、社会体制改革中'分'出执政党、政权（包括政府）、市场（包括企业）、社会（包括社会组织）四个元素"，②可见，现代国家治理体系的主体从传统治理体系中的政府扩展到了政府、社会和市场。从我国行业立法的规定看，行业法治的主体包括政府领域的行业主管部门、社会领域的行业协会及其他社会组织、市场领域的行业经营主体和社会个体（社会公众）。可见，国家治理和行业法治的治理主体彼此交融。

其二，从治理客体上来说，国家治理的客体涉及一个国家的政治、经济、文化、社会、政党、环境、市场和网络等，用习近平总书记在党的二十大报告中的说法，即"全面推进国家各方面工作法治化"。③这是对2007年党的十七大提出的"实现国家各项工作法治化"的全面强化。④如果转化为行业的语言，则可以把国家治理的范围归纳为对社会各行各业的全覆盖。而行业法治的前提，也是社会各行各业的法治化。可见，国家治理与行业法治的治理客体彼此叠合。

其三，从治理目标上，改革开放四十多年后，我国已进入社会多元化、价值多元化和利益多元化的复杂情境中，国家治理尤其需要化解各种社会矛盾，维护社会稳定，要"把社会矛盾的解决建立在法治基础上，把维稳建立在维权的基础之上"。⑤而行业法治则是从行业的角度，致力于

① 丁志刚：《如何理解国家治理与国家治理体系》，载《学术界》2014年第2期，第71页。

② 李君如：《从全能型国家体系的改革到现代国家治理体系的重构》，载《毛泽东邓小平理论研究》2017年第6期，第6页。

③ 习近平：《习近平著作选读（第一卷）》，人民出版社2023年版，第33页。

④ 参见张文显：《全面推进国家各方面工作法治化》，载《法制与社会发展》2022年第6期，扉页。

⑤ 张文显：《法治与国家治理现代化》，载《中国法学》2014年第4期，第21页。

通过法治的方式化解行业矛盾，维系行业秩序。可见，国家治理与行业法治的治理目标方向一致。

其四，在治理方式上，国家治理特别强调法治的方式，"法治是治国理政的基本方式"，[①]法治在国家治理中的作用，"已经从十五大提出依法治国基本方略时的'基础性作用'演进为今天治国理政当中的'决定性作用'"。[②]而行业是社会的组成单元，法治运用于行业领域即形成行业法治，行业法治是行业治理的基本方式。可见，国家治理与行业治理的基本方式完全相同。

二、行业发展维度

（一）有助于促进行业发展

为大力开展依法治理工作，我国在2006年"五五"普法期间首次提出"开展多层次多领域依法治理"，以努力提高全社会法治化管理水平。在此基础上，2014年10月十八届四中全会《关于全面推进依法治国若干重大问题的决定》首次提出"推进多层次多领域依法治理"。2020年12月《法治社会建设实施纲要（2020－2025年）》进一步提出"推进多层次多领域依法治理"。2022年10月党的二十大报告再一次强调"推进多层次多领域依法治理"。[③]所谓"推进多层次多领域依法治理"，即全方位推进依法治理。"多层次"包括中央层面、地方层面、基层组织层面等社会的各个层面，"多领域"包括政权机关、社会团体、行业协会、居民社区以及民族、宗教等社会的各个领域。"依法"既包括依国家法律，也包括依社会法，依软法。[④]就如何推进多层次多领域依法治理，十八届四中全

---

① 习近平：《习近平谈治国理政》，外文出版社2014年版，第138页。
② 张文显：《法治与国家治理现代化》，载《中国法学》2014年第4期，第16页。
③ 习近平：《习近平著作选读（第一卷）》，人民出版社2023年版，第35页。
④ 姜明安：《法治中国建设中的法治社会建设》，载《北京大学学报（哲学社会科学版）》2015年第6期，第112页。

会提出要"深化基层组织和部门、行业依法治理，支持各类社会主体自我约束、自我管理。发挥市民公约、乡规民约、行业规章、团体章程等社会规范在社会治理中的积极作用"。《法治社会建设实施纲要（2020—2025年）》提出了"广泛开展行业依法治理""重点培育、优先发展行业协会商会类……社会组织。……发挥行业协会商会自律功能，探索建立行业自律组织"等措施。可见行业依法治理既是行业法治的要求，也是推进多层级多领域依法治理的重要内容；行业规章和团体章程既是行业法治的治理依据之一，也是推进多层次多领域依法治理和法治社会建设的重要社会规范。正如官方阐释的，"各行业同经济社会发展和人民生产生活密切相关。……行业能否依法办事、自我管理，对于提高整个社会法治化水平至关重要。要大力推动……行业普遍开展依法治理，实现依法治理对部门行业的全覆盖，促进……社会各行业依法办事、诚信尽责"。[①]

依法治理是我国多年普法教育形成并坚持的理念和成果，行业依法治理则是依法治理的重要支柱。到2014年十八届四中全会和2020年《法治社会建设实施纲要（2020—2025年）》明确提出"推进多层次多领域依法治理"时，行业依法治理仍然是多层次多领域依法治理的重要支柱。但是从依法治理到多层次多领域依法治理，表明依法治理的程度有所加深，行业依法治理的程度同样也有所加深。这主要表现在：受制于当时的经济发展水平，三十年前普法教育中的行业依法治理，其所依据之法，仅包括"硬法"，而很少包括"软法"，且"硬法"数量也比较少；行业依法治理只有发展到当今"多层次多领域依法治理"阶段，行业依法治理所依据之法，才既包括"硬法"，又开始将行业标准、行业规章和团体章程等"软法"囊括其中，且"硬法"和"软法"的数量显著增加。可见当行业依法治理发展到多层次多领域依法治理时，多层次多领域依法治理与行业法治不仅在内涵上实现了部分重合，而且在功能上也实现了部分重合，即行业法治和多层次多领域依法治理都是法治社会的建设途径。尽管十八届

---

① 汪永清：《推进多层次多领域依法治理》，载本书编写组编著：《〈中共中央关于全面推进依法治国若干重大问题的决定〉辅导读本》，人民出版社2014年版，第222页。

四中全会、《法治社会建设实施纲要（2020—2025年）》和党的二十大都还没有明确提出行业法治的概念，但是多层次多领域依法治理的重要内容之一，即深化行业依法治理、各类社会主体自我约束自我管理、发挥行业规章、团体章程等社会规范在社会治理中的积极作用等，却与行业法治内涵一致、目标相同。可以说行业法治是多层次多领域依法治理在行业治理这一领域的实现。正是从这个意义上，行业法治有助于推进多层次多领域依法治理，行业依法治理是法治社会的基本标志之一。[①]从依法治理到多层次多领域依法治理，从行业依法治理到行业法治，表现了法治理念的进步。行业法治和多层次多领域依法治理，堪称依法治理理念的集大成者。

　　行业法治促进行业发展必然带来经济的发展。这也是行业与法治互动的必然结果，也是行业法治和经济互动的体现。从经济角度看，法治在经济发展中的作用是现代经济学的中心议题。前世界银行研究所首席经济学家丹尼尔·考夫曼（Daniel Kaofmann）和他的同事认为，在其他指标不变的情况下，法治指标每增加一个标准点，国民生产总值就增加300%。基于这些研究的支持，形成了一个共识，即经济发展水平与存在较为稳固的法律制度成正相关。[②]这里面的主要原因就是，法律制度可以"通过自身特性来整合社会关系、稳定预期，保证确定性，使社会复杂性简化和交往理性化"。[③]但是，如同世间万物一样，法治也是不断向前动态发展的。"数世纪以来，法治传统一直处于发展之中"，[④]从亚里士多德开始发展到今天，法治的要素不断扩充，不仅民主而且人权作为法治的要素已经获得普遍的承认，甚至在行业法治中还出现了自治要素。在我国法治实践层面，继1999年"法治国家"入宪之后，2004"国家尊重和保护人权"也被

---

　　① 　参见张文显：《习近平法治思想研究（中）》，载《法制与社会发展》2016年第3期，第15页。

　　② 　［美］詹姆斯·J. 赫克曼、罗伯特·L. 尼尔森、李·卡巴廷根编：《全球视野下的法治》，高鸿钧、鲁楠等译，清华大学出版社2014年版，"序言与导语"第7页。

　　③ 　王若磊：《信用、法治与现代经济增长的制度基础》，载《中国法学》2019年第2期，第84页。

　　④ 　［美］布雷恩·Z. 塔玛纳哈：《论法治：历史、政治和理论》，李桂林译，武汉大学出版社2010年版，第178页。

写进了宪法。然而，"行业"入宪却发生于1982年，也就是说"行业"入宪比"法治"入宪和"人权"入宪分别提前了十七年和二十二年。"行业"入宪也许只是一种历史的偶然，但联想到2012年底我国正式提出"法治社会"建设以及如今对作为法治社会建设途径的行业法治的理论探索，表明我国法治建设的重心不断在逐步下移，首先是从国家、政府下移到了社会，其次是从社会下移到基层和行业，那么可以说"行业"入宪又是一种历史的必然。1982年《宪法》第八条第二款规定的"城镇中的手工业、工业、建筑业、运输业、商业、服务业等行业的各种形式的合作经济"，是我国社会主义公有制经济的基础之一，以行业为基础的合作经济和集体经济的发展，对于国家而言具有举足轻重的意义，对于法治建设和人权保护来说具有最基本的意义。更明确地说，如果法治要实现保护人权的目的，如果不结合以行业发展为基础的经济力量，那么，人权保护是很难有效嵌入到铁板一块的民族国家法中去的。在世界宪法发展史中，曾经也经历了一段极其重视保障经济自由以实现经济发展的时期，"经济自由与精神自由和人身自由并称为近代宪法的'三大自由'。其中，在基本权利体系中经济自由的保障是核心内容，被认为是'人权中的人权'"。[1]这就是行业法治促进行业发展的终极意义所在。

（二）有助于确立行业治理的标准

治理是最近四十年多年在西方兴起并在最近二十年引入国内的热门话题。在我国，治理日益受到国家和政府的重视。首先是2013年十八届三中全会正式提出了国家治理体系和治理能力现代化的概念。其次是2019年十九届四中全会又做出了坚持和完善中国特色社会主义制度，推进国家治理体系和治理能力现代化的决定。然而西方学界的研究表明，治理是一个"充满歧义、内涵不清、外延无边"的概念，因此有不少西方学者和

---

① 翟国强：《经济权利保障的宪法逻辑》，载《中国社会科学》2019年第12期，第102页。

中国学者均质疑研究治理的意义。①但换一个角度看，他们所质疑的正是治理概念的优势所在。正如法治概念具有宽泛性和灵活性一样，治理概念也同样如此。不同的法治模式拥有一个共同的内核，即保护权利、限制权力。同样，诸多的治理概念也拥有共同的内核，即政府与非政府组织共同参与，正式规则与非正式规则相互合作，单向度的管理变成双向度的互动等。美国外交官兼教育家克利夫兰是公共领域最早谈论治理理念并使用"治理"概念的人。他在1972年出版的《未来的执行官》一书中谈及了治理理念，并在1980年正式提到了"治理"这个词。②1995年联合国全球治理委员会对治理做出了最具权威性的界定，即治理是各种公共的或私人的个人和机构管理其共同事务的诸多方式的总和。它是使相互冲突的或不同的利益得以调和并且采取联合行动的持续的过程。这既包括有权迫使人们服从的正式制度和规则，也包括各种人们同意或以为符合其利益的非正式的制度安排。③根据世界银行2017年的界定，治理是国家和非国家行动者在既定的一套塑造权力、反过来又被权力塑造的规范和不规范的框架体系中进行互动、并在互动中制定和实施政策的过程。④这两个代表性的定义大同小异。可见经过几十年发展，西方学界对治理的理解几乎没有太大的变化。而且这两个关于治理的定义完全可以运用于行业治理。综合理解这两个定义，"公共机构"指代的是国家或国家权力（公权力），"私人的个人和机构"指代的非国家行动者或个体权利（私权利）和社会权力（自治）。"正式制度和规则"或"规范的框架体系"指代的是"硬法"，"非正式的制度安排"和"不规范的框架体系"指代的是"软法"。可见行业治理的内容与行业法治的含义相通，行业法治是行业治理的基本方

---

① 参见王绍光：《治理研究：正本清源》，载《开放时代》2018年第2期，第167—168页。

② 参见王绍光：《治理研究：正本清源》，载《开放时代》2018年第2期，第159页。

③ 参见全球治理委员会：《我们的全球伙伴关系》，牛津大学出版社1995年版，第23页；转引自俞可平主编：《治理与善治》，社会科学文献出版社2000年版，第4页。

④ 参见世界银行：《2017年世界发展报告：治理与法律》，胡光宇等译，清华大学出版社2018年版，第3页。

式。正是在这个意义上说，行业法治有助于确立行业治理的标准，或者说行业法治的标准就是行业治理的标准。

标准是可以量化的。当前国际上最有影响力的法治标准是由作为非政府组织和非盈利组织的世界正义项目（World Justice Project）创立的。世界正义项目由美国律师协会前主席威廉·纽康姆于2006年创立，并于2008年公布了第一版法治指数。自此世界正义项目每年都对法治指数进行更新。从2008年到2012年，"仅仅5年时间，法治指数覆盖的国家数目，就从最初的寥寥6个国家增加到近百个国家，发展速度惊人"，[①]而到了2017年，则扩大到113个国家或地区。自2014年起，世界正义项目发表的法治指数由4项原则、9个一级指标和47个二级指标组成。[②]

我国从2000年开始了自己的法治指数实践，并率先在地方政府层面形成了若干地方法治指数，比较知名的有浙江余杭法治指数、杭州电子发展政府指数和湖州市吴兴区人民法院司法透明指数[③]以及法治昆明综合评价指标体系、广东省法治政府建设指标体系[④]等。近些年中国社会科学院法学研究所发布的年度法治蓝皮书，一般也会对年度法治指数实践的最新进展进行专题介绍。法治指数的出台及流行，表明无论是发达国家还是发展中国家，在塑造政府和社会的权力关系中，均引入了一种全新的知识生产方式。[⑤]对于后发国家来说，建构型法治的推进更需要一个客观和量化的分析评价标准来衡量法治发展水平，校准法治建设的局部目标定位。当前我国特别需要根据法治社会的本体内涵和前述特质，充分挖掘和妥善设计

---

① 莫于川：《法治国家、法治政府、法治社会一体建设的标准问题研究——兼论我国法治良善化、精细化发展的时代任务》，载《法学杂志》2013年第6期，第13页。

② 参见鲁楠：《世界法治指数的缘起与流变》，载《环球法律评论》2014年第4期，第123页。

③ 参见钱弘道、王梦宇：《以法治实践培育公共理性——兼论中国法治实践学派的现实意义》，载《浙江大学学报（人文社会科学版）》2013年第5期，第24—25页。

④ 参见周尚君、彭浩：《可量化的正义：地方法治指数评估体系研究报告》，载《法学评论》2014年第2期，第123—124页。

⑤ Sally Engle Merry, "Measuring the World: Indicators, Human Rights, and Global Governance," *Current Anthropology*, Vol.52, Supplement 3(Apr., 2011), pp.83-95.

反映法治社会的辨识度较高的指标。[1]

　　法治社会如此，作为法治社会组成部分的行业法治也理应如此。在我国经济领域中，虽然行业法虽然长期存在，但对行业法治的研究才刚刚开始，行业法治还是一个有待开发的处女地。作为行业治理的标准，行业法治本身也需要量化，而且也可以量化，那么行业法治的建设也同样面临建立评价指标体系的问题。当前我国已经存在一些涉及某一个行业和领域（比如工商、财政）的法治指数，[2]但在不同地区之间关于行业的法治指数设计各不相同。[3]行业法治指数构建的问题，包括构建主体、构建模式、具体指数设计等，均有待于在后续研究进一步推进。我国率先在地方政府层面开展的法治指数实践，可以为确立行业法治标准或行业法治指数提供经验参考。

　　行业法治不仅应当建立法治的评价指标体系，也要建立自治的评价指标体系；不仅应当建立行业协会的评价指标体系，也应当建立行业企业的评价指标体系。可见行业法治的评价指标体系比法治政府和法治社会的评价指标体系更复杂。当前我国行业法治实践中已开展了部分评价指标体系建设的探索，主要包括行业协会评估体系建设和行业企业信用评价体系建设两个方面。

　　其一，在行业协会评估体系建设方面，2007年，为落实国务院"建立行业协会综合评价体系"的要求，民政部同时颁布了《全国性民间组织评估实施办法》和《关于推进民间组织评估工作的指导意见》，明确建立了五大评估等级和六大评估指标体系制度。其中明确行业性社会团体评估指标由4项一级指标、16项二级指标、52项三级指标组成。2008年，民政部又发布了专门的行业协会商会评价指标体系，包括4项一级指标、15项二

---

　　① 江必新、王红霞：《法治社会建设论纲》，载《中国社会科学》2014年第1期，第154页。

　　② 参见侯学宾、姚建宗：《中国法治指数设计的思想维度》，载《法律科学（西北政法大学学报）》2013年第5期，第6页。

　　③ 参见侯学宾、姚建宗：《中国法治指数设计的思想维度》，载《法律科学（西北政法大学学报）》2013年第5期，第7页。

级指标和44项三级指标组成。2010年民政部颁布了《社会组织评估管理办法》，确立了分类评定的原则。2011年民政部发布了《关于印发各类社会组织评估指标的通知》，建立了五大类评估指标体系，其中全国性行业协会商会评估指标体系包括4项一级指标、19项二级指标、43项二级指标。2012年民政部印发了《全国性公益类社团、联合类社团、职业类社团、学术类社团评估指标的通知》。2015年国家质检总局和国家标准委发布了《社会组织信用评价指标》。2022年民政部印发了《全国性社会组织评估管理规定》。在建章立制的基础上，自2007年开始，我国对全国性民间组织或社会组织开展了年度评估工作。根据评估等级结果，相关政府部门出台了相应的政策激励措施，如评估等级为3A以上的公益性社会团体，可取得公益捐赠税前扣除资格等。

其二，在行业企业信用评价体系方面，由于诚实信用是市场经济活动和交易活动的基本原则，行业诚信也是行业自律的基本要求，国家对作为市场主体的企业的信用评价历来十分重视，在诸多立法、标准和政策中建立了企业信用评价制度和评价指标体系，包括《行业信用评价试点工作实施办法》《企业信用评价指标体系分类及代码》《企业信用评价指标》等。2018年《电子商务法》首次在法律层面上对企业信用评价制度和信用评价规则做出了明确规定。2020年《民法典》进一步对民事主体信用评价的查询、核查、异议以及申请更正乃至删除等一系列管理措施做出了规定。民事主体当然包括行业企业在内。行业企业信用评价的意义在于，如果信用评价结果等级高，企业在参与市场竞争（如招投标和政府采购）、降低交易成本（如税收优惠）等方面将具有优势，反之则具有劣势。

在治理理论中，除了"多中心治理"即"去中心化治理"的主流理论之外，还存在着"元治理"的理论分支和"新治理"的实践发展。所谓"元治理"，是承认国家发挥基础性作用，而治理网络中的其他主体也具有重要地位，彼此之间注重协商与沟通，共同形成治理网络。所谓"新治理"，是在强调治理主体多元化的同时，更加强调治理工具的多元化。企业信用评价被认为是一种"元治理"的初步实践和"新治理"的治理工具，其所采取的激励与制约手段，摒弃了直接的"控制——命令"，不再是责令整改、罚款或者停业，而是联合金融机构、行业组织与传媒，通过经济激励机制与声誉机制实现规制与治理目标。[①]反映在行业协会评估实践和行业企业信用评价实践中，就是"以评促改、以评促建、评建结合的评估体系"的形成，由此亦表明行业协会评估指标体系或企业信用评价指标体系作为柔性的政府干预措施的特征。

（三）有助于为新兴行业保驾护航

新兴行业的治理及解决新兴行业中的问题是行业法治的难点和重点。如人工智能的兴起就给行业治理带来了诸多问题。根据2017年国务院《新一代人工智能发展规划》，人工智能不仅要在技术行业得到广泛应用，而且也要深度融入国家治理、社会治理和行业治理的过程中。但是，人工智能在帮助传统行业转型升级，并为行业发展带来便捷和效率的同时，也同时会给国家、社会和行业带来一些道德、法律、风险和伦理方面的难题。这些难题并不仅仅牵涉到某一个部门法，而是一定会牵涉到多个部门法。比如，从民事法的角度，应当思考人工智能的法律人格问题。民法的发展演变历史表明，民事主体的制度变迁经历了一个从"人可非人"到"非人可人"的扩展的过程，而且在现代民法中，"非人可人"的趋势正在增强。[②]民事主体"非人可人"理念的现实化和制度化可以为人工智能是否能作为法律主体提供一种历史的依据和可能的思路。"从基因时代到智能时代的一个重要变化，就是主体类型可能突破，身份认定更加复杂，诸如'克隆人'、智能机器人，将以'类人主体'的方式出现，成为能够表现人类独特性特征的拟人化物体。民事主体制度的改造，在近代是为法律拟

---

①　参见王瑞雪：《作为治理工具创新的环境信用评级》，载《兰州学刊》2015年第1期，第105—107页。

②　参见李拥军：《从"人可非人"到"非人可人"：民事主体制度与理念的历史变迁——对法律"人"的一种解析》，载《法制与社会发展》2005年第2期，第45—52页。

制,即法人取得主体资格;而在当代,人类智慧拟制的'克隆人'特别是机器人是否视为主体。"①而从刑事法的角度,应当考虑涉人工智能犯罪的刑法规制问题②等。人工智能可能带来新的法律主体、法律权利、法律客体和法律关系,"面对这些新生事物、新生关系、新生法益,既有的法律概念、规则和原则难以对其予以有效涵盖,也难以对其做出及时有效的规制调整,即便通过修改法律条款、扩张性解释或者类比适用,也会遭受捉襟见肘的困境"。③那么,对这些新问题和新难题,人类社会应该如何应对?"立基于工商业革命的现代性法律,在当下……信息革命面前遭遇了严重的危机,需要适时予以变革甚至重构。"④从行业治理而言,人工智能作为新兴行业所带来的法律问题,显然是一个行业法治的问题,而不仅仅是一个部门法法治的问题。以公路行业为例,人工智能可能产生的问题已经引起了行业主管部门的高度重视。2018年12月,国家交通运输部提出要"推动人工智能与行业治理深度融合,建立健全适应人工智能发展的法规制度、规划战略、产业政策、标准规范等"。可见,一方面国家行业主管部门已经深刻认识到了人工智能对行业治理的意义;另一方面国家行业主管部门在工作重心上给予了行业立法相当重要的地位。如在前述"适应人工智能发展的法规制度、规划战略、产业政策、标准规范"中,法规制度是指硬法,而规划战略、产业政策和标准规范指的是软法,完全符合本书对行业法治内涵的界定。2023年9月,国家交通运输部又下发了《关于推进公路数字化转型　加快智慧公路建设发展的意见》,明确要求"提升公路政务服务数字化水平,推动智慧治理",并提出"以公路行业全链条数字化推动公路建设、养护、运行管理以及服务等流程再造、规则重

---

①　吴汉东:《中国知识产权法律变迁的基本面向》,载《中国社会科学》2018年第8期,第115—116页。

②　刘宪权、房慧颖:《涉人工智能犯罪刑法规制的正当性与适当性》,载《华南师范大学学报》2018年第6期,第109页。

③　马长山:《智能互联网时代的法律变革》,载《法学研究》2018年第4期,第22—23页。

④　马长山:《智能互联网时代的法律变革》,载《法学研究》2018年第4期,第23页。

塑、政策机制完善，促进公路审查、审批、监管制度变革，逐步构建数字公路的规则和政策体系"等。综上可见，对人工智能产生的新问题，仍然只能通过行业法治的途径来解决。当前为了加强对新兴行业的治理，我国已在立法上做出了反应。如2021年修订的《安全生产法》增加了对新兴行业的安全管理的相关规定，并且为解决新兴行业的监管模糊或监管真空，该法第十条规定按照业务相近的原则确定监管部门。这是行业法治的最新突破和发展。

此外，从全球化时代的国际法治实践来看，行业法治还有利于维护我国国家主权安全和国家利益以及民族企业利益。2018年至2019年之间爆发的美国和中国之间的贸易战就是典型的案例。中美贸易战，表面看来是贸易战，实质是法律战。中国的反制措施都是建立在我国当前的行业法治建设的基础之上，更具体地说，是建立在我国当前的税收行业法治、快递行业法治等具体行业法治建设基础之上。行业法治为打好法律战做好了相应准备。中美之间这种法律的隔空对话，可以被理解为是"法律外交"的表现形式之一，而且是一种最为常见的表现形式。①

综上，行业法治并不是一个空洞的概念，而是有着丰富的内涵，独有的特性和理念，对于法治发展和行业发展均具有非常重要的意义。那么就很自然地追问一个问题：行业法治何以能够产生？或者行业法治产生的条件是什么？

---

① 参见张文显：《学术演讲集》，法律出版社2011年版，第345—354页；谷昭民：《论法律外交》，吉林大学2015年博士学位论文，第25—29页。

第三章

行业法治的产生基础

法治总是需要在一定的基础才可能产生，法治国家、法治政府、法治社会如此，行业法治同样如此。在法治的产生基础方面，当前学界的认识基本上围绕经济基础、政治基础、社会基础、文化基础和思想基础等而展开，较少提及法治的法律基础。法治本身就意味着法律的统治，法治的法律基础是不言自明的。法律基础对任何形式的法治都很重要，特别是对行业法治更加重要。如果没有数量庞大的"行业"入法现象，就难以说服人们接受行业法的概念；如果没有数量庞大的行业法存在，也就不可能产生行业法治。故应当将法律基础纳入到行业法治的产生基础中。本章主要论述行业法治的经济基础、政治基础、社会基础和法律基础，暂不论及其文化基础和思想基础。

第一节　经济基础：社会分工的进一步发展

行业法治的经济基础表现为社会分工的进一步发展。很多思想家（如斯密和涂尔干）都认可社会分工对经济发展和社会治理产生的积极作用，行业是经济社会的重要组成，社会分工对行业的促进也是显而易见的。按照社会分工论，近代社会的所有发展都是在社会分工当中进行的，有社会分工就必然有行业概念。[①]行业发展的源动力在于社会分工，社会分工导致了新兴行业的出现，而行业法律和行业法治的发展也是源自于社会分工。反过来说，行业法律和行业法治的发展又会进一步推进社会分工的发展。

但是，社会分工对法律的作用，并不是首先在行业法表现出来，而是在民商法这个部门法表现出来。"资本主义制度确立后，随着工业化的

---

① 语出自谢晖教授。参见朱文英：《游戏规则与体育的社会文明构建意义——〈体育与科学〉学术工作坊"游戏规则与社会法、社会契约"主题沙龙综述》，载《体育与科学》2016年第3期，第11页。

发展，新的生产部门和行业不断涌现，工业、农业、商业内部的分工迅速发展……资本主义商品经济的发展使社会对法律规则的需要达到空前的程度，从而推动了资本主义商法、民法的形成和发展，实现了经济领域的法治。"①这也充分说明了市场经济的基础法律是民法和商法。日本法学家川岛武宜也指出市场经济与社会分工的关系，"市民社会是在高度社会分工基础上的高度的社会性商品生产社会，所以生产力及产品成为私有的客体。社会分工是由私有的主体按自己的意思进行等价交换为媒介而统合起来的。市民社会的经济是以商品的等价交换为媒介的经济"。②因此说，行业法治的经济基础体现为社会分工的进一步发展，其内在实质乃市场经济的形成。

从形式上看，我国也曾经历了市场经济转型的过程，只不过时间显著短于西方资本主义国家。在改革开放之前，我国实行的是严格的计划经济，计划经济本质上是权力经济，计划经济下的政府与企业是父与子的关系，企业生产什么商品、生产多少商品，都由政府通过制定指令性计划来实现。"多年来由于社会分工缺乏，计划经济体制下国家对社会管的太死，我们的社会很不注意培养，甚至不承认特殊职业团体的特殊职业道德规范。"因此，"要格外关注培养由于社会分工而必然形成不同职责的道德"。③虽然这是从道德伦理规范的角度来谈我国社会分工缺乏的现实，但从法律规范的角度来看道理是一样的，因为"法和伦理都同样是社会规范"。④日本学者六本佳平如此形容这种未分工的社会，"社会经营以家庭、亲族为中心，宗教、政治、经济、法律、教育的功能浑然一体。

---

① 张文显：《中国步入法治社会的必由之路》，载《中国社会科学》1989年第2期，第183页。

② ［日］川岛武宜：《现代化与法》，王志安等译，中国政法大学出版社2004年版，第25页。

③ 苏力：《制度是如何形成的》，北京大学出版社2007年版，第64页。

④ ［日］川岛武宜：《现代化与法》，王志安等译，中国政法大学出版社2004年版，第5页。

因而，法体系也没有分工，法规范未与习惯规范、道德规范分离"。①然而，随着改革开放的成功推进，我国的经济建设快速发展，表现出社会分工进一步细化，行业也进一步细化的趋势，很多新兴行业产生出来。如此，社会分工对部门法和行业法的推动力和影响力先后显现。20世纪70年代末到80年代中，随着"法治"与"人治"论争及民法与经济法论争的展开，作为民商事基本法律，《民法通则》于1986年制定出来，《公司法》于1993年相继制定出来。但正如本章第四节将要谈到的，中国特色社会主义法律体系的形成不仅要归因于部门法的逐步完善，更要归因于行业法律在这几十年的逐步完善。正如六本佳平所指出的，在分工社会，"随着社会规模的扩大，分工的发展，宗教、政治、经济、科学、教育等领域分工、自立，并各自生成子体系。法也作为子体系之一，逐渐发展成为自立的实定法形态……另一方面，社会中的活法也随着社会构造的分工生成了利益、价值、组织基础各异的无数活法。活法虽非正式的法，但作为秩序机构，它具有独特的制裁机构，与实定法对峙"。②这里提出的受社会分工影响的"实定法"和"活法"，可以理解为就是"硬法"和"软法"。正是从这个意义上说，行业法治的经济基础表现为社会分工的进一步发展。社会分工的发展不会止步，那么行业法治的发展也同样不会停滞。

第二节　政治基础：政企分开、政事分开的体制逐渐确立

如果说法治国家和法治政府的政治基础在于民主政治的体制，法治

---

① 　[日]六本佳平：《日本法与日本社会》，刘银良译，中国政法大学出版社2006年版，第288页。

② 　[日]六本佳平：《日本法与日本社会》，刘银良译，中国政法大学出版社2006年版，第288—289页。

社会的政治基础在于"小政府大社会"的体制，那么行业法治的政治基础就表现为政企分开、政事分开的体制的逐渐确立。可见，从法治国家和法治政府，到法治社会，再到行业法治，其政治体制基础越来越具体化。在计划经济体制下，政企不分和政事不分是常态。这种政企不分和政事不分的状态违背了主要由市场决定资源配置的经济规律而成为发展市场经济的束缚，企事业单位迫切需要经营和管理自主权。政企分开和政事分开成为市场经济的必然选择。20世纪80年代，我国还只是零星地倡导政事分开和政企分开。但是，自进入20世纪90年代以来，我国逐渐加大了从机构和职能两个方面对政府与企业事业单位进行剥离的力度。为深入分析"政企分开""政事分开"的演变，笔者以"政企分开""政事分开"为关键词，检索了"北大法宝·法律法规数据库"中的"中央法规司法解释"栏目，检索时间截至2019年5月2日。检索情况如下：

一、政企分开或政事分开的检索结果

对"政企分开""政事分开"进行单独检索或合并检索，其结果大致如图3.1、图3.2和图3.3所示。图3.1和图3.2是对"政企分开""政事分开"

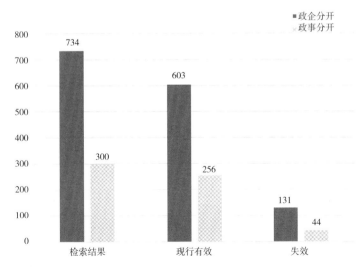

图3.1　以是否有效，对"政企分开""政事分开"单独检索结果比较图

单独检索的结果，分别从"是否有效"和"效力级别"两个方面进行了重点比较。图3.3则是对"政企分开""政事分开"合并检索结果，以十年为一个周期对1988年到2017年这三十年所发布的文本数量进行了比较。

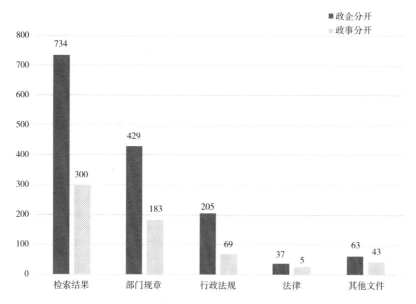

图3.2 以效力级别，对"政企分开""政事分开"单独检索果比较图

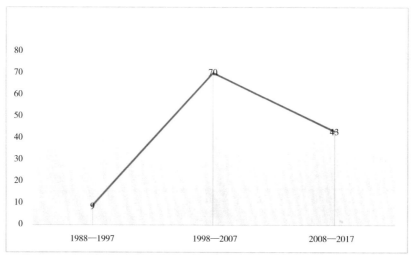

图3.3 三十年间"政企分开"和"政事分开"文件发布数量图

对上述检索结果，详细说明如下：

1．单独检索"政企分开"，检索结果为734件。从是否有效来看，分为现行有效603件、失效131件；从效力级别来看，分为法律37件、行政法规205件、司法解释3件、部门规章429件、党内法规50件、行业规定10件；从颁发机构来看，分为全国人大35件，全国人大常委会2件，国务院127件、最高法院3件、国务院各机构502件、中央其他机构74件、党务部门50件。

2．单独检索"政事分开"，检索结果为300件，从是否有效来看，分为现行有效256件，失效44件；从效力级别来看，分为法律5件、行政法规69件、部门规章183件、党内法规41件、团体规定1件、行业规定1件；从颁发机构来看，分为全国人大5件、国务院48件、国务院各机构216件、中央其他机构24件、党务部门41件。

3．合并检索"政企分开"和"政事分开"，无论这两个词如何排序，检索结果均为122件。从是否有效来看，分为现行有效103件，失效19件；从效力级别来看，分为法律2件、行政法规29件、部门规章71件、党内法规18件；从颁布机构来看，分为全国人大4件、国务院22件、国务院各机构85件、中央其他机构4件、党务部门18件。此外，对这122件文件的颁布时间进行整理，可以发现最早的文件颁布于1988年，最晚的文件颁布于2017年，前后历时三十年之久。如果以十年为一个周期，那么，颁布于第一个十年周期即1988年至1997年之间的文件只有9件，颁布于第二个十年周期即1998年至2007年的文件有70件，颁布于第三个十年周期即2008年至2017年之间的文件有43件。

二、对政企分开或政事分开检索结果的分析

仔细分析对"政企分开"或"政事分开"的检索结果，可以形成如下判断：

1．从检索结果来看，无论是法律、行政法规、部门规章，还是其他

文件，"政企分开"的检索数量是"政事分开"检索数量的两倍多，说明国家对"政企分开"的推动力度比对"政事分开"的推动力度大，国家在"政企分开"方面取得的成效也比"政事分开"大。

2. 从发布机构来看，发布"政企分开"或"政事分开"的机构贯穿了中共中央、全国人大及其常委会、国务院及各部门，说明"政企分开"或"政事分开"已经成为上至中共中央和中央政府，下到国家行业主管部门之间的统一意志和行动。

3. 从所涉行业来看，"政企分开"或"政事分开"几乎涉及所有行业，除了个别行业如林业尚不能一步到位实行"政企分开"或"政事分开"外，其他行业都已经开始或实现了"政企分开"或"政事分开"。

4. 从发布时间来看，在1988年至2017年这三十年间的"政企分开"或"政事分开"，明显呈现出"两头矮中间高"（以十年为一个周期）的特征（参见图3.3）。这说明"政企分开"或"政事分开"在第一个十年尚处于初步推进阶段，在第二个十年处于全面推进阶段，在第三个十年处于继续推进阶段。

5. 从推进效果来看，"政企分开"或"政事分开"仍在推进过程当中。虽然"政企分开"或"政事分开"尚未完结，但这三十年来的努力所形成的"政企分开"或"政事分开"的分离格局，所释放出的社会活力和市场活力，已经为行业法治的产生准备了政治体制基础。

务必需要指出的是，除了上述列举的政策性文件对"政企分开"或"政事分开"做出了规定之外，还有部分法律或行政法规也对"政企分开"或"政事分开"做出了明确规定。从法律或行政法规的高度对"政企分开"或"政事分开"做出规定，显然比政策性文件有更强的约束力和规范性。如2008年《企业国有资产法》第六条和2000年《电信条例》第四条。特别是2004年《收费公路管理条例》第十一条也规定了"政事分开原则"，这也是我国第一次在立法层面对公路行业的"政事分开"做出规定。此外，还有一些法律，虽没有明确规定"政企分开"或"政事分开"，但事实上体现了"政企分开"或"政事分开"的意思，起到了"政企分开"或"政事分开"的效果。如我国《行政许可法》第二十八条"导入了行政审查和技术审查相分离的基本原则，行政审批中涉及的一些专业技术事项，由符合法定条件的专业技术组织实施审查。这是所谓'行政任务民营化'的一种表现"。[1]《行政许可法》第二十八条"贯彻了'政事分开'的立法思想"，是对"政事分开"的法治探索。[2]

综上，前述规定表明，如何在宪法和法律的范围内做到"政市分开""政企分开""政事分开"以及"政社分开"，是法治社会建设的主要内容。[3]政策性文件对"政企分开"或"政事分开"做出的明确指引以及法律中对"政企分开"或"政事分开"做出的或显或隐的规定，从政府管理与社会需求两个方面极大地释放了市场潜力，激发出社会活力，赋予社会更大活动空间。因此，社会各行业都取得了长足的发展。以公路行业为例，据国家交通运输部发布的《2021年交通运输行业发展统计公报》，2021年末全国公路总里程已达528.07万公里，是1984年的5.8倍。

第三节　社会基础：行业组织的大量涌现

行业法治的社会基础表现为作为行业主体的行业组织的大量出现。计划经济时代也有行业，但彼时的行业主体，一般包括实施行业管理的政府部门、行业经营主体和社会公众，而只有少量的行业组织，且行业组织都是作为政府直接控制的附属机构而存在，无法承担起行业法治和行业自治的责任。而进入计划经济向市场经济转变的转型期后，我国越来越重视行

---

① 唐明良、骆梅英：《地方行政审批程序改革的实证考察与行政法理》，载《法律科学（西北政法大学学报）》2016年第5期，第50页。

② 王周户、李大勇：《行政许可与政事分开——以〈行政许可法〉第28条为视角》，载《法律科学（西北政法大学学报）》2007年第4期，第117页。

③ 陈金钊、宋保振：《法治国家、法治政府与法治社会的意义阐释——以法治为修辞改变思维方式》，载《社会科学研究》2015年第5期，第89页。

业组织在社会治理中的作用。通过政策和法律对行业组织的重视和扶持，行业组织得以大量出现，从而为行业法治的产生提供了社会基础。

一、政策和法律对行业组织的扶持

首先，国家政策明确把行业组织视为社会组织的一种。目前可以查到的最早对行业协会予以确认的政策性文件是1981年《国务院批转〈国家经济委员会关于建立中国食品工业协会的报告〉的通知》，该通知规定"食品工业协会，是在国家经委和轻工业部的领导下，对全国食品工业进行行业管理的组织"，并在三处明确提及行业协会。随后，1983年原城乡建设环境保护部颁布的《关于城镇集体所有制建筑企业若干政策问题的实施办法》和1985年中共中央办公厅、国务院办公厅转发的《国家经济体制改革委员会关于成立全国性组织的若干规定》均对行业协会做出了规定。这是我国行业发展早期对行业协会予以规定的政策性文件。1993年十四届三中全会《关于建立社会主义市场经济体制若干问题的决定》提出要"发挥行业协会、商会等组织的作用"，标志着行业协会正式进入我国国家管理、经济管理和社会管理最高决策的视野。2003年中共中央《关于完善社会主义市场经济体制若干问题的决定》提出"按市场化原则规范和发展各类行业协会、商会等自律性组织"。2013年《中共中央关于全面深化改革若干重大问题的决定》提出"重点培育和优先发展行业协会商会类……社会组织"。2014年十八届四中全会《关于全面推进依法治国若干重大问题的决定》提出"支持行业协会商会类社会组织发挥行业自律和专业服务功能"。2015年中共中央办公厅印发的《关于加强社会组织党的建设工作的意见（试行）》规定"社会组织主要包括社会团体、民办非企业单位、基金会、社会中介组织以及城乡社区社会组织等"。2016年中共中央办公厅、国务院办公厅发布的《关于改革社会组织管理制度促进社会组织健康有序发展的意见》提出要"充分发挥社会组织服务国家、服务社会、服务群众、服务行业的作用"。2019年3月，国务院办公厅印发《关于在制定行政法规规章行政规范性文件过程中充分听取企业和行业协会商会意见的通知》，提出"行政法规、规章、行政规范性文件出台前，凡是与企业生产经营活动密切相关的，各地区、各部门都要通过多种方式听取企业和行业协会商会的意见"。2021年1月，中共中央印发的《法治中国建设规划（2020—2025年）》，提出"对与企业生产经营密切相关的立法项目，充分听取有关企业和行业协会商会意见"。2021年8月，中共中央、国务院印发《法治政府建设实施纲要（2021—2025年）》提出"在制定修改行政法规、规章、行政规范性文件过程中充分听取企业和行业协会商会意见"。社会组织乃是建设法治社会的基本主体，一个国家，一个地区，只有培植和生长出充满生机活力的、能承担与国家公权力相对应的社会公权力，并对国家公权力能加以适当制约的非国家、非政府的社会组织，才可能谈得上建设法治社会，[①]也才可能谈得上建设包含行业自治在内的行业法治。

其次，随着国家政策的指引，行业立法逐渐对行业组织进行了法律定性，明确规定行业组织是社会团体法人，从而从法律上确认了行业组织是社会组织的一种，呼应了国家政策的要求，包括《社会团体登记管理条例》、《保险法》第一百八十条、《证券投资基金法》第一百零八条和《反垄断法》第四十六条第三款等。

二、行业组织数量显著增长

随着国家政策的鼓励和行业立法的加强，行业组织开始大量涌现。1988年，民政部登记的社会组织仅为4446个，[②]但最新数据显示，截至2023年5月23日，全国登记的社会组织有90.2万家。可见，在过去的三十五年间，社会组织增长了203倍，年均增长接近6倍。尽管最近几年增速有所

---

① 姜明安：《法治中国建设中的法治社会建设》，载《北京大学学报（哲学社会科学版）》2015年第6期，第113页。

② 鲍绍坤：《社会组织及其法制化研究》，载《中国法学》2017年第1期，第8页。

下降，但总体增速仍然很快。此外，还有大量活跃在基层社会的各类草根组织，如业余体育爱好者协会，没有人能说出它们的具体数量，但学者们估计有800多万个。这在一定意义上表明，中国的确正在发生一场广泛的社团革命，社会团体在政治、经济、文化和社会生活的各个方面都发挥着重要作用。①

当前，我国完全实现了"一行业一协会"的组织建设。这里的"一行业一协会"，还仅指全国性的行业协会，并没有把地方性的行业协会包括在内。从行业组织产生的方式和与政府的关系看，目前我国的行业组织大致可以分为三种类型：第一种是所谓的"官办"行业协会，由政府发起成立，如中华全国工商业联合会。第二种是在政府支持下成立的"准官办"行业协会。最后一种是由企业自发组建的"民间"行业组织。②从整体上看，目前我国行业协会发展水平不均，官办或准官办行业协会无论在数量上还是在影响上都居绝对优势地位，民办行业协会相对发展缓慢，③其原因一是近年来国家一直很重视社会建设和社会治理创新，并实施了"四类"社会组织可依法直接向民政部门申请登记等激活措施，但实际上，我国的社会组织发展，是一种典型的"政府主导式"，存在明显的官民双重性，④国家依然保持着对社会组织（包括草根组织）的控制；⑤二是行业组织立法还存在"门槛过高、限制竞争、监管措施不完善、缺乏统一的社会组织法"等缺陷。⑥但行业组织的大量出现，为行业组织承担保护行业利益、提起行业诉讼（包括公益诉讼）、维护行业正常运行等方面的责任

---

① 马长山：《社团立法的考察与反思——从〈社会团体登记管理条例〉（修订草案征求意见稿）出发》，载《法制与社会发展》2017年第1期，第20页。

② 参见温双阁：《以法治推进行业协会自治的体系构建——基于美国自治理念和实践的思考》，载《社会科学战线》2016年第10期，第192页。

③ 参见温双阁：《以法治推进行业协会自治的体系构建——基于美国自治理念和实践的思考》，载《社会科学战线》2016年第10期，第192页。

④ 马长山：《从国家构建到共建共享的法治转向——基于社会组织与法治建设之间的关系的考察》，载《法学研究》2017年第3期，第28页。

⑤ 马长山：《法治中国建设的"共建共享"路径与策略》，载《中国法学》2016年第6期，第21页。

⑥ 鲍绍坤：《社会组织及其法制化研究》，载《中国法学》2017年第1期，第12—13页。

提供了社会基础。对于行业中的市场主体而言，法治经济的核心要义在于其权利不受侵犯以及受到侵犯之后能得到进一步公正的救济，行业组织在这方面可以发挥重要的作用。如在港珠澳大桥的建设中，根据海事部门发布的航道改迁命令，从事海上客运服务的珠海高速客轮企业的船舶航行里程延长，增加了燃油成本和人工成本。珠海水上运输协会多次代表企业出面，与代表政府的大桥建设单位交涉谈判，要求大桥建设单位弥补高速客轮企业的损失。是否有责任有义务补偿企业的损失，需要根据法律的规定和实际情况判断，但行业组织站出来保护行业成员的利益之举，却是应该得到高度肯定的。珠海水上运输协会通过平等理性的沟通和协商来解决利益冲突之举，有效避免了"政府与'无组织'的社会及其分散公众直接面对格局"以及"权力与权利的'赤膊'对弈"，[①]在一定程度上抑制了行业成员的非理性诉求，使得这种分歧不再具有破坏性的影响。"一旦某种争端不再具有破坏性的影响，这种争端就已经得到解决。"[②]在这个过程中，行业主管部门没有任何参与。可以说这既是行业自治的最好案例，也是行业法治的最好案例。如果没有珠海水上运输协会这样的行业组织，政府与民间就"缺少有效的组织化沟通机制，误解、矛盾和风险必然会大大增加，也难以对可能的民粹情绪和大众行为实施有效的预警和控制"。[③]过去数年发生的数起群体性事件中出现的官方和民间相互割裂的"两个舆论场"现象就已经证明了这一点。[④]从传统行政法治的角度也可以得出基本相同的结论："在社会转型的过程中，各种利益群体不断分化重组，如果没有数量庞大的各式行业协会的组织化表达和参与，合作型、回应型的

---

① 马长山：《从国家构建到共建共享的法治转向——基于社会组织与法治建设之间的关系的考察》，载《法学研究》2017年第3期，第35页。

② ［英］布莱恩·辛普森：《法学的邀请》，范双飞译，北京大学出版社2008年版，第13页。

③ 马长山：《从国家构建到共建共享的法治转向——基于社会组织与法治建设之间的关系的考察》，载《法学研究》2017年第3期，第35页。

④ 参见马长山：《公共领域兴起与法治变革》，人民出版社2016年版，第326—328页.

行政法治都无从谈起。"①

第四节　法律基础：行业法律体系的逐步完善

行业法治的法律基础表现为行业法律体系的逐步完善。市场经济是法治经济，法律的稳定性和可预期性可以为经济保驾护航。如今改革开放已历时四十多年，我国的立法工作已经取得巨大的成就。邓正来教授曾用"立法阶段"②概括我国改革开放后的法律或法制建设状态。但细分一下，在"立法阶段"，我国行业法律发展大致可以分为两个阶段：第一阶段从改革开放后至20世纪90年代中期，此阶段最主要的特征是从无到有，主要体现为加强行业立法；第二阶段是从20世纪90年代后期至今，此阶段最主要的特征是从有到优，体现为行业立法和修法并重，尤以完善行业法律为重。

一、第一阶段：改革开放后到九十年代中期

1979年7月，正值改革开放初期，第五届全国人大第二次会议一次性通过了《刑法》《刑事诉讼法》《中外合资经营企业法》等七部法律，被称为"一日七法"。③1986年和1988年我国又相继颁布了《外资企业法》和《中外合作经营企业法》，这两部法律与此前已经发布的《中外合资经营企业法》一起被称之"外资三法"。之所以要迅速制定"外资三法"，是因为我国当时急需引进外资，希望通过这些法律稳定外资投资者的信

---

① 章志远：《城镇化与我国行政法治发展模式的转型》，载《法学研究》2012年第6期，第19页。

② 邓正来：《中国法学向何处去》，商务印书馆2006年版，第31页。

③ 张文显：《中国法治40年：历史、轨迹和经验》，载《吉林大学社会科学学报》2018年第5期，第5页。

心。2019年3月，我国将"外资三法"加以整合颁布了新的统一的《外商投资法》，其目的也在于通过稳定的制度"进一步扩大对外开放，积极促进外商投资，保护外商投资合法权益，规范外商投资管理，推动形成全面开放新格局"。《中外合资经营企业法》《外资企业法》《外商投资法》均检索出了"行业"1—3次不等，可以说是典型的行业法。

根据李步云教授当年的统计，从1978年至1996年12月，全国人大及其常委会已经制定了304件法律和有关法律问题的决定，国务院制定了700多个行政法规，地方人大及其常委会制定了5000多个地方性法规。其中1993年以来制定的法律93件，地方性法规2500件，分别占18年立法总数的三分之一和二分之一。[①]其中，除民法典等个别基本法律外，其余基本法律都已经制定并实施。

根据本书附录A《"行业"入法的梳理》，在检索出"行业"的89部行业法律中，第一阶段占到了41部，约占46%，可见，第一阶段的行业立法已经接近占到半壁江山。在这41部行业法律中，有25部法律在首次颁布时即对"行业"做出了规定。其余16部法律虽然在首次颁布时没有对"行业"做出规定，但是均在第二阶段中通过法律的修订而对"行业"做出了增补规定。值得关注的是，在第一阶段中，1982年《宪法》在第八条对"行业"做出了规定，是谓对"行业"的宪法确认，这对行业法制的建设和行业法的发展而言，影响极其深远。

二、第二阶段：九十年代后期至今

在第二阶段中，2010年我国建成了中国特色社会主义法律体系，而这种立法成就正是有赖于行业法律体系的日趋完善。自从进入90年代后，我国立法的主要任务放在了行业法制的建设上。根据孙笑侠教授当年的统计，全国人大及其常委会在1990年至1996年制定了59件属于行业领域的法

---

① 李步云：《论法治》，社会科学文献出版社2008年版，第83页。

律，从1997年至2008年制定了62件属于行业领域的法律，①作为公路行业的基本法《公路法》和《建筑法》正是颁布和修订于这一时期。自2008年至今（截至2023年6月30日）的十五年间，全国人大及其常委会制定了34部属于行业领域的法律，分别是2023年《无障碍环境建设法》，2022《期货和衍生品法》《反电信网络诈骗法》《黄河保护法》，2021年《反食品浪费法》《医师法》《噪声污染防治法》，2020年《出口管制法》《生物安全法》《长江保护法》，2019年《基本医疗卫生与健康促进法》《密码法》《疫苗管理法》《外商投资法》《车辆购置税法》《耕地占用税法》《土壤污染防治法》，2018年《烟草业法》《船舶吨税法》，2016年《网络安全法》《电影产业促进法》《国防交通法》《慈善法》《深海海底区域资源勘探开发法》，2015年《航道法》，2013年《特种设备安全法》《旅游法》，2012年《精神卫生法》，2011年《非物质文化遗产法》《车船税法》，2010年《石油天然气管道保护法》，2009年《海岛保护法》《农村土地承包经营纠纷调解仲裁法》，2008年《循环经济促进法》。而且，由于此前制定的那些行业法律大都运行了十年甚至二十年之久，在实践中出现了一些新问题而面临修改，因此全国人大及其常委会完成了234部行业法律的修订工作。其中，2023年1部、2022年4部、2021年5部、2020年1部、2019年10部、2018年38部、2017年24部、2016年21部、2015年30部、2014年9部、2013年18部、2012年15部、2011年4部、2010年5部、2009年43部、2008年6部，年均达15.6部之多。其中有的法律还经历了多次修订，如《证券法》《固体废物污染环境防治法》《公路法》等经历了5次修订，《安全生产法》《动物防疫法》《药品管理法》《煤炭法》《职业病防治法》《商标法》等经历了4次修订，《消防法》《体育法》《科学技术进步法》《气象法》《邮政法》等经历了3次修订，《农产品质量安全法》《畜牧法》《海上交通安全法》《建筑法》《铁路法》《城乡规划法》《反不正当竞争法》《电子签名法》等经历了2次修订。即便剔除重

---

① 参见孙笑侠：《论行业法》，载《中国法学》2013年第1期，第48—49页。

复修订的法律，这十五年间修订的法律占现行有效法律（297部）的比例仍然维持在较高的水准。

正是因为全国人大及其常委会的立法成果主要表现为行业法律的增加，法规和规章方面的立法成果也相应表现为行业法规的增加，如《收费公路管理条例》和《公路安全保护条例》的颁布，就是专门针对公路行业的行政法规。可以说，我国已经出现行业法制迅猛发展的态势，行业法律规范越来越细密化，[①]或者说越来越"精细化"，[②]行业法的发展为行业法治的产生提供了法律基础，这叫做"法治的量的基础"。[③]预计在未来，我国的中央立法仍然是"从'部门法中心'的立法思路，转向'行业法中心'的立法思路，重视各行业'特别法'的完善，……同时带动地方立法也重视地方性行业法律的制定"。[④]值得说明的是，行业法治得以产生和运行的基础还包括行业规划、行业标准、行业规范和行业自治章程等"软法"基础，在此不再展开分析。

综上，社会分工的进一步发展、"政事分开"或"政企分开"的体制逐渐确立、行业组织的大量出现以及行业法律的逐步完善构成了行业法治的产生基础。但这是从法治的外部角度而言的。具备这些条件，行业法治也不一定会自动实现。行业法治要想真的实现，还需要深入行业法治的内部空间，从内部视角进一步探索行业法治的要素问题。

---

① 孙笑侠：《论行业法》，载《中国法学》2013年第1期，第46页。

② 莫于川：《法治国家、法治政府与法治社会一体建设》，载《改革》2014年第9期，第27页。

③ 张文显：《中国步入法治社会的必由之路》，载《中国社会科学》1989年第2期，第185页。

④ 孙笑侠：《法治转型及其中国式任务》，载《苏州大学学报（法学版）》2014年第1期，第29页。

第四章

行业法治的基本要素

要实现法治状态，我们必须要知道法治的基本构成要素或基本原则，同样的道理，要建设好法治社会，我们也必须要揭示出法治社会的基本构成要素。[1]作为法治社会的下位概念，行业法治也同样如此。法治社会内含着主体、制度与实践三种要素。[2]这个观点对构建行业法治的要素体系有直接借鉴作用。总的来看，行业法治是包括行业监管主体、行业经营主体、行业协会、行业消费者、社会公众、行业法律、行业规划、行业标准、行业章程、行业立法[3]、行业纠纷解决、行业监管、行业守法和行业自治等要素在内的体系。其中，行业监管主体、行业经营主体、行业协会、行业消费者、社会公众等是行业法治运行的主体，可称之为主体要素；行业法律、行业规划、行业标准、行业章程等是行业法治运行的制度依据，可称之为制度要素；行业立法、行业监管、行业纠纷解决、行业守法和行业自治是行业法治运行的方式，可称之为实践要素。基于研究的便捷考虑，本书并不对以上所有要素进行研究，而主要选取最具代表性的要素进行研究。其中，对主体要素的研究聚焦于行业协会，对制度要素的研究聚焦于行业标准，对实践要素的研究聚焦于行业自治。[4]做出如此取舍的原因在于，行业标准、行业协会和行业自治[5]也是"行业"在法律条文中最主要的三种形式样态。可以说，行业标准、行业协会和行业自治构成行业法治的基本要素，对行业法治具有最直接的促进作用。

---

① 屈茂辉、曾明：《法治社会的基本构成与新时代我国法治社会建设的基本路径》，载《湖湘论坛》2019年第6期，第119页。

② 刘旭东、庞正：《"法治社会"命题的理论澄清》，载《甘肃政法学院学报》2017年第4期，第60页。

③ 虽然《立法法》并没有明确提出行业立法的概念，但通过本书第一章的分析，在现行立法体制中，法律、行政法规、地方性法规、规章以及自治条例、单行条例都可能与行业立法相关，特别是部门规章以及以地方性法规和地方政府规章为核心内容的地方立法。

④ 从行业法治的内涵来看，行业监管也应当是行业法治的基本要素，但出于体例上均衡的考虑，本章只在行业法治的三种要素中各选择一种作为研究对象。为了与"行业"在法律条文中的主要形式样态基本相呼应，本章选取了行业自治，而未将行业监管作为实践要素的研究对象。

⑤ 我国当前的立法实践使用的是行业自律的概念，而不是行业自治的概念，这是我国行业法治存在的问题之一。本书将在下一章论述这个问题。

第一节　行业法治中的行业标准

一、行业标准的广义界定

首先必须指出的是，行业法治视野中的标准，并不是在日常意义上使用的标准，也不是法律文本中规定的所有标准，①而是指标准化意义上的标准。标准化脱胎于工业化的需求，工业化最核心的实质就是标准化。②或者说标准化是现代化的标志之一。③在我国标准化法制建设工作的早期，标准化被认为是"组织现代化大生产的重要手段，是科学管理的重要组成部分"；④"是指通过制定和实施标准，达到统一和协调，以获得最佳社会经济效益的全部活动"⑤或者"是指通过标准化活动，按照规定的程序经协商一致制定，为各种活动或其结果提供规则、指南或特性，供共同使用的和重复使用的文件"。⑥上述界定从不同角度揭示出了一些标准化的不同特征。根据我国2017年修订的《标准化法》第二条第一款的规定，标准化已经慢慢从最初的工业领域，进而扩大到农业、服务业以及企业管理和政府运作甚至是国际交往等领域。今天的标准化被视为"孕育着一种现代社会的治理理念"。⑦这是从行业法治的角度研究行业标准的基

---

① 参见柳经纬、许林波：《法律中的标准——以法律文本为分析对象》，载《比较法研究》2018年第2期，第189页。

② Samuel Krislov, *How Nations Choose Product Standards and Standards Change Nations*, University of Pittsburgh Press, 1997.

③ 钱学森：《标准化与标准学研究》，载《标准生活》2009年第10期，第7页。

④ 1979年颁布的《标准化管理条例》第一条的规定。

⑤ 徐志坚：《关于〈中华人民共和国标准化法（草案）〉的说明——1988年8月29日在第七届全国人民代表大会常务委员会第三次会议上》。

⑥ 我国2014年《标准化工作指南第1部分：标准化和相关活动的通用术语（GB/T20001.1—2014）》的规定。

⑦ 林良亮：《标准与软法的契合——论标准作为软法的表现形式》，载《沈阳大学学报》2010年第3期，第39页。

本前提。

在我国现行标准化法律体系中，标准共分为五类，即国家标准、行业标准、地方标准、团体标准和企业标准。其中，国家标准分为强制性标准和推荐性标准，行业标准、地方标准均为推荐性标准，团体标准、企业标准均为市场性标准。基于标准的法定分类，可以对作为行业法治要素的行业标准，做出广义和狭义两种界定。狭义的行业标准，仅指名义上的行业标准，如前述五类法定标准中的行业标准。我国《标准化法》第十二条的规定，即为狭义上的行业标准。而广义的行业标准，是指可能适用于某个行业的所有标准，亦可称之为"行业中的标准"或"行业内的标准"。《标准化法》所规定的标准，除了狭义的行业标准之外，国家标准、地方标准、团体标准和企业标准均有可能适用于某一行业。首先，从《标准化法》第十一条和第二十条的规定来看，推荐性国家标准、团体标准和企业标准适用于某一行业具有明确的法律依据。其次，虽然《标准化法》并没有明确规定强制性国家标准和地方标准可以适用于某一行业，但是，强制性国家标准本身就带有强制性，适用于某行业是强制性国家标准的应有之义。以公路行业为例，《公路法》第二十六条规定"公路建设必须符合公路工程技术标准"，这里的公路工程技术标准即为强制性国家标准，是公路行业必须遵守的技术标准。而地方标准虽然适用范围受限，但对于身处颁布单位所在行政区域内的行业从业单位和从业人员来说，也是应该受地方标准的约束的。如港珠澳大桥不锈钢钢筋施工应用技术规范，目前已由广东省交通行业主管部门提请同级标准化管理部门颁布为地方标准，该标准对广东省内的工程行业具有约束力。

因此，综合的理解《标准化法》，应当说《标准化法》对广义的行业标准或"行业中的标准"是总体认可的。在行业法治的视野中，《标准化法》所规定的五类标准，都处于广义的行业标准的范围之中。或者说，广义的行业标准包括了《标准化法》中规定的所有标准。下文提及标准或行业标准时，需要结合上下文语境来判定是狭义还是广义的行业标准。一般而言，如果单独提及"行业标准"，则应被视为是广义的行业标准，如果是与其它标准同时提及，则应被视为是狭义的行业标准。

二、标准化对国家治理的作用

对标准和标准化之于国家治理的意义的认识，我国的标准化立法经历了一个从无到有、从模糊到清晰的演变过程。我国的标准化立法始于1962年国务院发布的第一部标准化法规《工农业产品和工程建设技术标准管理办法》。"文化大革命"期间，标准化法制建设工作也陷入停滞，直到1978年改革开放国家战略实施后才重启标准化法制建设工作。1979年7月国务院颁布了我国改革开放后第一部关于标准化的行政法规《标准化管理条例》，1988年12月全国人大常委会颁布了我国第一部《标准化法》，1990年先后颁布了《标准化法实施条例》和《标准化法条文解释》。所有这些法律、行政法规和部门规章都没有任何关于标准、标准化与国家治理的规定。对标准、标准化在国家治理中的作用的认识，是随着我国全面深化改革战略的推行，尤其是全面深化改革战略提出了"推进国家治理体系和治理能力现代化"的目标而逐步被人们理解的。2015年3月国务院印发了《深化标准化工作改革方案》，明确提出"要更好发挥标准化在推进国家治理体系和治理能力现代化中的基础性、战略性作用"。据此，我国完成了《标准化法》的修订草案，并于2017年11月经全国人大常委会审议通过。《标准化法》修改后的亮点在于：第一，突出了标准在保障公共安全方面的作用，将强制性标准的范围从原来的"人体健康，人身财产安全"扩大到"国家安全、生态环境安全以及满足经济社会管理基本需要的技术要求"，并将"保障人身健康和生命财产安全、维护国家安全、生态环境安全"写进了立法宗旨。第二，扩大了制定标准的范围，将农业、工业、服务业以及社会事业等都纳入了标准化的范围。[①]表面看来，《标准化法》并没有直接把"更好发挥标准化在推进国家治理体系和治理能力现代

[①] 参见柳经纬：《我国标准化法制的历史沿革》，载《中国国门时报》2018年1月8日，第1版。

化中的基础性、战略性作用"作为立法宗旨,但如果能实现《标准化法》所规定的立法目的,则毫无疑问就意味着国家治理体系和治理能力现代化的实现。标准化正是在这个意义上被认为对于推进国家治理体系和治理能力现代化具有"基础性、战略性的作用"。"随着标准化事业的发展,标准和标准化对于国家治理体系和治理能力现代化所具有的意义必将越来越重要。"[1]而提起国家治理问题,法学界的共识是:法治是国家治理体系和治理能力现代化的基本方式。从这个角度而言,法治化与标准化具有共同的目标。在此基础上法学界开始研究标准化与法治化的相互关系,并认识到标准化对法治化、对全面依法治国的基础性和支撑性作用,提出了"必须在国家法治的层面上提高对标准化事业的认识,在具体法治的层面上重视对标准化成果的利用,在法学研究的层面上加强对标准化与法治化的理论研究"。[2]而行业法治正是可以极大利用标准化成果的具体法治层面,也是亟需加强标准化与法治化关系研究的理论领域。法治与标准化的关系,在此被缩小为行业法治与标准化的关系。而要探讨这个问题,首先要探讨行业标准的法律性质。

三、行业标准的法律性质

从性质上而言,标准与法律都具有规范性。但正是这种形式上的相似性,使得二者的关系常常引人误解,导致标准与法律不分。"在行业法制日渐发达的今天,技术标准的法律色彩日渐浓厚",技术标准"成为隐形的法律"。[3]当前关于标准的法律性质主要有四种观点:一是认为标准,特别是强制性标准是技术法规;二是认为强制性标准是具有法规性质

---

① 柳经纬、许林波:《法律中的标准——以法律文本为分析对象》,载《比较法研究》2018年第2期,第198页。

② 柳经纬:《评标准法律属性论——兼论区分标准和法律的意义》,载《现代法学》2018年第5期,第115页。

③ 王庆廷:《技术标准的三重属性——兼论技术标准与法学研究的关系》,载《中国科技论坛》2018年第2期,第59—60页。

的技术规范，但推荐性标准不是具有法规性质的技术规范；三是认为强制性标准是硬法，推荐性标准是软法；第四种观点认为无论是强制性标准，还是推荐性标准，都是"软法"的一种表现形式。[①]对这几种观点，评析如下：

第一种观点主要来自标准化领域的立法实践。1979年《标准化管理条例》第十八条规定："标准一经发布，就是技术法规。"2000年《关于强制性标准实行条文强制的若干规定》在编制说明中宣称："强制性标准在我国具有强制约束力，相当于技术法规。"但是，在现行《标准化法》和《标准化法实施条例》中，却没有关于标准是技术法规的任何规定或相似规定。所以，关于标准是否属于技术法规，在我国标准化法律体系中经历了一个"是技术法规"到"相当于技术法规"再到默示认为"不是技术法规"的演变过程。目前，法学界已经普遍认为标准不是技术法规。[②]拉伦茨也明确指出："技术标准不是法律规范，虽然它们有时对于辨认法律具有重要的意义。"[③]事实上，法律和标准的制定主体、制定程序等均存在显著区别。笔者也认为标准即便是强制性标准，既不是法律，也不是技术法规。

第二种观点主要来自标准化领域的司法实践和立法实践。司法实践方面，1999年，最高人民法院知识产权庭在有关标准的著作权纠纷案件中函复北京市高级人民法院，提出：推荐性国家标准，属于自愿采用的技术性规范，不具有法规性质。国家标准化管理机关依法组织制定的强制性标准，是具有法规性质的技术性规范。立法实践方面，经检索"中国人大网"下"中国法律法规信息库"，我国有24部法律共检索出了98次"技术规范"。而且"技术规范"一词前后大多是与"技术标准""操作规

---

① 参见柳经纬：《评标准法律属性论——兼论区分标准和法律的意义》，载《现代法学》2018年第5期，第106—107页。

② 廖丽、程虹：《法律与标准的契合模式研究——基于硬法与软法的视角及中国实践》，载《中国软科学》2013年第7期，第172页。

③ 〔德〕卡尔·拉伦茨：《德国民法通论》，王晓晔等译，法律出版社2003年版，第18页。

程""国家标准""行业标准""强制性要求"等连接使用，特别是《农产品质量安全法》第十一条直接规定"农产品质量安全标准是强制性的技术规范"。仍需注意的是，"标准的规范构成要素本身不具有法律意义，而仅具有科学和技术层面的意义。因此，标准并不具有法律的规范性和类似的规范性，标准的规范性仍只存在于科学和技术层面上，也就是说标准属于单纯的技术规范"。[①]拉伦茨在讨论技术标准时，实际上也没有对技术标准和技术规范做严格区分，他认为技术规范是技术标准的一种。可见，标准是技术性规范或技术规范已获得立法实践、司法实践以及理论界的某种认同。只是，这个技术规范并不具有法律性质，是单纯的技术规范。拉伦茨同样认为技术规范不是法律规范，因为"颁布"这些规范的团体或机构不具有法律权威性，宪法并没有赋予它们制定法律的有关权能。[②]

第三种观点主要来自理论领域。在理论研究中，普遍认为强制性标准是"硬法"，而推荐性标准是"软法"。[③]柳经纬教授虽然批判标准法律属性论，但他只是批评那些既有强制性内容又有推荐性内容的"混合"标准[④]"部分是法律、部分不是法律"的观点，[⑤]而并没有否定标准是"软

①　柳经纬：《标准的规范性与规范效力——基于标准著作权保护问题的视角》，载《法学》2014年第8期，第101页。

②　［德］卡尔·拉伦茨：《德国民法通论》，王晓晔等译，法律出版社2003年版，第19页。

③　这方面的代表性文献包括：关保英：《论行政法中技术标准的运用》，载《中国法学》2017年第5期，第217页；刘长秋：《作为软法的行业标准研究——以卫生行业标准为视角》，载《北京理工大学学报》2013年第2期，第108—115页；罗豪才、宋功德：《软法亦法：公共治理呼唤软法之治》，法律出版社2009年版；林良亮：《标准与软法的契合——论标准作为软法的表现形式》，载《沈阳大学学报》2010年第3期，第39—42页。

④　实践中大量存在既有强制性内容，又有推荐性内容的"混合"标准。《国家质量技术监督局关于强制性标准实行条文强制的若干规定》（质技监局标发〔2000〕36号）曾明确规定，强制性标准可分为全文强制和条文强制两种形式：标准的全部技术内容需要强制时，为全文强制形式；标准中部分技术内容需要强制时，为条文强制形式。虽然该规定已于2020年12月失效，但作为"混合"标准存在的历史证明，并不因规定的失效而消失。

⑤　参见柳经纬：《评标准法律属性论——兼论区分标准和法律的意义》，载《现代法学》2018年第5期，第108—109页。

法"的观点。事实上，标准肯定不是"硬法"性质的法律，无论是强制性标准，还是推荐性标准，只能归入"软法"的范畴。强制性标准的强制执行效力并非来自标准本身，而是来自《标准化法》第二条"强制性标准必须执行"的规定及法律直接引用技术标准或强制性标准而使其具有强制执行的效力。也就是说，"标准只有与法律发生联系才具有法律意义上的规范效力"。①这只是标准与法律具有"互补性"②的表现而已。但标准与法律之间的这种互补和融合，发生的是物理反应而非化学反应，并不会给标准带来质的变化。拉伦茨也同样认为，"技术规范有可能通过法律明示的援引而变成法律规范……但是，它作为法律适用的依据永远是有关的法律，而并非将它'制定'为技术规范本身"。③如果把标准界定为"软法"，标准之治即为"软法"之治，而标准的规范效力又是"源自于法律的规定"，④即"硬法"的规定，此时又存在着"硬法"之治。如此，标准在适用的过程中产生了"软法"之治和"硬法"之治的结合，而这个结合正是行业法治的内涵之一。

综上分析，无论是在理论界还是在实务中，标准是没有法律性质的技术规范，当属无疑。而从法律性质而言，无论是强制性标准还是推荐性标准，标准都不是技术法规，而是属于"软法"性质的法律，是"软法规范的一种重要渊源"，⑤具备"软法"的实质效力。⑥可见，就行业标准的法律性质，本书赞同前述第四种观点，这种观点可以简称为"标准软法论"。

---

① 柳经纬：《评标准法律属性论——兼论区分标准和法律的意义》，载《现代法学》2018年第5期，第114页。
② 柳经纬：《标准与法律的融合》，载《政法论坛》2016年第6期，第24页。
③ ［德］卡尔·拉伦茨：《德国民法通论》，王晓晔等译，法律出版社2003年版，第19—20页。
④ 柳经纬：《评标准法律属性论——兼论区分标准和法律的意义》，载《现代法学》2018年第5期，第113页。
⑤ 罗豪才等：《软法与公共治理》，北京大学出版社2006年版，第199页。
⑥ 包建华、陈宝贵：《技术标准在司法裁判中的适用方式》，载《法律适用》2019年第13期，第123页。

四、行业标准对行业法治的促进

根据前文的讨论，行业法治有助于国家治理的运行，而标准化对国家治理而言具有"基础性、战略性作用"。从这个角度而言，行业法治和标准化亦具有共同的目标。那么，行业法治与标准化之间的关系究竟如何？笔者认为，行业法治与标准化之间的关系，就是法律和标准的关系尤其是行业法律与行业标准之间的关系在法治领域中的反映。到目前为止，标准化领域和法学领域的学者们已经形成如下共识：标准与法律之间的关系，可以归纳为"法律引进标准，标准吸收法律"①的融合关系或契合关系②以及"法律对标准的依赖关系"，即"法律必须依赖于标准"。③从学者们的研究成果中可推断出，标准与法律的融合现象主要发生在行业法领域，引进标准的法律主要也是行业法，在行业标准的制定目的中声明"依法制定"，④则体现了法治精神，表明行业标准制定过程中对行业法治的不懈追求。据此观察行业法治和行业标准的关系，亦可以说，行业法治依赖于行业标准，行业标准有助于促进行业法治，这种依赖关系或促进作用表现在如下几个方面：

（一）促进行业法治的社会化

社会化是一个复杂的问题。任何领域的社会化都涵盖到社会学、心理学、人类学和政治学等多重领域。⑤但无论如何分析社会化，社会化的核心内涵最终都会指向参与主体的多元化和扩大化。如工程社会化，指的就是工程参与主体的多元化和扩大化。工程社会化正是通过参与主体的扩大

---

① 参见柳经纬：《标准与法律的融合》，载《政法论坛》2016年第6期，第19—20页。

② 廖丽、程虹：《法律与标准的契合模式研究——基于硬法和软法的视角及中国实践》，载《中国软科学》2013年第7期，第170—171页。

③ 柳经纬、许林波：《法律中的标准——以法律文本为分析对象》，载《比较法研究》2018年第2期，第194页。

④ 参见柳经纬：《标准与法律的融合》，载《政法论坛》2016年第6期，第19—20页。

⑤ 王福华：《民事诉讼的社会化》，载《中国法学》2018年第1期，第29页。

化而实现工程的社会化的。①与标准化制度密切相关的工程质量认证制度是工程社会化的法律表现之一。

传统法治与行业法治一个差异是，传统法治具有封闭性，而行业法治具有开放性。在传统法治中，法治主体一般仅限于法律职业共同体，包括法官、检察官、律师和法学学者等；②法治规范仅限于国家立法机关通过法定程序制定的法律、行政法规和司法解释等；法治运行的方式仅限于执法和司法等。而在行业法治中，作为法治社会的下位概念，法治社会存在的"主体多元、规范多元和救济多元的状态"，③行业法治也同样具备。更具体地说，以行业协会、行业标准和行业自治为基本要素的行业法治给法治社会之前的传统法治带来三个明显的变化，即：法治参与主体主要增加了行业协会，法治规范类型主要增加了行业标准，法治运行方式主要增加了行业自治。这三个变化，既是传统法治社会化的典型表现，更是行业法治社会化的典型表现。

社会化以开放性为前提，多元化意味着开放性，多元化也就意味着社会化。而行业标准虽然是行业法治的制度要素而非主体要素，但仔细分析一下就可以发现，行业标准也是通过推动行业法治参与主体的扩大化进而促进行业法治的社会化的，这个过程集中表现在行业标准的制定中。行业标准讲究协商制定和达成共识后的行动，这正表明行业标准的制定是一个开放的过程，正是在这个开放的过程中，行业标准的制定主体从原来的政府单一主体逐渐扩大到政府、企业、行业协会、科研教育机构、学术团体以及任何单位和个人等。此外，行业标准草案制定出来后，要公开征求社会公众特别是利益相关者的意见。可见，从终极意义上而言，行业标准的制定主体扩大到了全体社会公众。如此，行业标准通过自身的社会化而进一步促进行业法治的社会化过程。从传统的行政法治的角度看，"技术标

---

① 刘刚、李迁：《论工程社会化的法律表现》，载《广西社会科学》2018年第10期，第113—114页。

② 参见张文显：《法治与法治国家》，法律出版社2011年版，第187—200页。

③ 蔡宝刚：《论催生法治社会的社会权力引擎》，载《求是学刊》2016年第2期，第115页。

准在行政法体系中的渗入和普遍化，则使行政法由法治政府的惟一内涵渐渐地转化为法治政府与法治社会的多元内涵。我们用一个简单的话语来概括，那就是行政法治在技术标准的助力之下，越来越社会化，显然这种社会化标志着行政法治的巨大进步"。[1]毋庸讳言，传统法治的这种巨大进步其实是行业法治带来的。

（二）促进行业法治的柔性化

行业标准的制定和运行，体现了国家还权于社会的发展趋势，体现了国家和社会之间、政府和行业之间合作共治的发展趋势。一是在行业标准制定方面。尽管按照现行标准化法律体系，国家标准、行业标准、地方标准均需由国家和地方主管部门制定，但是，立法却鼓励行业协会、学术团体、教育科研监测机构等非政府机构积极参与政府标准起草。早在2007年，一项研究表明，对于轻工、纺织等行业标准的制定，尽管仍由国家发改委负责行业标准的立项、批准和发布，但实质意义上的制定主体已经由行政机关悄然让渡给了行业协会。这部分标准的比重约占到我国行业标准总数的45%。[2]而今这种政府标准的起草甚至已全部不再由政府主导而改由行业协会主导。[3]不仅如此，为满足市场和创新需要，我国标准化立法还通过修订的方式，在标准的法定类型中增加了"团体标准"，并鼓励"学会、协会、商会、联合会、产业技术联盟"等社会团体参与其中。可见，不论是政府标准还是非政府标准，无论是强制性标准还是非强制性标准，非政府机构的参与已具有充足而广泛的法律空间。二是在行业标准运行方面。在我国现行政府标准法律体系中，只有国家标准有强制性和推荐性的分野，且在整个标准体系中，强制性国家标准的技术要求最低。除了强制性国家标准外，其他标准都是自愿适用的，尤其是团体标准的制定和适用

---

[1] 关保英：《论行政法中技术标准的运用》，载《中国法学》2017年第5期，第227页。

[2] 宋华琳：《规则制定过程中的多元角色——以技术标准领域为中心的研讨》，载《浙江学刊》2007年3期，第162页。

[3] 陈光、李炎卓：《行业标准的制定：从政府主导到行业协会主导》，载《科技与法律》2017年第6期，第85页。

都由市场来决定。这也就是说，对于推荐性标准和市场性标准而言，在是否采纳和适用的环节，这是完全意思自治的。

可见，在我国当前的标准化法律实践中，政府标准制定中非政府机构的深度参与，以及团体标准制度的补充构建，给社会治理和行业治理带来了强烈的柔性化色彩。这种柔性化色彩正是行业法治与传统法治的区别之一，也是行业法治带给传统法治的变化之一。"我国行政法制度中的行政处罚制度和行政强制制度都是非常刚性的。技术标准在行政法中的运用则大大降低了行政法治中的刚性或者强制性，提升了它的柔和性。"①从行业标准的制定和运作过程来看，行业法治的柔性化还表现在意思自治、自主决定等契约精神对传统法治的渗透以及对行业法治的支撑等方面，包括行业标准、行业章程等在内的行业自治规范，"具有法律和契约的双重功效"，②因此，行业法治不仅仅是一种"法律型法治"，更可以被理解为是一种"契约型法治"。③这种契约型法治无疑内含了柔性的精神。

（三）促进行业法治的可操作性

行业标准是一种可以在很长一段时期内"重复使用的规范性文件"，其基础在于两点：一是从内在而言，行业标准与"科学、技术和经验"密切相关；二是从内容而言，行业标准"由文字、数据和图表等构成"。④无论是科学、技术和经验，还是文字、数据和图表等，都使得行业标准具有稳定性。这种稳定性很类似于法律的稳定性。法律的稳定性决定了法律的可预期性，从而有利于法治的形成。但是不容回避的是，由于文字本身的模糊性，在法律中存在大量的模糊地带，有学者称之为法律的模糊

---

①　关保英：《论行政法中技术标准的运用》，载《中国法学》2017年第5期，第227页。

②　黎军：《基于法治的自治——行业自治规范的实证研究》，载《法商研究》2006年第4期，第51页。

③　契约型法治这个概念是黄文艺教授在研究全球化与法律发展理论的相关成果中首先提出来的，他认为作为全球治理模式的法治是一种契约型法治。参见黄文艺：《中国法律发展的法哲学反思》，法律出版社2010年版，第54页。

④　柳经纬：《标准的规范性与规范效力——基于标准著作权保护问题的视角》，载《法学》2014年第8期，第98页。

性。①法律的模糊性并不必然是法治的缺陷，②比如在国际法领域，法律的模糊性被刻意引用而被称之为建设性模糊。③但是，政府也有可能"利用模糊性让自身的行为免受法律理性的约束"，④在这种情形下，法律的模糊性是不利于法治的。

既然法律的模糊性无法避免，又可能存在副作用，因此需要尽可能控制和解决。法院系统推行的量刑规范化可以看作是解决法律模糊性的一种司法方法。而行业法治兴起之后，标准成为行业法治的基本要素之一，为解决法律的模糊性提供了新的有效的思路。"技术标准一定意义上讲就是严格的量化指标和量化体系，因为它包含了丰富的数字、丰富的数据、丰富的技术参数。"⑤因此，以科学、技术和经验为基础的"数据和图表"，为解决法律的模糊性提供了技术基础，这是一种孙笑侠教授所称的"规则细化"现象，⑥这种规则细化有助于进一步确定法律和合同所确定的权利和义务的内容，无论在任何法律中都是如此。这是因为，"国家的法律规制只能是宏观的原则性指引，因此，更精细、更灵活、更体现差异化和创新趋势的规制，则需要通过行业规范来实现"。⑦行业标准正是一种极其重要的行业规范。这既是行业法弥补部门法体系缺陷的一种表现，也是行业法治弥补部门法法治缺陷的一种表现。下面同时以行政法、刑法和民商法领域为例进行说明。

---

① 参见陈云良：《法的模糊性之探析》，载《法学评论》2002年第1期；陈云良：《法律的模糊问题研究》，载《法学家》2006年第6期。

② ［英］恩迪科特：《法律中的模糊性》，程朝阳译，北京大学出版社2010年版，第255页。

③ 廖秋子：《TBT协定"国际标准"的法律解释及其改进路径》，载《法律适用》2017年第13期，第113页。

④ ［英］恩迪科特：《法律中的模糊性》，程朝阳译，北京大学出版社2010年版，第256页。

⑤ 关保英：《论行政法中技术标准的运用》，载《中国法学》2017年第5期，第228页。

⑥ 孙笑侠：《法治是一种"规则细化的生活"》，载《现代法治研究》2016年第1期，第20页。

⑦ 马长山：《人工智能的社会风险及其法律规制》，载《法律科学（西北政法大学学报）》2018年第6期，第53页。

　　首先，在行政法领域，技术标准能对传统权利和义务的模糊性进行适当的改变。①如根据《水污染防治法》第十条，"水污染物排放标准和重点水污染物排放总量控制指标"是确定企业水污染排放义务的依据。其次，在民商法领域，合同与标准之间也形成了某种依赖关系。②如根据《公路法》第二十四条，公路工程技术标准是确定公路建设合同权利和义务的依据之一。再次，在刑法领域，标准构成罪与非罪的事实依据和界限。如根据刑法第一百四十五条，"不符合保障人体健康的国家标准和行业标准"是"生产、销售不符合标准的医用器材罪"的犯罪构成要件之一。而根据相关刑事司法解释（即《关于办理生产、销售伪劣商品刑事案件具体应用法律若干问题的解释》）的进一步规定，如果是没有国家标准、行业标准的医疗器械，注册产品标准可视为"保障人体健康的行业标准"。也就是说，如果医疗器械不符合"注册产品标准"的话，也将构成"生产、销售不符合标准的医用器材罪"。可见，"生产、销售不符合标准的医用器材罪"的犯罪构成要件从国家标准、行业标准扩大到了"注册产品标准"。"这种须借助标准来确定权利义务的具体内容的情形存在于大多数出现'标准'的法律文本中，尤其是涉及法定义务设定的规定更是如此。"③显然，行业标准的出现，使得行业法治的可操作性增强，从而进一步弥补了传统法治的不足。

　　在行业法治实践中，曾发生过多起行业标准在事实认定依据④层面上指导或主导司法实践操作的案例。如2010年7月，广州一位车主在广深高速行驶期间因燃油耗尽而不得不寻求拖车服务，车主在支付了车辆通行费

---

　　①　关保英：《论行政法中技术标准的运用》，载《中国法学》2017年第5期，第221页。

　　②　柳经纬：《合同中的标准问题》，载《法商研究》2018年第1期，第127页。

　　③　柳经纬：《法律中的标准——基于法律文本的分析》，载《比较法研究》2018年第2期，第195页。

　　④　柳经纬教授认为，在诉讼中，标准只具有作为案件事实认定依据的意义，而不具有判定当事人行为违法性的法律依据的意义。参见柳经纬：《合同中的标准问题》，载《法商研究》2018年第1期，第135页。柳经纬教授还提出，在标准违法行为的判定上，我们应当区分违反标准与标准违法行为，前者只是事实认定，后者才是违法行为认定。参见柳经纬：《标准的规范性与规范效力——基于标准著作权保护问题的视角》，载《法学》2014年第8期，第103页。

外，还另行支付了拖车费。后车主认为广深高速的经营管理单位没有提供加油站服务，按照1999年《合同法》第六十二条第一项的约定，高速公路经营管理单位应按照国家交通运输部发布的旧版《公路工程技术标准》（JTJ001-97）、新版《公路工程技术标准》（JTG B01-2003）和《高速公路交通工程及沿线设施设计通用规范》（JTG D80-2006）等行业标准的规定履行合同义务，故而将高速公路经营单位告上法庭。经过广州区市两级法院的审理，终审法院认为，广深高速修建于20世纪80年代，修建之时尚无相关技术标准和服务标准。而上述行业标准均颁布于1998年之后，仅适用于新建和改建公路。因此，上述行业标准不适用于广深高速。[1]此案虽早已终结，但由此带给公路行业实践的影响以及法学界对案件所涉及的问题的研究和思考却没有结束。其表现之一是，广深高速的经营管理单位早在该案一审期间就主动在广深高速开设两处临时服务站，以改善和提高服务水平。其表现之二是，法学界开展了相关研究，结果表明《合同法》第六十二条第一项与《标准化法》所确定的标准化管理体制之间存在着不协调之处，我国应按《标准化法》中的强制性国家标准、推荐性国家标准、行业标准、地方标准、通常标准和特定标准的次序修改《合同法》第六十二条第一项。[2]2020《民法典》第五百一十一条第一项基本接受了这个建议。

第二节　行业法治中的行业协会

一、行业协会的法律定位

行业协会，亦可简称为"行会"。在中国，行会最早萌芽于唐朝，

---

① 参见陈丹、刘贤君、刘璟：《高速公路经营管理单位应否提供加油站服务》，载《人民司法》2011年第20期，第89—92页。

② 参见柳经纬：《合同中的标准问题》，载《法商研究》2018年第1期，第136页。

发展于宋代，兴盛于明清时期。"商品生产与交换的日益发展，城市人口的集中与城市工商业的日趋活跃，导致了工商业行会的出现。"①行会的主要责任除了提高本行业的生产技术、保证行业的生产经营和产品销售、促进城市工商业的发展之外，还有责任配合政府维持市场秩序。在宋代，政府还通过行会进行"回买"以协助政府调节市场。②可见，行会在古代中国也承担了政府的一些职能，这就意味着古代的行会从产生之初就具有半官方的组织性质。而到了当代中国，行业协会的成立更与政府大力推动密切相关，如我国改革开放后最早成立的行业协会是1981年的食品工业协会，在其成立之前，当时国家就提出"食品工业大有可为，需要有一个部门抓总才好"，"首先搞食品工业协会，由经委抓"，国家经委随即就研究决定"拟先成立筹建小组进行筹备工作"。③可见，当代中国的行业协会一开始就是作为一种"准官方机构"而产生的。而在西方，行会同样古已有之，至中世纪尤甚。11～13世纪是中世纪行会的全盛时期。④但西方的行业协会产生于商人自治的传统，"从产生伊始，行业协会就是为了行业的发展争取更多自主权而与政府相对抗的。行业协会的这种精神独立性延续至今"，⑤这一点，中国的行业协会与西方的行业协会有显著的不同。

从我国当前立法实践来看，行业协会被认定为是社会团体法人，是行业自律性组织。从世界范围来看，行业协会不仅是私法人，即民事主体；也是公法人，即行政主体。我国把行业协会定位为社会团体法人，即是一

---

① 参见张咸泽：《唐代工商业》，中国社会科学出版社1995年版，第345—351页；转引自袁行霈主编：《中华文明史（第三卷）》，北京大学出版社2006年版，第113页。

② 参见袁行霈主编：《中华文明史（第三卷）》，北京大学出版社2006年版，第113—115页。

③ 参见1981年4月《国务院批转〈国家经济委员会关于建立中国食品工业协会的报告〉的通知》。

④ 参见康宁：《在身份和契约之间：法律文明进程中的欧洲中世纪行会》，社会科学文献出版社2023年版，第2～4页及第63—70页。

⑤ 高俊杰：《论行业自治的正当性》，载《深圳大学学报（人文社会科学版）》2017年第3期，第97页。

种私法人，是一种民事主体；而在德国等一些大陆法系国家则认为行业协会是公法人，是行政主体，我国台湾地区也持此种立场，认为同业公会（即行业协会）是"公法上之社团"，属于"广义"行政组织之一环。[①]行业协会作为民事主体很容易得到理解，任何主体都有作为民事主体的可能性。但行业协会作为行政主体，需要解释一下。就目前我国行业协会的现状来看，其官方背景及权力垄断是非常明显的。特别是现有法律法规均规定了"一业一会"的非竞争性条款，因此，行业协会的权力行使必然带有公权性质，[②]几乎无异于行政机关的行政管理活动。[③]行业协会成为行政主体，是"公共管理社会化、行政分权和行政主体多元化的结果"。[④]在这里，公共管理社会化和行政主体多元化两种表述不同，却呈现出共通的逻辑内涵，即公共管理的社会化本身就意味着行政主体的多元化。而行政分权，则是将原来归属于政府机关的权力分流给行业协会承担，这在我国近年来的行政职能改革过程中有所体现。

以上是从传统法治的角度理解行业协会的法律定位。但是，从行业法治的角度来理解，则可说行业协会是行业法治的重要主体。在国家法治视野中，只存在政府与个人两方主体，国家法治调整的是政府与个人两者之间的关系，形成了公权力和私权利的二元博弈格局。而在行业法治视野下，则存在政府、行业组织和个人三方主体，行业法治调整的是政府、行业组织和个人三者之间的关系，形成了公权力—社会权力—私权利的三元博弈格局。行业法治的这种三元主体结构，与经济法理论中的"政府—团体社会—市场"的三元结构论[⑤]非常相似。作为新增的行业法治的主体，行业组织位于政府和个人之间，上接政府以社会权力对抗公权力，下达个

①　林明锵：《同业公会与经济自律——评大法官及行政法院相关解释与判决》，载《台北大学法学论丛》2009年第71期，第49页。

②　参见石佑启：《论协会处罚权的法律性质》，载《法商研究》2017年第2期，第74—75页。

③　黎军：《论司法对行业自治的介入》，载《中国法学》2006年第4期，第73—74页。

④　程滔：《从自律走向自治——兼谈律师法对律师协会职责的修改》，载《政法论坛》2010年第4期，第181页。

⑤　阎其华、李升智：《我国行业协会的经济法主体地位述评》，载《东北大学学报（社会科学版）》2013年第6期，第626页。

人以社会权力保护私权利同时抑制私权利滥用，从而有效地充当着政府和个人之间桥梁。

二、行业协会对行业法治的促进

行业协会对行业法治的促进，可以从参与行业立法、行业纠纷化解、行业监管、行业管理等四个方面来展开，仔细分析后可以发现，行业协会在这几个方面的参与可谓境遇不同，喜忧参半。

（一）行业协会参与行业立法

首先需要说明，行业法治视野中的行业立法有广义和狭义两种界定，狭义上仅包括拥有立法权限的国家机构对行业法律的制定和修订，而广义上还包括行业协会自行制定行业章程和行规行约等行业自治规范。本书聚焦于行业协会参与狭义上的行业立法而不涉及行业协会自行制定行业自治规范的"立法"。因此，行业协会参与行业立法，被限定为行业协会如何参与国家的行业立法过程，以及这种参与有何作用等问题。

立法的开放性，体现的是立法民主化的要求，如今已经是我国立法领域的常态。而行业协会参与行业立法正是立法开放性和立法民主化的体现。法律上，行业协会参与行业立法早已有制度空间。2000年《立法法》建立了立法座谈会、论证会、听证会和征求意见制度等，一般要求行业组织参与其中。2019年国务院办公厅印发了《关于在制定行政法规规章行政规范性文件过程中充分听取企业和行业协会商会意见的通知》，明确要求在制定行政法规、规章、行政规范性文件过程中要充分保障企业和行业协会在制度建设中的知情权、参与权、表达权和监督权。而在行业实践中，行业协会参与行业立法早已成为行业协会的日常性工作之一，而且行业协会"参与立法的能力和质量越来越高，大大提升了不同群体诉求和利益在立法博弈中的分量，反映了立法上的更多民主共识"。①最近几年行业协会参与行业立法最有影响的案例发生在工程行业。2015到2016年间，针对地方性法规规定的以审计结果作为政府投资建设项目竣工结算依据的问题，中国建筑业协会认为其损害了施工企业的合法权益，两度向全国人大法工委提出审查建议。2017年2月全国人大法工委致函各省、自治区、直辖市人大常委会，要求对地方性法规中直接规定以审计结果作为竣工结算依据或者规定建设单位应当在招标文件或合同中要求以审计结果作为竣工结算依据的条款进行清理，适时予以纠正。②2017年6月，全国人大法工委法规备案审查室函复中国建筑业协会，认为"地方性法规中直接以审计结果作为竣工结算依据和应当在招标文件中载明或者在合同中约定以审计结果作为竣工结算依据的规定，限制了民事权利，超越了地方立法权限，应当予以纠正"。③据清理，"有11个省（区、市）、8个设区的市、2个经济特区的法规存在上述问题。经督促，各地均已完成相关法规修改、废止工作"。④可见，行业协会实质性的介入行业立法，极大地促进了行业法治的发展。正是在代表不同阶层和不同群体对政府立法或公共政策施加有效影响的过程中，行业协会才得以成为"共建共享型法治的重要载体和支撑力量"。⑤

（二）行业协会参与行业纠纷化解

从一般意义上而言，行业纠纷化解的方式既包括自力救济即行业主体

---

① 马长山：《从国家构建到共建共享的法治转向——基于社会组织与法治建设之间关系的考察》，载《法学研究》2017年第3期，第39页。

② 沈春耀：《全国人民代表大会常务委员会法制工作委员会关于十二届全国人大以来暨2017年备案审查工作情况的报告——2017年12月24日在第十二届全国人民代表大会常务委员会第三十一次会议上》。

③ 参见《全国人民代表大会常务委员会法制工作委员会法规备案审查室关于对地方性法规中以审计结果作为政府投资建设项目竣工结算依据有关规定提出的审查建议的复函》一文。

④ 沈春耀：《全国人民代表大会常务委员会法制工作委员会关于2018年备案审查工作情况的报告——2018年12月24日在第十三届全国人民代表大会常务委员会第七次会议上》。

⑤ 马长山：《从国家构建到共建共享的法治转向——基于社会组织与法治建设之间关系的考察》，载《法学研究》2017年第3期，第39页。

自行协商解决行业纠纷，也包括公力救济即通过司法裁决行业纠纷，还包括准公力救济即通过行业调解和行业仲裁等方式化解行业纠纷。除了自力救济无需行业协会参与之外，在公力救济和准公力救济两种化解行业纠纷的方式中，行业协会均有广阔的参与和发展空间。

　　行业协会参与行业纠纷的公力救济，在我国的司法实践中主要表现为司法体系附设的行业协会专家咨询制度和行业协会调解制度。现以行业标准为例予以解释。行业标准对司法实践中的事实认定具有基础性作用，但是行业标准的制定又是科学、技术和经验问题的结晶。受专业知识的限制，包括"受制于信息不足、统计样本不广泛、分析手段不科学等原因"，[①]法官往往很难对行业标准涉及的复杂的专业问题和技术问题做出事实上的判断。既然难以进行事实认定，也就缺乏做出"合法性"判断的前提。因此，司法实践中就需要"通过借助……行业协会等专业资源，确认对事实问题的技术判定，从而更加高效、公平的处理纠纷"，[②]具体表现为引入行业协会的专家对涉及行业标准的问题提供咨询意见。需特别指出的是，行业协会专家咨询制度以及行业协会调解制度，都是行业法治社会化发展的一种典型表现。事实上，在行业协会的行业专家介入行业纠纷公力救济之前，我国法律已经对专家介入社会治理和行业治理做出了系列法律上的响应，主要包括专家集体评审制度（2000年《招标投标法》第三十七条）、专家集体论证制度（2003年《港口法》第七条、2007年《城乡规划法》第二十六条和2015年修订的《大气污染防治法》第十条）、专家集体编制制度（1988年《标准化法》第十二条和2017年《标准化法》第十六条）、专家集体咨询制度（2017年《核安全法》第三十四条）、专家集体审查制度（2002年《环境影响评价法》第十三条和2007年《城乡规划法》第二十七条）、专家集体评估制度（2007年《城乡规划法》第四十六

---

①　蒋怡琴：《论标准在民事裁判中的适用》，载《行政与法》2018年第7期，第119页。
②　蒋怡琴：《论标准在民事裁判中的适用》，载《行政与法》2018年第7期，第119页。

条）。①但专家只是具有专业知识的普通人，由于人的趋利性的存在，专家有被收买或俘获的可能性，从而导致专家咨询制度可能无法实现应有的效果。而且，司法实践中引入专家咨询制度，势必会增加诉讼的经济成本和时间成本，徒增专家咨询制度实施的难度。

如果说司法实践中行业协会专家咨询尚没有足够的制度支撑的话，那么，司法体系附设的行业协会调解制度却已有零星安排。如2009年最高人民法院《关于建立健全诉讼与非诉讼相衔接的矛盾纠纷解决机制的若干意见》的司法解释中建立了诉前委托行业调解组织调解制度、诉中委托行业协会调解制度以及对行业调解组织调解达成的具有民事合同性质的协议的司法确认制度。

除了上述司法体系附设的行业协会调解制度外，我国还建立了附设于人民调解体系的行业协会调解制度。这种行业协会调解制度是一种准公力性纠纷解决机制。②2010年《人民调解法》第三十四条以法律的形式对社会团体建立调解组织做出了规定；2011年司法部《关于加强行业性专业性人民调解委员会建设的意见》对社会团体或者其他组织设立行业性、专业性人民调解委员会的基本要求和保障措施等做出了进一步规定。这是行业协会调解更普及更重要的制度构建。2014年司法部发布了《关于进一步加强行业性专业性人民调解工作的意见》，提出"重点加强医疗卫生、道路交通、劳动争议、物业管理、环境保护等行业性、专业性人民调解组织建设"。2016年司法部、中央综治办、最高人民法院、民政部联合发布了《关于推进行业性专业性人民调解工作的指导意见》，进一步提出"全力化解行业、专业领域矛盾纠纷"。2020年司法部发布了关于人民调解的行业标准《全国人民调解工作规范（SF/T 0083—2020）》，提出"可培育

---

① 刘刚、李迁：《论工程社会化的法律表现》，载《广西社会科学》2018年第10期，第118页。事实上，专家介入社会治理和行业治理的法律制度一直处于发展之中，最近几个立法案例包括2022年《黄河保护法》第十四条、2021年《噪声污染防治法》第二十一条、2021年《湿地保护法》第十七条规定的专家咨询制度和2022年《体育法》修订时在第九十三条新增加的专家参与体育仲裁制度等。

② 黄文艺：《法治中国的内涵分析》，载《社会科学战线》2015年第1期，第235页。

人民调解（员）协会、相关行业协会和人民调解中心等社会组织，参与承接政府购买人民调解服务，聘请专职人民调解员，提供优质高效的调解服务"。可见，我国行业协会调解制度主要是从人民调解的范畴下加以构建的。行业协会调解被认为是人民调解的新趋势，实践中加强行业协会调解被看作是人民调解的升级版。[①]从司法部2021年至2023连续三年发布的三批人民调解工作指导案例来看，通过行业性专业性人民调解组织化解行业性专业性矛盾纠纷的范围逐步扩大，除合同纠纷、物业纠纷、劳动争议纠纷、邻里纠纷、损害赔偿纠纷外，还出现了金融纠纷、知识产权纠纷等，并已逐步形成可推广可借鉴的典型经验。这种经验被誉为是新时代的"枫桥经验"。

行业法治既有法治的普遍性，也有行业的特殊性，如每个行业的标准各不相同，不同行业的专业性不同，不同行业纠纷也具有不同的专业性等。行业调解组织的发展及参与调解行业纠纷，极其切合"行业纠纷具有很强的专业性"的特点。从现实的角度来说，当前"迅猛增长的社会纠纷不断涌入国家公权力体系，不仅使国家公权力机关不堪重负，如法院案多人少的问题突出，也使国家治理成本迅速攀升，如维稳费用剧增"。[②]因此，为减轻法院负担，降低治理成本，不能把所有行业纠纷都简单地推到法院去解决。这也是法院要建立诉前、诉中委托行业调解组织调解制度以及对行业调解组织调解达成的具有民事合同性质的协议的司法确认制度的原因。从理想的角度而言，行业纠纷由行业调解组织解决是最好的。行业协会的专家最熟悉本行业的人事、专业知识和最新情况，由行业认可且熟悉行业的专家来解决行业纠纷更具有可行性，更易被接受，也更有利于行业自治。行业纠纷在行业内自我解决，也是行业自治的必然内涵。美国保险行业的司法经验为此提供了反面例证。在美国保险行业中，由于"侵权责任的范围、侵权法的原则以及法官在侵权案件中判决的赔偿数额中充斥

---

① 洪冬英：《论人民调解的新趋势：行业协会调解的兴起》，载《学术交流》2015年第11期，第123页。

② 黄文艺：《法治中国的内涵分析》，载《社会科学战线》2015年第1期，第235页。

的诸多不确定性，导致民众开始以赌博的心态利用侵权法规则进行各种无意义的诉讼（frivolous litigation），进而导致诉讼爆炸，保险公司理赔率大幅提高，运营成本骤增"。①美国社会是一个典型的"诉讼社会"。"诉讼社会"表征一个社会涉法纠纷急剧增长、诉讼案件层出不穷的态势，其核心指标是每年约有10%的人口涉诉。据此核心指标判断，我国的"涉诉人口以年均10%~12%的速度增加"，说明"我国已经超乎预想的提前进入'诉讼社会'"。②

那么，应该如何应对"诉讼社会"？习近平总书记指出，"我国国情决定了我们不能成为'诉讼大国'。我国有14亿人口，大大小小的事都要打官司，那必然不堪重负"。③的确，虽然法院承担了维护公平正义的兜底责任，但是，我国应该吸取美国诉讼社会的教训，不能把所有的纠纷都推给法院，也不能寄希望于法院可以解决所有纠纷，特别是不能寄希望于法院能有效解决所有的行业纠纷。尽管"我国法院在近些年来所作的涉及行业的判决，有许多优秀的判例值得梳理、总结和归纳"，但是，也有关于行业领域的法律的一些有争议的判决或错误的判决，也应该引起我们的重视。④有实证分析表明，从2005年到2012年，我国法院受理的所有建设工程合同案件，呈现出"上诉率始终高位运行"（上诉率在20.53%到24.13%之间）的特点。从最高人民法院立案二庭2009年到2012年建设工程合同纠纷申请再审案件，呈现出"申请再审数量始终处于高位"（申请再审率在14%到19%之间）、"裁定再审案件数量始终处于高位"（裁定再审率在27.9%到37.4%之间）的特点。⑤其原因在于，尽管我国已经形成了一个以法律、行政法规、部门规章和司法解释为内容的建筑行业法律体系，

---

① 杨帆：《论保险产业对侵权立法的影响——以行业协会的利益代表人角色为切入点》，载《华中科技大学学报（社会科学版）》2013年第1期，第67页。

② 参见张文显：《法哲学通论》，辽宁人民出版社2009年版，第348页。

③ 习近平：《习近平谈治国理政（第四卷）》，外文出版社2022年版，第295页。

④ 孙笑侠：《论行业法》，载《中国法学》2013年第1期，第50页。

⑤ 崔玉清、林文学：《建设工程合同纠纷案件的审理情况分析及审判理念探讨》，载《法律适用》2013年第12期，第92页。

但是，"对层出不穷的新类型问题、难点问题、热点问题，适用法律和裁判标准仍然难以统一"。[①]可见，以法院和司法权为核心的公力救济难以适应建设工程合同纠纷案件专业性强、行业惯例多的特点，更多地把建设工程合同纠纷交给行业协会等行业组织去解决，或许是一个明智之举。

（三）行业协会参与行业监管

所谓监管，是监督与管理的统称。一般而言，行业监管是一种法定职责和行政监管，只能由具有公权力的行政机关或法律法规授权的组织行使，前者如对公路建设的监管，根据《公路法》第二十条的规定，由县级以上人民政府交通主管部门依据职责行使。后者如对证券行业的监管，根据《证券法》第七条的规定，由国务院证券监督管理机构依法实行集中统一监督管理。根据国务院关于中国证监会的"三定方案"（定职能、定机构、定编制），中国证监会为全国证券期货市场的主管部门，其参与行业监管的权限，来自《证券法》的授权。

行业监管往往是执行法律的行为，是以法律的国家强制力为基础的执法行为。所谓执法，有广义和狭义之分，广义的执法是指一切国家权力机关、经授权的组织及其公职人员，依照法定职权和程序将法律贯彻到社会生活实践中的活动过程，包括政府执法、监察机关执法和人民法院的司法活动等。狭义的执法仅指国家行政机关和法律授权的组织及其公职人员，在行使行政管理权的过程中，按照法律的要求，将法律运用到国家和社会公共事务中的活动。[②]与行业监管有关的执法行为，显然是狭义上的执法行为，从行业法的角度而言，这种执法行为只能由行业主管部门享有，即要么由行政机关享有，要么由法律法规授权的组织享有。由于法治政府和行政职权法定的要求，法无明文规定不可为，因此，行业协会事实上无法参与行业监管和对行业的执法活动。现实中存在着行业协会参与行业的某

---

① 崔玉清、林文学：《建设工程合同纠纷案件的审理情况分析及审判理念探讨》，载《法律适用》2013年第12期，第92页。

② 姚建宗主编：《法理学》，科学出版社2010年版，第411页。

种执法活动的情形，如参与执法大检查活动、参与打击欺行霸市专项行动座谈等，但这种参与只是一种附随于行业主管部门的事实参与，而不是法律参与，是不具有执法效力和执法后果的参与。

实践中，有政协委员曾经呼吁"在部分具备条件的地区，还可以赋予行业协会一定的执法权，规范行业内企业违反行规的行为"。[①]对此，根据我国《行政许可法》第二十三条、《行政处罚法》第十八条和十九条的规定，如果由行业协会行使面向行业和市场的执法权，需满足"法律法规授权的具有管理公共事务职能的组织"或"受行政机关委托的依法成立的管理公共事务的事业组织"等条件。纵览现行有关行业协会的立法以及行业法中有关行业协会的相关条款，根本不存在完全满足上述法定条件的行业协会。当然，当前"传统的行政主体观念在发生变化，不再以是否具有公法人身份作为界定行政主体的标准，而是要结合组织形式、活动规则、权力与行为的性质等来综合判断某一组织是否为行政主体"，这样，"行政主体的范围就不仅包括作为国家行政主体的行政机关和法律、法规授权的组织，而且包括作为社会公行政主体的非政府公共组织"，[②]而行业协会正好就是这种最具有代表性的非政府公共组织。因此，行业协会参与行业监管以及执法权的问题，现在还不具备法律空间，但随着行政法治理论和行业法治理论的进一步发展，未来或可期。

（四）行业协会参与行业管理

行业协会虽然暂时还不能参与行业监管和执法活动，但却已深度参与行业管理的过程。行业监管与行业管理的区别是，行业监管更多的是偏向于行政性，往往涉及行政执法行为，而行业管理更多的是偏向于非行政性，一般不涉及执法行为。因此对行业协会参与行业管理仍有单独论述的

---

① 洪慧民：《让行业协会走上前台》，载《人民日报》2016年11月23日，第20版。
② 石佑启：《论公共行政之发展与行政主体多元化》，载《法学评论》2003年第4期，第61页。

必要性。行业协会参与行业管理，既是行业依法治理的体现，也是行业自治的体现，更是行业法治的体现。行业协会参与行业管理，表现在以下几个方面：

其一，承接政府转移的行政职能。2015年3月，中共中央办公厅、国务院办公厅印发《关于推行地方各级政府工作部门权力清单制度的指导意见》；2015年12月，国务院办公厅印发《国务院部门权力和责任清单编制试点方案的通知》。在此背景下，只有列入权力清单和责任清单内的事项，才保留在行政职能之中。凡没有列入清单的事项，均将还给社会。而社会的情况恰好是，经过四十多年的改革开放，三十多年的市场经济和二十多年的依法治国，社会逐渐脱离国家的管制，社会自主性逐渐得到增强，包括行业协会在内的一大批行业组织正好可以承担政府转移出来的部分行政职能，"填补政府管理退出后的秩序构建空间，发挥着个人或者群体所不能发挥的秩序构建作用"。[①]如2012年12月全国人大常委会发布《关于授权国务院在广东省暂时调整部分法律规定的行政审批的决定》，授权国务院在广东省暂时调整25项法律规定的行政审批，其中有涉及数个行业的15项行政审批被调整为由具备条件的行业协会实行自律管理，如《政府采购法》第十九条第一款规定的政府采购代理机构乙级资格认定和延续申请批准、《招标投标法》第十四条第一款规定的工程建设项目招标代理机构乙级和暂定级资格认定和《建筑法》第十三条规定的工程监理企业专业乙级和丙级资质认定等，占全部25项调整项目的比例高达60%。该决定试行三年，实践证明可行的，应当修改完善有关法律；对实践证明不宜调整的，恢复施行有关法律规定。三年后的2015年12月，全国人大常委会又做出决定将试行期限延长到2018年1月1日。在此日期之前，尚未修改有关法律规定的，在广东省继续试行。对实践证明可行的，由国务院提出修改有关法律的议案。如在此日期之前未提出修改有关法律的议案的，恢复施行有关法律规定。

---

① 马长山：《法治中国建设的"共建共享"路径与策略》，载《中国法学》2016年第6期，第21页。

其二，替政府提供公共服务。公众的一般心理是希望政府少一点行政职能，但又不希望政府的公共服务质量下降。"法治发达国家为了解决这个悖论，便设计了公共服务外包的治理模式"，[①]我国也一样，在行政职能减少的背景下，为政府提供公共服务成为行业协会的主要业务之一。行业协会可以利用其掌握的专家资源、行业前沿信息等优势，提供包括制定法律草案和行业标准、进行科学研究、第三方检测和评估等在内的各种服务，由政府支付相应对价来购买。法律上已经为此制定了一套相互呼应的配套规则。但是，"与法治发达国家相比，我国的公共服务外包还相当有限"，[②]未来仍需大力加强。

其三，参与具体管理活动。前面已经谈到行业协会参与行业管理的一些具体活动，如制定行业标准等，这些活动多与政府公共服务外包有关联。还有一部分活动，行业协会的参与纯粹是为了履行社会责任，如行业协会派专家或代表参与价格听证。这在2018年港珠澳大桥价格听证中有很好的体现。具有行业协会背景的听证会参加人包括高速营运管理协会和消费者协会委派的代表，他们发表的听证意见对港珠澳大桥车辆通行费收标准费的降低"产生了实质性影响"。[③]又如，为了维护行业利益，行业协会代表所在行业与对立的利益群体进行谈判沟通，前文提及的珠海水上运输协会与港珠澳大桥工程的建设管理单位进行谈判就是非常贴切的例子。在面对其他利益群体时，行业协会等民间社会组织能够在利益冲突面前进行及时的自主协调和多元合作，搭建了平等对话、理性协商、包容发展的互动平台。[④]这就是行业协会参与具体管理活动的优势所在。

其四，行使行业惩戒权。行业惩戒权又被称之为社团罚，即行业协会

---

① 关保英：《论行政法中技术标准的运用》，载《中国法学》2017年第5期，第231页。

② 关保英：《论行政法中技术标准的运用》，载《中国法学》2017年第5期，第231页。

③ 刘刚、宋樱、李迁：《我国价格听证制度的最新实践——港珠澳大桥价格听证的创新与价值探析》，载《价格理论与实践》2018年第5期，第27页。

④ 参见马长山：《法治中国建设的"共建共享"路径与策略》，载《中国法学》2016年第6期，第20页。

对所属会员的一种内部惩戒的权力；其理论基础是社会自治理论，[1]体现了行业协会的行业自律的职能。行业惩戒权属于社会公权力的范畴，而非政府公权力的范畴。[2]我国2007年修改的《律师法》和2021年颁布的《法律援助法》赋了予律师协会对所属律师事务所和律师的惩戒权；2013年修改的《商标法》赋予了商标代理行业组织对所属会员的惩戒权。由于行业惩戒权是一种侵益行为，会侵害行业成员的利益，所以需要法律对此做出相应的规定和救济的安排，对于偏离法治轨道的错误惩戒，法律应该予以监管。

综上，行业协会在行业立法、行业纠纷化解、行业监管和行业管理等方面的参与情况有其利好，也有其不足，行业法治未来的发展方向应当是扬其所长，补其所短。

第三节　行业法治中的行业自治

一般认为，自治是相对于公域和私域而存在的第三领域，"能够不受国家权力的支配来建构自身并协调其行为，同时又能够相当有效地决定或影响国家政策之方向"。[3]自治对于职业具有非常重要的意义，"无法自治的工种（Calling），是没有资格被称为职业（Profession）的"。[4]行业由职业组成，因此行业更加需要自治，称之为行业自治。行业自治与大

---

① 朱国华、樊新红：《行业协会社团罚：兼论反不正当竞争法的修改完善》，载《政法论坛》2016年第2期，第159页。

② 有学者用协会处罚权来指称行业惩戒权，并认为协会处罚权可以分为法律授予和行政委托的协会处罚权、自治规范赋予的协会处罚权两大类，前者属于国家行政权，后者属于社会公行政权。参见石佑启：《论协会处罚权的法律性质》，载《法商研究》2017年第2期，第74—81页。本书结合我国当前实际情况，仅从社会公行政权的角度理解行业惩戒权。

③ 张文显：《法治与法治国家》，法律出版社2011年版，第186页。

④ 孙笑侠、李学尧：《论法律职业共同体自治的条件》，载《法学》2004年第4期，第23页。

学自治、社区自治、基层自治和民族自治等同属于自治的不同类型。在行业的运行中，任何个体和企业都无法承担行业自治的责任。即便个体和企业也可以实现自治，那也只是个体自治和企业自治，而并不是行业自治。有学者将行业自治分为企业自治、社会团体自治和行业标准三种类型。①本书认为，将企业自治和行业标准作为行业自治的类型显得不够严谨。首先，单一的企业不能代表行业，企业自治也就不是行业自治；其次，行业标准作为行业自治的类型是一种理想状态，在我国当前的标准化法律体系中还没有实现。但是，将社会团体自治理解为行业自治是成立的。这是因为，行业是一种公共空间，只有具有公共属性，代表公共利益以及具备参与公共事务的基本能力的行业协会才能承担起行业自治的责任。拉德布鲁赫也使用了"社团自治"的概念，所谓社团自治，即国家放弃一部分行政的职权范围，由在其监督下的社团在该范围内自行处理本身事务。②因此，行业法治中的行业自治，即是通过行业协会而得以实现的。我国台湾地区的学者认为行业自治与德国的经济自治可相互参照，德国经济自治也是通过德国法律之下的工商会、手工业会和农业会等行业组织而实现的，其实质性功用正"在于自行执行私经济部门的管制功能，而毋庸国家直接介入"。③还有学者将我国的行业协会分为授权性行业协会和自发型行业协会，并认为"无论何种型态的行业协会，自治都应是其本质特征"。④由此可见行业自治的重要性，亦足以判断，无论是在德国还是我国（包括台湾地区），已经形成行业自治通过行业组织来实现、行业自治是一种"共同体自治"⑤的法治共识。

---

① 参见屠世超：《契约视角下的行业自治研究——基于政府与市场关系的展开》，华东政法大学2008年博士学位论文，第71—77页。

② ［德］拉德布鲁赫：《法学导论》，米健译，商务印书馆2019年版，第189页。

③ 参见赵相文：《行业自治作为我国行政任务民营化之方法——以证券市场自律机制为例》，台湾大学2005年博士学位论文，第100页。

④ 鲁篱：《行业协会经济自治权研究》，法律出版社2003年版，第234页。

⑤ 关于共同体自治的特征，参见孙笑侠、李学尧：《论法律职业共同体自治的条件》，载《法学》2004年第4期，第22—23页。

一、行业自治的法律性质

如上，所谓行业自治，就是通过行业协会而实现的行业自己管理自己的运作模式和状态，表现为行业章程、行业标准、行业规范等行业规则自我制定，自我执行、自我奖惩以及行业纠纷的自我解决等在内。如韦伯所言，"自治意味着不像他治那样，由外人制订团体的章程，而是由团体的成员按其本质制订章程"，①包括行业章程在内的行业规则就是行业协会的自治法规、自治规则或自治规范，"在其自治权限所及范围内，具有法源的地位，享有一般之规范上的约束力"。②

作为行业法治的基本要素，行业自治既是行业协会发展的命脉所在，也是行业法治区别于传统法治的独特性所在。以汽车做一个类比，如果没有行业自治，行业协会相当于失去了一个轮子的汽车，其所肩负的行业服务、行业自律、维护行业利益和行业协调等四项职能就不完整。"在行业协会的各项权能中，自治权占据着核心的地位……它是行业协会发展的核心和基石。"③然而，如果没有行业自治，行业法治就相当于一台失去了发动机的汽车，行业法治将退回到传统法治的窠臼之中。可以说，行业自治是行业法治的结构性基础，自然也是法治社会的结构性基础。

在行业法治中，行业自治既有相对重要的实际地位，也有较为复杂的法律定位。行业自治的法律定位可以分解为行业自治权和行业自治规范这两个层面的问题。行业自治权和行业自治规范的互动关系是，行业自治权产生了行业自治规范，而行业自治规范则反过来强化了行业自治权。行业自治规范是外在表现，行业自治权是内在机理；行业自治规范是载体，行业自治权是基础。行业自治规范的法律性质相对简单，一般将之归入

---

①　［德］马克斯·韦伯：《经济与社会（上卷）》，林荣远译，商务印书馆1997年版，第78页。

②　黄茂荣：《法学方法与现代民法》，中国政法大学出版社2001年版，第16—17页。

③　曹锦秋、狄荣：《论行业协会的自治权及其限制》，载《辽宁大学学报（哲学社会科学版）》2011年第1期，第132页。

"软法"的范畴，国际上往往将软法与自治规范做同等理解。①而行业自治权的法律性质相对复杂一些。学界一般认为行业协会的权源包括三个方面，一是行政委托，二是法律直接授权，三是会员之间的契约，但是行业自治权的产生只能是最后一种方式。②这种以会员契约作为行业自治的权源的理论，极其类似于卢梭以社会契约作为国家权力的权源的理论。卢梭指出，"正如自然赋予了每个人支配其各部分肢体的绝对权力一样，社会公约也赋予了政治体支配其各个成员的绝对权力"，③基于这种逻辑，也可以说会员契约赋予了行业协会支配每一个行业成员的绝对权力。也就是说，公民权利的让渡形成了国家权力，而会员权利的让渡则形成了行业自治权力。在这里，行业自治被定位为一种权力，而不是权利。行业自治权力包括对外代表权、信息发布权等服务性权力和行业自治规范的制定权、处罚权、会员纠纷的裁决权等管理性权力。④但仅仅把行业自治理解成一种权力是不够的。

在哲学上，人是一切社会关系的总和；在法理中，权力和权利都是法律人格之间的法律关系，"法律关系是人际相互关系"，⑤"一切契约都必须在社会关系中才有实质性的意义"，⑥可见，"关系"在确定权力和权利的性质时有着特殊的作用。因此，为了准确地界定行业自治的法律性质，我们需要考察一下行业法治主体之间的关系如何。如前文所述，行业法治的主体分为政府—行业协会—个体三级架构，这三级架构可以分解为两种关系，即政府与行业协会的关系和行业协会与个体的关系。在这两种关系中，同是行业自治，却呈现出不一样的属性。具体说，在政府与行业协会的关系中，行业自治是一种权利，这种权利不仅不能被权力非法剥

---

① Ulrika Mörth: *Soft Law in Governance and Regulation*: *An Interdisciplinary Analysis*, Edwar Elgard Publishing, 2004, p.196.

② 汪莉：《行业协会自治权性质探析》，载《政法论坛》2010年第4期，第189页。

③ ［法］卢梭：《社会契约论》，钟书峰译，法律出版社2012年版，第27页。

④ 参见汪莉：《行业协会自治权性质探析》，载《政法论坛》2010年第4期，第190页。

⑤ 张文显：《法哲学范畴研究》，中国政法大学出版社2001年版，第97页。

⑥ 季卫东：《法治秩序的建构》，商务印书馆2014年版，第463页。

夺，而且还要受到权力的尊重和保障；而在行业协会与个体的关系中，行业自治是一种权力，而非权利，这种权力的行使既应当受到权利的制约，也应当受到政府的监督。如行业规范的制定权，在政府与行业协会的关系中，是一种权利而非权力；而在行业协会与个体的关系中，是一种权力而非权利。因此，行业自治兼具权利和权力属性，即对于国家或其他平等主体而言，自治是行业协会的权利，是会员以集群方式实现个人权利的手段；对其内部成员而言，自治是行业协会的权力，属于社会公权力的范畴。[1]

二、行业自治对行业法治的促进

行业自治对行业法治的促进是通过行业章程、行业标准、行规行约等行业自治规范实现的。在早前的理论研究中，行业自治规范的性质存在"是法律体系的组成部分""不具备法律属性"和"不是法律体系的组成部分，但是法律规范的延伸和补充，是行业管理法律体系的有益拓展"等不同观点。[2]当"软法"理论被引入到中国后，行业自治规范被归入"软法"的范畴，如行业标准作为行业自治规范，无论是强制性标准，还是非强制性标准，都是"软法"的一种。而行业法治的内涵之一是"硬法"之治和"软法"之治的结合，其前提正是由于作为"软法"的行业自治规范的存在。如果有人试图将行业自治规范和行业立法在行业法治中的比重做一番比较，那是不明智的，因为这很难做出比较和区分。但是，行业自治规范也不是可以任意而为的，而是需要遵循法律的规定，必须遵循"国家立法优先（法律优先）""国家立法保留（法律保留）"两项基本

---

① 高俊杰：《论行业自治的正当性》，载《深圳大学学报（人文社会科学版）》2017年第3期，第94页。

② 参见黎军：《基于法治的自治——行业自治规范的实证研究》，载《法商研究》2006年第4期，第48页。

原则。①这是最基本的要求。正是基于此，行业法治可以被理解为是法治框架下的行业自治。行业法治的另一内涵是行业依法监管与行业自治的结合，这也就是说，行业法治的实现有赖于行业监管与行业自治。从行业监管与行业自治的关系来看，行业自治首先处于优位的状态，即对于行业中产生的问题，首先要寻求行业自治解决，如果是行业自治能解决的问题，就无需行业监管介入，只有行业自治不能解决的问题，才需要行业监管介入。在一般情况下，行业自治可以通过这种"无需法律的秩序"来促进行业法治的发展和实现。

进而言之，行业自治意味着行业协会可以通过行使对行业的"自主治理职责"，"以集体力量来抵御公权力扩张和滥用"。②这也就意味着公权力要减弱或减少对行业的干预。但是，从权力的本性来看，"公权并不是那么自愿地退出社会经济生活领域"。③比如，律师法在规定了律师行业协会惩戒权的同时又规定了司法行政机关的处罚权，这就体现了司法行政机关不愿放权的思想。④行政机关的行政处罚与组织内部的纪律处分并存的"二元化模式"，不仅制约了社会组织自主化发展，也违背了"一事不再罚"的基本原则。⑤此外，部分行业法还规定了行业协会自治章程需要向行业主管部门报备或审批，如证券业协会章程要报证券监督管理部门备案、律师协会章程要报司法部门备案、会计师协会章程应报财政部门备案等等。"这种主要通过事先的备案或审批的方式进行的行政监督方式可

---

① 黎军：《基于法治的自治——行业自治规范的实证研究》，载《法商研究》2006年第4期，第50页。

② 马长山：《法治中国建设的"共建共享"路径与策略》，载《中国法学》2016年第6期，第20页。

③ 柳经纬：《当代中国法治进程中的公众参与》，载《华东政法大学学报》2012年第5期，第21页。

④ 程滔：《从自律走向自治——兼谈律师法对律师协会职责的修改》，载《政法论坛》2010年第4期，第180页。另有学者把这种情形称之为行业协会权力的行政合法性不足，即政府在形式上宣示行业协会的作用，但实际上却不放权。参见付小飞：《我国行业协会权力研究》，湖南大学2009年博士学位论文，第69—70页。

⑤ 张清、武艳：《包容性法治框架下的社会组织治理》，载《中国社会科学》2018年第6期，第106页。

能造成对社会组织自治权限的介入与干预，因此，除非有明显侵犯公共利益或有明显行业保护与垄断的情形，否则应当慎用。"①

可见，行政权力的介入冲动和行业自治权之间存在明显的矛盾和冲突。梅因指出："立法几乎已经自己承认它和人类在发现，发明以及大量积累财富各方面的活动无法并驾齐驱；即使在最不进步的社会中，法律亦逐渐倾向于成为一种仅仅的表层，在它下面，有一种不断在变更着的契约规定的集合。除非为了要强迫遵从少数基本原理或为了处罚违背信用必须诉求法律外，法律绝少干预这些契约的规定。"②立法代表强制权力，契约代表自治权利，用梅因的这段话来处理行政权力与行业自治的矛盾和冲突问题也恰如其分。③如此看来，行业法治的推进绝不能仅仅依靠行业立法对强制性的行政权力的确认，也要同时依赖行业自治。这也是由立法的局限性所决定的，那种"认为立法可以……彻底改变一个社会的性质"只是一种"流行的幼稚观念"。④行政权力与行业自治权之间的矛盾和冲突问题背后的原理均不复杂，却迟迟无法得到根本解决，只能说其原因不在技术层面，而在态度层面；不在机制层面，而在体制层面。这种情况不在少数，"我国行业领域的法律改革和发展中，存在着一些行业改革的重大瓶颈问题，这种瓶颈问题触及到了我们的政治体制的问题，比如教育法、新闻法、律师法，并不是政府不懂得这些职业的自治性和自主性，而是受制于政治体制"。⑤

但是，也需要指出的是，行政权力的介入与行业自治的诉求之间的合理关系，不应该是一家独大，而应保持适度均衡，彼此之间应形成一种合理的张力。这是因为，行业自治并不意味着一种没有任何限制的自

---

① 张清、武艳：《包容性法治框架下的社会组织治理》，载《中国社会科学》2018年第6期，第105页。

② ［英］梅因：《古代法》，沈景一译，商务印书馆1996年版，第172—173页。

③ 这种解释是符合梅因的原意的，他在《古代法》中表达了类似的立场。参见［英］梅因：《古代法》，沈景一译，商务印书馆1996年版，第172页。

④ ［英］J.B.伯里：《思想自由史》，周颖如译，商务印书馆2014年版，第71页。

⑤ 孙笑侠：《论行业法》，载《中国法学》2013年第1期，第51页。

由，因为自由有时候也会导致不平等，①例如，黑格尔很早就认识到市场经济的负面影响，一方面是"奢侈"，另一方面却是"依存与贫困"的无限扩大，还有"资产与技能的不平等"。②"在经济不平等的情况下，事实上的自由或许是根本不可能的"，③或者"一个人的困境便意味着他事实上的不自由"，④因而需要政府动用法治的手段来制衡，行业自治是一种"以法治为基础的自由"。⑤博登海默指出："如果法律制度为了限制私人权力和政府权力而规定的制衡原则变得过分严厉和僵化，那么一些颇具助益的拓展和尝试也会因此而遭到扼杀。"⑥美国行业协会在20世纪30年代到70年代发展的历史经验表明，行业协会过分去政府化的恶果引致了自治弱化，"片面强调政府撤销管制规定（deregulation）……产生的效果并非行业协会自治功用的最大化，而是恰恰相反，导致了行业协会约束功能的极大弱化"。⑦因此，行业自治和政府的行业监管需要共同存在于治理的过程中，二者彼此依赖、相互依存、相互成就，"并非社会组织的崛起就意味着政府机构的退出，也不是市场机制的注入就导致国家规制的衰落；并非政府机构要么是'行动者'，要么是'守夜人'……公共机构、准公共机构、国有企业、私人企业、社会组织，甚至国际组织或机构，无论盈利或非盈利，都可以在同一事项的规制与治理过程中合作共治"。⑧只有治理主体之间的相互补充和相互合作，才能实现有效治理；或者说，要想实现有效治理，就必须强调治理主体的相互补充和相互合作。"治理远非政府的隐退；恰恰相反，治理往往与政府相互补充，即使它们之间偶

---

① 参见张文显：《二十世纪西方法哲学思潮研究》，法律出版社2006年版，第454页。

② ［日］中山龙一等著：《法思想史》，王昭武译，北京大学出版社2023年版，第123页。

③ ［德］拉德布鲁赫：《法学导论》，米健译，商务印书馆2019年版，第32页。

④ 吴经熊：《法律哲学研究》，清华大学出版社2005年版，第291页。

⑤ 何信全：《哈耶克自由理论研究》，北京大学出版社2004年版，第77页。

⑥ ［美］E. 博登海默：《法理学：法律哲学与法律方法》，邓正来译，中国政法大学出版社2004年版，第422页。

⑦ 温双阁：《以法治推进行业协会自治的体系构建——基于美国自治理念和实践的思考》，载《社会科学战线》2016年第10期，第195页。

⑧ 王瑞雪：《作为治理工具创新的环境信用评级》，载《兰州学刊》2015年第1期，第105页。

尔发生矛盾，也会出现一些融合的局面。"①

法治社会和行业法治表明法治进入了一个合作共治的新时代。伯尔曼指出："无论在哪里，综合——二元论的克服——都是开启新兴思维的钥匙；这种新的思维乃是我们正在进入的新时代的特色。'非此即彼'让位于'亦此亦彼'。"②与伯尔曼的认识殊途同归，黄宗智教授同样反对使用非此即彼的单一进路来认识真实世界。他提出："今天，我们需要的是更多聚焦于二元的并存、相互作用和相互塑造来认识由二元组成的真实世界合一体。"③行业法治正是一种这样的理论建构。在这种亦此亦彼、共存共治的格局中，行业自治与行业监管经过不断的博弈，将达到一个动态的此消彼长的平衡点。法存在的目的正是为了达到和维护某种动态平衡态势。尽管各个历史阶段法的内容及其表现形式有所不同，但促进和维护社会内部的动态平衡并借以促进和维护社会的发展则是相同的。这一点，在各种各样的行业法中表现得更加明显。④动态平衡意味着"作为使松散的社会结构紧紧凝聚在一起的粘合物"，法律"必须在运动与静止、保守与创新、僵化与变化无常这些彼此矛盾的力量之间谋求某种和谐"。⑤社会和行业就在这样的博弈以及博弈之后的动态平衡所达致的和谐中得到发展和进步。这种政府与行业之间的沟通合作以及行政管制权与行业自治权之间的良性互动，在一定程度上可以调适政府与行业之间的关系，从而缓解了政府与行业之间的矛盾。而行业法治的目的正在于调适政府与行业之间

---

① Andrew Jordan, Rüdiger K.W.Wurzel, and Anthony Zito, "The Rise of 'New' Policy Instruments in Comparative Perspective: Has Governance Eclipsed Government?" *Political Studies*, Vol.53, No.3(October, 2005), pp.477-496.转引自王绍光：《治理研究：正本清源》，载《开放时代》2018年第2期，第164页。

② ［美］伯尔曼：《法律与宗教》，梁治平译，中国政法大学出版社2003年版，第105页。

③ 黄宗智：《中国新型正义体系：实践与理论》，广西师范大学出版社2020年版，"总序"第3页。

④ 参见谭长贵：《法的哲学内涵——动态平衡态势论》，载《法律科学》2000年第4期，第12页。

⑤ ［美］E. 博登海默：《法理学：法律哲学与法律方法》，邓正来译，中国政法大学出版社2004年版，第340页。

的关系，解决政府与行业之间的矛盾。正是在这个意义上，行业自治可以在行业法治的过程中发挥巨大的作用，最大限度地促进行业法治的发展。

综上，以行业标准为代表的制度要素、以行业协会为代表的主体要素和以行业自治为代表的实践要素，都能对行业法治起到不同程度的促进作用。如果行业法治所有的制度要素、主体要素和实践要素完美运转，行业法治运行的各环节也将趋于完美运转，行业法治就将趋于完美实现。但是，理想很丰满，现实很骨感，行业法治的现实运行还存在不少问题，需要对此进行专门的分析，并加以有针对性的改进。

第五章

行业法治存在的问题及完善

行业法治的实现意味着社会各行各业的良性运转，反过来社会各行各业的良性运转也意味着行业法治的实现。这是一种行业与法治之间的良性循环。如有的学者所言："只要条件合适，法治观念不仅会使专制主义走投无路，而且还会创造一种良性循环。"①但是，我国行业法治尚处于起步阶段，在行业立法、行业监管、行业纠纷化解和行业自治等环节均还存在不少问题，导致实践中存在一些行业乱象，离2035年基本建成法治社会的目标还有较大差距。因此，我们需要对行业法治建设做出系统而长远的规划，并将之纳入到法治社会建设规划中去，这就首先要求我们系统梳理行业立法、行业监管、行业纠纷解决和行业自治等行业法治建设中存在的突出问题，并采取针对性的措施解决这些问题。

第一节　完善行业立法机制

一、行业立法存在的问题

立法是法治之始，行业立法则是行业法治之始。因此，对行业法治存在的问题进行探讨，首先要研究行业立法中存在的问题。不同于传统法治强调"硬法"之治的是，行业法治是"硬法"之治和"软法"之治的结合，行业立法存在的问题也就不仅仅是指由立法机关制定的"硬法"存在的问题，也包括制定行业标准等"软法"存在的问题。主要表现在以下几个方面：

（一）行业分类难以精确

社会是由各个不同的行业组成的，正是各行各业的法治状态组成了

---

① ［美］德隆·阿西莫格鲁、詹姆斯·A.罗宾逊：《国家为什么会失败》，李增刚译，湖南科技出版社2015年版，第229页。

行业法治，进而组成了法治社会。"从理论上讲，每一行业都必然应当存在一个法律体系"，[①]但是，行业的分类一直处于变动不居之中。如2017年《国民经济行业分类》规定的行业分类，跟2011年版相比，大类增加了1个，中类增加了41个，小类增加了286个。而且随着我国产业结构转型升级加快，互联网经济和现代服务业迅猛发展，新产业、新业态和新商业模式大量涌现，[②]行业的分类永远不会是静态的，只能是动态的，"社会到底由多少行业组成"只是一个理论上感觉有边界但实在是难以穷尽也就难以界定清楚的问题。在行业具体实践中，还经常存在对行业的界定的宽窄理解不一，甚至存在不同维度的行业界分。[③]以特种行业为例予以说明。我国特种行业的管理范围由国家根据不同历史时期的政治、经济状况和治安形势等决定，国家可以根据需要随时调整管理范围。[④]如1996年我国《拍卖法》曾将"拍卖业按照特种行业实施治安管理"，但2004年修订《拍卖法》时又将拍卖业剔除出特种行业。近些年随着市场经济的发展，除了公章刻制业、旅馆业等典型特种行业外，非典型特种行业也逐渐增多，如洗浴中心、发廊提供住宿，复印部、打字社提供公章刻制服务等。[⑤]这种现象的持续存在和不断衍变，导致行业与行业之间的分类始终存在着混乱和不协调的情况。行业分类的此等特质，决定了"行业法是流动性的，其边界是存在暧昧的"。[⑥]因此如何确定行业与行业之间的界限，进而采取不同的治理策略，制定相应的行业法律，是行业法治要解决但可能难以一下子解决的难题。

---

① 孙笑侠：《论行业法》，载《中国法学》2013年第1期，第48页。

② 参见2017年9月29日国家统计局副局长鲜祖德就修订《国民经济行业分类》答记者问。

③ 唐明良：《标准化与行政审批制度改革：意义、问题和对策》，载《中国行政管理》2013年第5期，第28页。

④ 参见熊一新、谢惠敏：《论我国特种行业的概念和管理范围》，载《公安大学学报》1998年第2期，第11页。

⑤ 参见台运启：《论特种行业的界定》，载《中国人民公安大学学报（社会科学版）》2010年第5期，第115页。

⑥ 语出自季卫东教授。参见张晓笑、杨桦：《探寻转型期法治的具体建设路径——"转型期法治与行业法制"全国研讨会综述》，载《浙江社会科学》2012年第1期，第154页。

行业分类的混乱和不协调的问题，带来了一系列后续问题，包括行业标准的分类混乱、行业标准之间的不协调、行业协会的发展不均衡、行业自治的实现可能还需要很长一段时间等。而这些问题都是行业法治的核心问题，如果不加以解决，势必会影响行业法治的运行。此外，我国地大物博，行业与行业之间差异很大，行业要如何才能实现本身的均衡发展，也是行业法治要重点考虑的问题。例如，鉴定行业是2017年《国民经济行业分类》明确规定的1380个小类行业之一，但是，仅就鉴定行业这个小类行业而言，一样存在发展不均衡的问题。据武汉市法院发布的数据，"2013年武汉市法院系统对外委托司法鉴定的平均结案率为80.21%，但各类案件的结案情况并不均衡，其中拍卖类案件和工程造价类案件结案率不理想。同时，特殊类型司法鉴定增长较快，如建筑工程质量鉴定、产品质量鉴定、机动车辆损失鉴定、房屋漏水原因鉴定等，但相应的司法鉴定机构却不足"。[①]

（二）狭隘的部门本位主义

历史学家黄仁宇曾针对我国台湾地区的情况指出，台湾"现行很多工商业的规定，不由法律做主，而仍是沿袭行政机构所颁的章程，亦即是尚未构成一种社会习惯，使行政长官亦当向法律低头。这样很容易重新再造中国传统上官僚主义的作风，也就是官僚机构，以保持本身之逻辑的完备为依归，而忽视问题之本质，逐渐使本身的机构僵化"。[②]黄仁宇指出的这个问题，恰恰也是我国行业法治存在的最典型的问题。行业一方面需要行业主管部门的依法监管，另一方面又需要依法自治，行业依法监管和行业依法自治的"法"，除了"软法"之外，"硬法"应当被限定在法的位阶体系中狭义的法律，最多能扩展到行政法规。而在现实情境中，我国行业法治的大厦正是建立在行业主管部门颁发大量部门规章的基础上。这

---

① 杨瑜娴：《区域视域下司法鉴定行业创新路径研究》，载《学习与实践》2015年第12期，第77页。

② 黄仁宇：《中国大历史》，九州出版社2011年版，第345页。

样做的不足之处在于，"我们的立法工作中，起草法规的往往是政府部门，这样就把部门本位主义体现在草案之中，只重视管理权，而不重视行业自治权，不重视行业关系主体的权利。制定一部'行业领域的法律'就变相成为'行业管理法'"。①这就是我国立法实践中长期存在的立法"部门化"现象，必然夹杂着部门利益，使立法有失偏颇。②这种现象由来已久。李步云教授早就指出"现在部门立法片面追求部门利益的现象比较严重。他们只顾扩大本部门的权力和利益，不顾权力的合理配置和利益的合理分配；不重视公民和法人权利的保障，只强调他们应尽种种义务。这种倾向需要认真解决"。③2014年10月，习近平总书记在十八届四中全会上也指出，我们在立法领域面临着一些突出问题，比如……立法工作中部门化倾向、争权推诿现象较为突出，有的立法实际上成了一种利益博弈，不是久拖不决，就是制定的法律法规不大管用。④而且在具体行业实践适用法律规则之时，"在不少部门眼中，规章或规范性文件的效力要远高于法律法规，有的部门甚至只认本部门的规章或规范性文件而不认法律法规"。⑤如建于1936年的宁波灵桥，是目前国内仅存的三铰拱钢拱桥，被列入浙江省重点保护文物，由于其所在的奉化江也是城市主干河道，近年来屡次发生船撞桥事故而导致桥体受损。就如何修复的问题，文物部门和交通部门发生过激烈的讨论。文物部门认为应按照《文物法》的规定，从文物保护规范出发"修旧如旧"，而交通部门则认为应按照《内河通航标准》的要求将桥梁净空从现在的4.1米增加到5米。⑥很显然，《文物法》是全国人大常委会颁布的法律，位阶高于行业主管部门颁布的《内河

---

① 孙笑侠：《论行业法》，载《中国法学》2013年第1期，第52页。

② 参见李克杰：《〈立法法〉修改：点赞与检讨——兼论全国人大常委会立法的"部门化"倾向》，载《东方法学》2015年第6期，第87页。

③ 李步云：《论法治》，社会科学文献出版社2008年版，第84页。

④ 习近平：《论坚持全面依法治国》，中央文献出版社2020年版，第95页。

⑤ 王克稳：《行政审批（许可）权力清单建构中的法律问题》，载《中国法学》2017年第1期，第99页。

⑥ 参见骆梅英：《行政许可标准的冲突及解决》，载《法学研究》2014年第2期，第51—53页。

通航标准》，但在行业实践中，"行政机关几乎从来不比较谁的'法'更大"，而"总是'就近适用'较低位阶的法律规范，因为……位阶越低的规范……往往越接近具体申请事实"。①显然，这是有违"法律优越"原则的。②宁波灵桥这个案例还只是涉及行业主管部门源自部门职责的本位主义，如果涉及源自部门利益的本位主义，情况就更复杂。由于部门利益的存在，行业立法越来越难以实现保护行业消费者的权益的目的，立法似乎正成为一个越来越缺乏吸引力的法律概念。③2019年2月，习近平总书记在中央全面依法治国委员会第二次会议上明确指出，这种守着自己的"一亩三分地"、抱着部门利益不放的状况必须改变。④

更严重的是，行业主管部门不仅承担了部门规章的制定，而且还承担了部门规章的执行和监管，即"监管部门集'三重角色'于一身，既是规制框架的制定者，又是规制措施的执行者，还是规制控制的监督者"。⑤这就是"权力扩张法律化"现象。⑥这种行政权力的日益膨胀引起了学界的高度警惕，"这样的结果是行政机关典型地集立法权与司法权于一身。他们有权制定具有法律效力的规章，这是立法性权力；有权裁判案件，这是司法性的权力。通过行使制定规章权和裁判权，行政机关得以决定私人的权利和义务"。⑦孟德斯鸠指出："当立法权和行政权集中在同一个人或同一个机关之手，自由便不复存在了。因为人们担心君主或议会可能会制定一些暴虐的法律并暴虐的执行。"⑧康德则进一步指出，立法者不得同时也是执法者，如果轻视这一点，无论法的执行者仅仅是一个人（独裁

---

① 骆梅英：《行政许可标准的冲突及解决》，载《法学研究》2014年第2期，第53页。

② 李贵连：《法治是什么：从贵族法治到民主法治》，广西师范大学出版社2013年版，第106页。

③ ［荷］A.托伦纳：《软法、政策与行政决定的质量》，林良亮译，载罗豪才、毕洪海编：《软法的挑战》，商务印书馆2011年版，第266页。

④ 习近平：《论坚持全面依法治国》，中央文献出版社2020年版，第254页。

⑤ 徐国冲、张晨舟、郭轩宇：《中国式政府监管：特征、困局与走向》，载《行政管理改革》2019年第1期，第74页。

⑥ 马长山：《公共领域的兴起与法治变革》，人民出版社2016年版，第23页。

⑦ ［美］伯纳德·施瓦茨：《行政法》，徐炳译，群众出版社1986年版，第7页。

⑧ ［法］孟德斯鸠：《论法的精神》，许明龙译，商务印书馆2013年版，第186页。

制）还是数人（贵族制），抑或是多人（民主制），最终必将陷入专制政治，人们的自由也会轻易地遭到侵犯。[①]在我国行政职能改革背景下，一种悖论现象突显出来，成为一种如鲠在喉般的存在。这种悖论现象就是，一方面是行政权力不断收缩，国家不断还权于社会；另一方面行政权力不断强化，政府不断与社会争权。"法律的使用背离法治理想，在今天已经变得非常普遍。"[②]我国这种部门本位主义的行业立法架构的安排，也隐含着对行业法治精神的背离，限制着行业法治的良性运转。

此外，我国行业标准的管理架构也体现了这种部门本位主义的缺陷。当前我国的国家标准、地方标准和行业标准均由国家行政机关制定。尽管《标准化法》也给予了行业协会在标准立项建议、论证标准立项的可行性、提出标准草案等方面的参与空间，且2017年《标准化法》修订以后，还增加了行业协会等社会团体制定"团体标准"的规定，但行业标准由国家行政机关主持制定的体制并没有任何改变。这种体制降低了行业标准制定的效率，实质上制约了行业标准的发展，与行业标准的国际趋势也相违背。

（三）行业法律的滞后性

上文黄仁宇指出的"机构僵化"的问题，也是我国的行业立法架构的另一个重要缺陷，直接导致行业法律的修订时间过长，如《药品管理法》颁布于1984年，直到2001年才完成第一次修改；《邮政法》颁布于1986年，直到2009年才完成第一次修改。行业法律的频繁修改并不利于法律的稳定性，笔者批评行业法律的修订时间间距过长，并非倡导要对行业立法进行频繁的修改，而是考虑到我国从计划经济向市场经济转型的客观现实，认为制定于计划经济时期的行业法律应该及时根据经济转型而做出修订。法律本身具有滞后性和保守性，如果法律再长期滞后于经济和行业的发展，损害的是社会和公众对法治的信仰。

---

① ［日］中山龙一等：《法思想史》，王昭武译，北京大学出版社2023年版，第113页。

② ［英］布莱恩·辛普森：《法学的邀请》，范双飞译，北京大学出版社2008年版，第234页。

（四）行业协会立法不完备

我国的行业协会在参与行业立法方面已具备法律空间，立法实践中也曾存在行业主管部门委托行业协会立法的案例，如作为部门规章的《价格违法行政处罚决定》，是国家发展改革委员会委托中国价格协会起草的。虽然行业协会的参与推动了行业立法的发展，进而促进了行业法治的发展，但是，我国关于行业协会的立法却仍然很不完备，除了在相关行业法如《律师法》《资产评估法》《证券投资基金法》等法律中以专章对行业协会做出规定外，对行业协会的单独立法还只有一部行政法规《社会团体登记管理条例》，对在行业法治和经济实践中发挥了巨大作用的行业协会来说，这种位阶较低，而且"关于登记程序和政府管理的内容多，行为规范和权利保障的内容很少，亟待通过赋权来激发活力"。①

（五）缺失跨行业的标准化协调机制

从行业法治的角度来看，除了行业标准的管理体制之外，《标准化法》规定的行业标准制度也存在不足之处，主要表现为《标准化法》第六条对标准化协调机制的设计只提到"跨部门跨领域"的协调而没有明确提及"跨行业"的协调。事实上，早在1990年原国家技术监督局就发布过《行业标准管理办法》，其中第二条就明确要求"有关行业标准之间应保持协调、统一，不得重复"。2023年11月28日，国家市场监督管理总局修订发布了新的《行业标准管理办法》，自2024年6月1日起施行。新《行业标准管理办法》进一步完善了行业标准协调机制和行业标准协调推进机制，主要表现在以下三个方面：首先，明确在行业标准的制定和实施等

---

① 陈柏峰：《中国法治社会的结构及其运行机制》，载《中国社会科学》2019年第1期，第87页。

环节设置标准之间协调配套的要求；①其次，明确要求行业主管部门应当通过定期监督检查，及时纠正重复交叉或者不协调配套的行业标准；②再次，对于行业标准与国家标准或其他行业标准之间确实存在的重复交叉或者不协调配套的情形，国务院标准化行政主管部门应当会同国务院有关行政主管部门提出整合、修订或者废止等意见。如果在国务院有关行政主管部门和标准化行政主管部门的层面未得到有效解决，最终应报请国务院标准化协调机制解决。③此间国家有关行业主管部门还根据各自职责陆续颁布了所在行业的行业标准管理办法，如《水利行业标准管理办法》《工程建设行业标准管理办法》《水运工程建设行业标准管理办法》《邮政行业标准管理办法》《公路工程行业标准管理办法》《海关行业标准管理办法》《税务行业标准管理办法》《文物保护行业标准管理办法》《金融行业标准管理办法》《安全生产行业标准管理规定》《工业通信业行业标准制定管理办法》《广播电视和网络视听工程建设行业标准管理办法》《市场监管行业标准管理办法》《交通运输行业标准管理办法》等，基本上都有"行业标准之间应保持协调"之类的规定。有的行业主管部门还专门成立了标准化管理委员会作为最高决策机构，委员会的职责之一即是协调行业标准之间的冲突。此等规定说明行业标准之间的冲突是长期客观存在的，行业标准之间的冲突需要予以正视和解决。有学者正确指出，"还

---

① 2023年《行业标准管理办法》第六条规定："行业标准的技术要求不得低于强制性国家标准的相关要求，并与有关标准协调配套。"第十条规定："在行业标准制定、实施过程中存在争议的，由国务院标准化行政主管部门组织协调；协商不成的报请国务院标准化协调机制解决。"第十三条规定："起草行业标准应当与已有的国家标准、行业标准协调，避免交叉、重复和矛盾。"

② 2023年《行业标准管理办法》第二十六条规定："国务院有关行政主管部门应当定期对其发布的行业标准开展监督检查，及时纠正行业标准不符合强制性国家标准，与国家标准、其他行业标准重复交叉或者不协调配套，超范围制定以及编号编写不符合规定等问题。"

③ 2023年《行业标准管理办法》第二十八条规定："行业标准与国家标准、其他行业标准之间重复交叉或者不协调配套的，国务院标准化行政主管部门应当会同国务院有关行政主管部门，提出整合、修订或者废止行业标准的意见，并由国务院有关行政主管部门负责处理。国务院有关行政主管部门未处理的，由国务院标准化行政主管部门组织协商，协商不成的，报请国务院标准化协调机制解决。"

有一种情况，那就是在不同的行业和领域中，不同群体所形成的技术标准是相互冲突的，甚至是相互对立的，在这种情形下，一个行政法治过程是没办法进行选择和取舍的"。①这种冲突只能在行业法治的理论和实践中得到解决，更准确地说，只能在"跨行业"的标准化协调机制中得到解决。

总之，从语义上看，虽然"跨部门跨领域"似乎在一定程度也表达了"跨行业"的意思，但"行业"是社会治理的基本单元，也是标准化协调机制的基本单元，"跨部门跨领域"的标准化协调机制几乎大都需要通过"跨行业"的标准化协调来予以落实。故"跨行业"标准化协调机制的缺失仍然构成现行《标准化法》的一个制度缺陷。尽管2023年新颁布的《行业标准管理办法》从狭义的行业标准的角度对行业标准协调机制进行了完善，适当弥补了《标准化法》在"跨行业"标准化协调机制方面存在的不足，但从行业法治的角度而言，在《标准化法》第六条中增加"跨行业"的标准化协调机制，使"跨行业"与"跨部门跨领域"可以在《标准化法》中并列存在，仍然是十分必要的。值得注意的是，2023年《行业标准管理办法》第三条还明确规定，对于跨行业的技术要求，不应当制定行业标准。这里提及的行业标准，自然是指狭义的行业标准。这里提及的"跨行业"的技术要求，更加印证了《标准化法》在法律层面纳入"跨行业"的标准化协调机制的现实必要性。

二、行业立法问题的完善

（一）完善行业立法体制

第一，可建立专业工作委员会提出立法草案的立法体制。过去我国基本上实行行业主管部门主导立法的立法体制，有学者曾针对自然垄断行业中存在的立法问题而建言：为了确保立法能够促进社会公共利益，自然垄

---

① 关保英：《论行政法中技术标准的运用》，载《中国法学》2017年第5期，第225页。

断行业法（不管是创制新的法律，还是修改现行法律）不能再走部门立法的老路，而应由人大常委会组织包括政府部门、各行业的技术专家、法学家、律师、经济学家、各行业企业和消费者代表等在内的专业工作委员会立法。①这是一个非常好的建议，虽然这个建议是针对自然垄断行业的立法体制提出来的，但却适用于所有行业立法体制。

第二，可建立行业协会、科研机构、法律服务机构等第三方接受委托起草法律草案的立法体制。虽然我国当前的行业立法体制已经出现了从行业主管部门主导立法向开门立法转变的趋势，但这种进步并不彻底。"全国人大、国务院应当收回法律法规的起草权，对于专业性、技术性较强、立法机关力所不达的法律法规草案，可以委托高校科研机构、法律服务机构等独立第三方完成。"②未来应考虑在专业工作委员会立法体制之外，建立第三方如行业协会、科研机构、法律服务机构接受立法机关委托起草行业立法的体制，作为专业工作委员会立法的补充模式，以杜绝行业主管部门自己立法、自己执行的弊病。第三方接受立法机关委托进行行业立法，既是政府购买服务的重要方面，也是增强社会活力的重要依托。

第三，完善配套行业立法。为了配合行业立法体制的完善，一些重要的行业法律应当抓紧制定出来，特别是对行业协会等行业组织的立法，目前我国只有一部《社会团体登记管理条例》，不仅条文简单，而且位阶较低，已远远满足不了行业协会等行业组织等的发展要求。学界已提出建议应制定一部专门性的行业协会法律即《行业协会法》，对行业协会的设立、定位、职能、权利、救济、责任等做出明确规定。行业协会接受立法机关委托的行业立法模式，亦可以在未来的《行业协会法》中加以明确规定。2023年9月8日，据十四届全国人大常委会发布的消息，《行业协会商会法》已列入立法规划，但还处于"需要抓紧工作，条件成熟时提请审

① 郑鹏程：《论我国自然垄断行业的垄断特征与法律规制》，载《法学评论》2001年第6期，第35页。

② 王克稳：《论行政审批的分类改革与替代性制度建设》，载《中国法学》2015年第2期，第23页。

议"的项目中。预计《行业协会商会法》的出台尚需时日。

（二）完善行业标准立法

第一，行业标准是行业法治最重要的制度要素。我国"标准的实施属于行政审批的范围，也主要由行政机关或具有行政性质的机构实施。但在域外，标准主要是由行业组织制定和实施的"。[1]德国和美国等国家均是如此。因此我国应当将行业标准的制定权明确赋予行业协会等社会团体，行政机关应退出行业标准的制定领域。这是国家还权于社会的重要表现，也是行业法治和行业自治的必然要求。

第二，对于行业标准的矛盾和冲突，除了在现行跨部门跨领域的协调制度之外，还应明确建立跨行业的协调制度，确保所制定的标准"协调配套"，更好发挥标准化在推进国家治理体系和治理能力现代化中的"基础性、战略性作用"。

第三，建立和推广综合标准制度。为解决针对不同行业准入的行政许可标准的冲突问题，有学者曾建议"以特定事项、行业、区域为视角，统一不同部门的许可标准，制定并公布跨部门的综合性标准"。[2]在行政法治中，编制这种跨行业、跨区域、跨部门的综合标准已有零星实践，如有些地方存在的行业联合审批指南。而且这种综合标准制度也开始蔓延到某些具体的行业法治中，如交通运输行业。近年来，随着国家标准化工作深化改革的要求，铁路、公路、水路、民航和邮政等交通运输行业的子行业均已经形成了各自的标准化管理制度，制定综合标准化管理制度的时机已经成熟。因此，国家交通运输行业主管部门于2019年5月发布了《交通运输标准化管理办法》，率先建立了交通运输行业综合标准化管理制度。交通运输行业的综合标准制度亦有助于减少铁路、公路、水路、民航和邮政等行业中的标准冲突，也可以理解为是《标准化法》规定的标准协调制度

---

① 王克稳：《论行政审批的分类改革与替代性制度建设》，载《中国法学》2015年第2期，第26—27页。

② 骆梅英：《行政许可标准的冲突及解决》，载《法学研究》2014年第2期，第59页。

的体现和运用。未来应该在其他行业法治实践中大力推广综合标准制度。

（三）及时修订行业立法

我国在过去几十年中一直非常重视行业法律的制定和修订，但仍有部分早期特别是20世纪80年代制定的行业法律的修订时间过长，这种情况应该得到重视和改变。如最近几年在美中贸易战背景下以及美国商务部将中国华为公司列入所谓"实体清单"的特殊时点发生的美国联邦快递未按名址投递相关快递的行为，我国政府相关部门启动了对联邦快递的调查。依法调查联邦快递，正是建立在我国过去三十多年形成及完善的快递行业法律体系基础之上，彰显了行业法治精神。很难想象，如果没有《邮政法》《快递暂行条例》《快递市场管理办法》等法律法规，没有《快递服务 第1部分：基本术语》《快递服务 第2部分：组织要求》《快递服务 第3部分：服务环节》等一系列快递行业国家标准，中国将如何对快递行业进行行业管理，维护行业秩序，捍卫行业利益？调查美国联邦快递一案带来的额外启示是，未来我国应该在已经建立行业法律体系的基础上，抓紧对行业法律进行清理，及时修订行业法律，使之更符合行业法治的要求。

此外，目前正在持续推进的行政审批制度改革也要求及时修订行业立法。我国立法实践将行政审批与行政许可视作同一概念，[①]根据我国《行政许可法》的规定，法律、行政法规、地方性法规以及必要时国务院的决定和省级政府规章可以设定行政许可。随着行政审批改革的推进，现在"需要清理的审批事项多为法律设定的事项，进一步改革必然涉及法律的全面清理和修订"，[②]故这里只以法律设定的行政审批权的改革为例展开分析。当前法律设定的行政审批权的改革，除了部分是由全国人大常委会

[①]　如2002年8月23日，时任国务院法制办公室主任杨景宇在第九届全国人民代表大会常务委员会第二十九次会议上做关于《中华人民共和国行政许可法（草案）》的说明时指出：行政许可（也就是通常所说的"行政审批"），是行政机关依法对社会、经济事务实行事前监督管理的一种重要手段。

[②]　王克稳：《论行政审批的分类改革与替代性制度建设》，载《中国法学》2015年第2期，第22页。

以决定的方式和修订法律的方式推行之外，更多的是通过国务院颁发简政放权的政策来推行。然而，"法律、法规所设定行政许可事项的法律效力并不会因简政放权的相关政策规定而消灭"。[①]也就是说，在政策宣布取消或下放某项行政审批职能时，由于相关法律还没有修改，基于法律设定的行政审批职能依然停留在原来状态。此时政府监管部门是否需要行使行政审批权，处于左右为难之境。"改革未与立法、修法完全同步，导致在国务院以规范性文件的方式取消、下放审批事项之后，相关法律、法规被修改之前，出现了一个'空档期'。"[②]如2016年2月3日，国务院发布了《关于第二批取消152项中央指定地方实施行政审批事项的决定》，其中包括由省级测绘地理信息行政主管部门负责的测绘计量检定人员资格认定被取消。但与此有关联的《计量法》第十二条却迟至2017年12月28日才被相应修改。2016年2月3日到2017年12月28日即为计量行政部门对计量检定人员进行行政考核的"空档期"。[③]为真正落实十八届四中全会提出的"重大改革于法有据"的要求，行政审批制度改革不能再像过去那样以下发政策的方式推进，而应通过及时修订行业立法，以彻底取消不必要的行政审批，即"实现政策主导型改革向法治主导型改革的转变，发挥法治对改革的引领和保障作用"。[④]

至于行业分类难以穷尽这个行业立法的先天难题，这是一个社会、

---

① 马怀德：《行政审批制度改革的成效、问题与建议》，载《国家行政学院学报》2016年第3期，第15页。

② 马怀德：《行政审批制度改革的成效、问题与建议》，载《国家行政学院学报》2016年第3期，第16页。

③ 2015年《计量法》第十二条的规定是："制造、修理计量器具的企业、事业单位，必须具备与所制造、修理的计量器具相适应的设施、人员和检定仪器设备，经县级以上人民政府计量行政部门考核合格，取得《制造计量器具许可证》或者《修理计量器具许可证》。"可见，此时仍保留"县级以上人民政府计量行政部门考核合格"的规定，这自然包括对计量检定人员的考核。而2017年修订的《计量法》第十二条被简化为："制造、修理计量器具的企业、事业单位，必须具有与所制造、修理的计量器具相适应的设施、人员和检定仪器设备。"可见，此时已取消了"县级以上人民政府计量行政部门考核合格的规定"。

④ 马怀德：《行政审批制度改革的成效、问题与建议》，载《国家行政学院学报》2016年第3期，第17页。

经济和行业中的结构性的问题，很难在短期内得到妥善解决。只有随着行业实践的进一步发展，才可能在发展中逐步解决新出现的行业问题，才可能解决新兴行业的法律保障和法律规制等问题。因此，如同改革的问题只能在发展中解决一样，行业实践的新问题也只有在发展中逐步解决、逐步消除。

第二节　完善行业监管机制

如同行业法治是一种"混合"法治一样，行业监管则是一种"混合"监管。对于行业发展而言，政府的依法监管是不可或缺的，但我国行业监管尤其是政府监管还存在一些问题，为避免监管失灵，需要完善行业监管机制。

一、行业监管存在的问题

（一）重审批轻监管的传统仍然存在

监管不同于行政审批，"监管是事中事后的行政行为，是持续的过程管理；行政审批是事前审查管控，是一次性源头管理"。[①]但长期以来，我国政府行业主管部门在行业管理中过分依赖行政审批，设置了大量的前置行政审批事项，且存在"以审批代监管""只审批不监管"等问题。政府也早已认识到了这些问题，因此，国务院开始大力推动行政审批制度改革，大幅减少行政审批事项，以实现简政放权、放管结合、优化服务，即"放管服"改革。从2002年至今，国务院下发了17份关于行政审批制度改革的文件，共取消、下放、调整或清理行政审批项目3662项。具体详见本

---

① 魏礼群：《创新和加强监管 提高政府治理水平》，载《行政管理改革》2015年第7期，第20页。

书附录C《国务院行政审批改革政策性文件清单》。

但是，从行政审批改革的效果上来看，我国的行政审批制度改革还存在注重数量、忽视质量和明减暗增、上减下增等问题，各级政府取消下放的审批事项多是"含金量"不高、"不痛不痒"、细枝末节的项目，还有的政府和地方将审批"改头换面"为"核准""备案""指标"等，权力不减反增，影响了改革的效果和质量。①除了以这种隐蔽方式变相行使行政审批权之外，实践中还存在有一些事项名义上交由行业协会实施但实际仍由行政机关掌控的现象，以及不受《行政许可法》限制的非行政许可审批的行为，②"每轮行政审批改革中，虽然都会有大量的非行政许可审批事项被清理和废止，但清理过后更多的非行政许可审批又会被创设出来"。③尽管国务院在2015年做出了"不再保留非行政许可审批"的决定，"非行政许可作为一类审批已经从国务院部门行政审批权力清单中清除出去了，但是，这其中不少审批事项并没有因此而终止"。④种种迹象表明，我国行政审批制度的改革并不彻底，重审批轻监管的思维习惯并没有得到根本改变。

党的十八大后，在持续推进行政审批改革的同时，我国开始倡导事中事后监管理念。2013年7月国务院发布《关于废止和修改部分行政法规的决定》，提出要"促进和保障政府管理由事前审批更多地转为事中事后监管"。这是我国事中事后监管理念的发端。此后我国开始在很多行业倡导事中事后监管理念。以"事中事后监管"为检索内容，检索"北大

---

① 马怀德：《行政审批制度改革的成效、问题与建议》，载《国家行政学院学报》2016年第3期，第15—16页。

② 如2004年8月2日，国务院办公厅发布了《关于保留部分非行政许可审批项目的通知》。这个通知创设了一种不同于行政许可且不受《行政许可法》规范的审批——非行政许可审，从而打破了行政许可法对行政审批与行政许可关系的界定，将行政审批作为行政许可的上位概念，将行政审批划分为行政许可审批与非行政许可审批两种类型。参见王克稳：《行政审批（许可）权力清单建构中的法律问题》，载《中国法学》2017年第1期，第91页。

③ 王克稳：《行政审批（许可）权力清单建构中的法律问题》，载《中国法学》2017年第1期，第91页。

④ 王克稳：《行政审批（许可）权力清单建构中的法律问题》，载《中国法学》2017年第1期，第96页。

法宝·法律法规数据库"中的"中央法规司法解释"栏目（截至2019年9月10日），发现共计有1520篇法律法规和政策文件对"事中事后监管"做出了规定，涉及外贸行业、展览行业、工程行业、中介行业、制造行业、互联网行业、环保行业、融资租赁行业、通用航空行业、医疗行业、知识产权行业、职业教育行业、煤炭行业、快递行业、餐饮行业、旅游行业、建筑行业、养老服务行业、特种设备行业、投资行业、水利行业、农业机械行业等各种不同行业。可见"事中事后监管"理念已经成为政府一致的行动。

事中事后监管在我国自由贸易区建设中成效最为显著。上海自贸区是我国第一个自贸区，根据2013年9月国务院发布的《中国（上海）自由贸易试验区总体方案》，"全面提升事中事后监管水平"是上海自贸区的重要使命。据此，上海自贸区探索构建了以转变政府职能为核心的事中事后监管制度。①这是我国"事中事后监管"制度的正式发端。自上海自贸区成立后，我国又先后在广东、天津、海南等省市建立了自贸区，所有自贸区的总体方案均提出要构建"事中事后监管体系"。"事中事后监管"制度直接促进了自贸区政府职能的转变，激发出社会、市场和行业的活力。

尽管"事中事后监管"制度在自贸区内取得了突出成效，但从全国范围的行业监管来看，审批权取消或下放后的"事中事后监管体系"是很不健全的。很多行业暴露出来的问题就比较典型地反映了"事中事后监管"不健全的弊端。如很多直销企业和互联网金融企业拿到牌照后，挂羊头卖狗肉，从事传销和"套路贷"等各种各样的违法行为。以P2P为例，因为"进入P2P领域的门槛非常低，以至于相当数量的欺诈行为在这个行业出现"，②监管部门只有等到问题爆发后才能后知后觉，但此时社会公众的财产已经遭受了严重损失，从而影响了社会的安定。

---

①　参见陈奇星：《强化事中事后监管：上海自贸试验区的探索与思考》，载《中国行政管理》2015年第6期，第25—26页。

②　沈国明等：《法治中国道路探索》，上海人民出版社2017年版，第162页。

（二）传统监管不适应新的形势

我国长期以来存在政府监管过分注重和倚重行政审批和行政处罚，其他行政监管手段较为单一的问题。比如，作为传统行业的建筑行业实行严格的行业资质管理制度。我国《建筑法》第十三条在法律的层面建立了建筑行业资质管理制度。这种资质管理制度源自计划经济时代对苏联工程质量管理模式的借鉴。不论是首次资质就位，还是资质续期，都依赖于政府的事前审批。建筑行业资质管理制度在维护建筑市场秩序和保障工程质量方面起到了一定的作用，这是其正当性的体现。但是资质管理制度下的建筑行业也产生了不少问题：

其一是随着市场经济和城镇化战略的推进，获得资质的建筑业企业数量有限，远远满足不了逐年扩大的建筑市场的需求，从而导致资质挂靠成了行业内心照不宣的潜规则，形成"有资质的没参与建设，仅依靠出租或出借资质、收取管理费生存，而参与建设的欠缺相应资质"的恶性循环局面。再加上违法分包、层层转包等"合谋"操作，发生的工程质量事故不在少数。

其二是我国有关建筑业企业资质管理规定对内资建筑业企业和外资建筑业企业在资质管理方面有差别待遇之嫌。根据《建筑法》的规定，国家建设行业主管部门审批资质的条件包括四项，即注册资本、专业技术人员、技术装备和已完成的建筑工程业绩，[①]这四项条件在内资建筑业企业和外资建筑业企业进行资质申请时没有区别，但在资质续期时存在区别。在此，首先有必要简要回顾一下我国建筑业企业资质管理的历史。2007年之前，我国建筑业企业资质管理实行严格的年检制，资质年检的内容是检查企业资质条件是否符合资质等级标准，是否存在质量、安全、市场行

---

① 根据2015年修订的《建筑业企业资质管理规定》（中华人民共和国住房和城乡建设部令第22号）第三条的规定，企业应当按照其拥有的资产、主要人员、已完成的工程业绩和技术装备等条件申请建筑业企业资质，经审查合格，取得建筑业企业资质证书后，方可在资质许可的范围内从事建筑施工活动。在这里，企业申请资质的条件包括资产、人员、业绩和装备四项，与《建筑法》的规定有细微差别。但鉴于作为法律的《建筑法》的位阶高于作为部门规章的《建筑业企业资质管理规定》，因此应以《建筑法》的规定为准。

为等方面的违法违规行为。[①]可见，资质年检的基本条件仍然为资质申请四项条件。但是，随着经济社会的发展，建筑市场规模进一步扩大，年检制显然无法满足日益增加的建筑市场的需求，所以国家建设行业主管部门2006年12月修订了《建筑业企业资质管理规定》（自2007年9月实施），首次将建筑业企业资质从年检制调整为五年有效期制，有效期届满后可申请续期。续期的条件是在资质有效期内遵守有关法律、法规、规章、技术标准、信用档案中无不良记录，且注册资本、专业技术人员满足资质标准要求。[②]可见，五年有效期制下的资质续期的基本条件较资质申请条件减为两项，即注册资本和专业技术人员。此外，如两个及以上的内资建筑业企业进行合并后，可由合并后存续的企业或新设的企业承继合并前各方中较高的资质等级。反观外商投资建筑业企业，所享受的待遇则要严格许多。根据国家建设行业主管部门2003年颁布的《关于外商投资建筑业企业管理规定中有关资质管理的实施办法》（现已失效），除新设立的外商投资建筑业企业按最低等级核定资质等级外，外国企业投资入股或收购内资建筑业企业，企业性质变更为中外合资经营建筑业企业、中外合作经营建筑业企业或外资建筑业企业，企业资质按照其实际达到的标准重新核定。不言而喻，资质重新核定的条件仍然包括注册资本、专业技术人员、技术装备和已完成的建筑工程业绩等四项要求在内。这种差别待遇值得反思。但是，这里有一个变化是，2015年修订的《建筑业企业资质管理规定》第十八条关于资质延续的规定，已经取消了原有的被简化的资质延续条件的规定，似乎表达了不再区分资质延续条件和资质申请条件的立法诉求。如果这种理解是正确的，那就意味着我国在同等对待内资和外资建筑业企业的问题上迈出了正确的一步。此外，2015年《建筑业企业资质管理规定》第二十一条还取消了"合并后存续或者新设立的建筑业企业可以承继合并前各方中较高的资质等级"的规定，明确规定企业合并与企业分立、企业改制和企业重组等一样，如需承继原建筑业企业资质，均应当申请重新核

---

① 参见2001年《建筑业企业资质管理规定》第二十一条第一款。
② 参见2007年《建筑业企业资质管理规定》第十六条第二款。

定资质等级。这种规定与对外商投资建筑业企业的规定是完全一致的，在同等对待内资建筑企业和外资建筑业企业方面，这同样是一种进步。

其三是资质授予的对象是建筑业企业，有了资质才符合市场准入的要求，这相当于赋予企业一种身份。但是，企业的资质是静态的，而市场的发展是动态的，"企业的资质只能代表过去，而不能代表未来"，[①]因此，静态的资质不能适应动态的市场发展的要求，过去的业绩也不能完全满足未来的市场要求。梅因指出，"所有进步社会的运动……是一个'从身分到契约'的运动"，[②]由此反观我国建筑业企业资质管理制度，仍停留或倒回在"身份"的状态里，并不太符合梅因论述的进步社会的运动规律。虽然2004年、2018年最高人民法院两度通过颁布司法解释，在有限的程度上淡化了资质的作用，[③]但在建筑行业管理实践中，行业资质管理制度并没有得到根本的撼动。目前，我国仍然固守严格的行业资质管理制度，这样的监管手段或方式显然已经落后于形势。

面对新的形势，政府对传统行业进行监管的手段和方式存在不适应的问题，而面对新兴行业，这方面的问题更加突出，这主要表现在以下几个方面：一是在对共享经济、互联网经济、互联网金融等新业态，未能及时建立起有效的新的监管规则；二是市场经济体制下，要充分尊重市场主体的经营自主权，在监督检查方式和频率、可采取的行政强制手段和措施等

---

① 白贵秀：《建筑业资质管理制度研究》，载《法学杂志》2011年第8期，第84页。

② ［英］梅因：《古代法》，沈景一译，商务印书馆1996年版，第97页。

③ 2004年10月25日，最高人民法院发布《关于审理建设工程施工合同纠纷案件适用法律问题的解释》，虽然其中第一条仍然规定建设工程施工合同具有"承包人未取得建筑施工企业资质或者超越资质等级"和"没有资质的实际施工人借用有资质的建筑施工企业名义"两种情形，应当认定无效；但紧接着第二条又规定，虽然建设工程施工合同无效，但建设工程经竣工验收合格，承包人请求参照合同约定支付工程价款的，应予支持。可见，资质仍然是判定建设工程施工合同是否有效的标准，但如果工程质量合格的话，将产生合同有效的后果。这样的安排被视为在一定程度上淡化了资质的作用，工程质量被认为是处理建设工程合同的重要标准。这种思路在最高人民法院2018年12月29日发布的《关于审理建设工程施工合同纠纷案件适用法律问题的解释（二）》得到了延续，新的司法解释第四条明确规定"缺乏资质的单位或者个人借用有资质的建筑施工企业名义签订建设工程施工合同，发包人请求出借方与借用方对建设工程质量不合格等因出借资质造成的损失承担连带赔偿责任的，人民法院应予支持"。

方面，都必须最大限度予以克制，在这种情况下如何用最少的监管取得最好的监管效果，对于政府的行业监管是一大挑战。近年来，我国大力推进"双随机、一公开"和"互联网+监管"模式，取得了一些进展，但也还存在一些问题，不能完全适应形势需要。正是因为传统政府监管手段不适应新的形势，行业监管需要效仿自贸区的经验来构建以信用监管为核心的事中事后监管模式。

市场经济既是法治经济，也是信用经济。信用监管被认为是更符合市场经济精神的新型行业监管方式，理应充分发挥行业协会和行业自律的作用，只有这样才能减轻行业监管部门的负担和降低社会治理成本。目前我国已经推行企业信用评价制度、统一社会信用代码制度、企业年报制度、企业信用信息公示制度、信用承诺制度等信用监管制度。信用监管制度的逻辑是，首先体现政府对社会、行业和企业的信任，而这种信任，则是社会治理和行业治理"合作共治"的基础。正如回应型监管理论主张的："要想在监管者与被监管者之间建立紧密联系，从而使监管者能够充分了解被监管者的动机，与其真诚协商对话，都必须以互相信任为前提。"[1]"正是信任构成了安全感和秩序的基础，也构成社会和谐的前提。"[2]其次，如果企业违背了信用监管制度，辜负了政府先前的信任，将承担数倍于此前所获利益的不利后果。比如，2019年7月，国家建设行业主管部门发布了《关于部分建设工程企业资质延续审批实行告知承诺制的通知》，规定自2019年9月1日起，工程勘察、工程设计、建筑业企业、工程监理企业资质延续审批实行告知承诺制，同时强调建设工程企业应对承诺内容的真实性、合法性负责，并承担全部法律责任，如发现申请企业承诺内容与实际情况不相符的，将承担资质撤销、三年内不得申请该项资质，并列入建筑市场主体"黑名单"的后果。可见，某一年度资质申报造假的后果，除了被撤销本来就不应当获得的资质和被列入"黑名单"外，

---

① 杨炳霖：《回应型监管理论述评：精髓与问题》，载《中国行政管理》2017年第4期，第134页。

② 季卫东：《法治构图》，法律出版社2012年版，第38页。

还有三年内不得再申报该项资质的限制。即便不考虑对造假者的声誉影响，不利后果也超过了造假所获得的利益的三倍以上。一般而言，任何一个理性的"经济人"，是不会轻易铤而走险的。这样，就将形成"没有审批但市场秩序也不错"的局面，行业主管部门可以从大量的审批事务中解放出来，集中精力完善事中事后监管机制。

尽管信用监管制度在褒奖诚信企业和惩戒失信企业均起到了一定作用，在强调行业自律和企业自律方面发挥了重要作用，但仍然存在一些体制机制缺陷。其一是体制缺陷。以企业信用评价制度为例，行业实践中，包括公路行业、金融行业、电力行业、环保行业、水利行业、气象行业、能源行业、铁路行业、旅游行业、快递行业、拍卖行业、体育行业、医疗行业、土地行业等在内的很多行业均开展了信用评价工作。但是这种企业信用评价仍然是由行业监管部门来主导推进的，信用评价准则由行业主管部门制定，信用评价流程由行业主管部门控制，信用评价结果由行业主管部门发布，体现的仍是计划经济下"政府干预"优于"政府信任"的典型心态和思维。"如只有行政机关才有权提供……信用评级，那么，产品生产和提供者就越是接近于一个寻租的地位。自然人或组织就有可能竭尽全力疏通关系，让具有某种垄断地位的信用评级机构对其不进行负面评级或进行虚高的正面的信用评级。"[1]而且信用评价的指标体系与具体行业实践还存在一定程度的脱节，凡此种种很可能使信用评价流于形式，从而起不到真正的评价企业信用的效果。有学者建议"政府不能直接参与对企业信用的评定工作"。[2]的确，这种行业信用建设工作，由更贴近市场和行业的行业协会来承担更合适。[3]国务院2019年政府工作报告特别提出要推行信用监管改革，国家发展改革委等十部委紧随其后联合发布了《关于全

---

① 沈岿：《社会信用体系建设的法治之道》，载《中国法学》2019年第5期，第33页。

② 高印立：《我国建筑业信用体系的构建及现存问题分析》，载《建筑经济》2007年第5期；转引自宋宗宇：《建设工程质量监管法律机制研究》，法律出版社2015年版，第90页。

③ 目前，偶尔可见一些行业协会制定了行业企业信用评价管理制度，并主导了行业企业信用评价工作，例如，2022年3月，中国施工企业管理协会在工程建设行业开展了工程建设企业的信用等级评价工作。

面推开行业协会商会与行政机关脱钩改革的实施意见》，提出要推动行业协会商会在行业信用建设方面发挥重要作用。行业协会作为推行信用监管改革的核心组织和功能主体，可以在信用监管的系统检测、顶层设计和动态调整等方面发挥重要作用。①另外，虽然我国当前信用评价的适用对象已经从企业扩大到了个人，但依然还有一些重要行业的信用评价还处于缺位状态，比如建筑市场主体信用评价制度。②其二是机制缺陷。一个行业的信用体系，包括从业人员的个人信用、行业企业信用、行业主管部门信用和行业协会信用在内，其中，从业者的个人信用是基础，企业信用是核心，行业主管部门及行业协会的信用是关键。③但我国自贸区的信用监管经验显示，虽然自贸区通过大数据手段探索了一部分信用监管手段，但是碍于我国整体的社会诚信水平建设的滞后，无法真正实现对失信者施加信用惩戒的后果。④这主要是因为我国目前没有统一的公共信用信息公示平台，也难以建立有效的信息共享机制。公共信用信息公示平台方面，目前只有企业类市场主体的信用信息公示平台，缺乏个人和非企业组织的信用信息公示平台，即便已有企业类市场主体信用信息公示平台，但其披露的信息滞后，且不全面。而信息共享机制方面，由于监管数据目前难以标准化，而形成了事实上的数据壁垒，在这种情形下必然难以建立有效的信息共享机制。

（三）传统监管缺乏有效的协调机制

传统监管模式下，很容易产生监管越位、错位或缺位的问题，行业主管部门对行业的监管缺乏有效的协调机制，其原因如下：其一是由于逐

---

① 参见祝丽丽、周雨、吴瀚然：《强化行业自律 完善市场信用监管》，载《宏观经济管理》2019年第7期，第28页。

② 参见2021年10月23日全国人大财政经济委员会《关于第十三届全国人民代表大会第四次会议主席团交付审议的代表提出的议案审议结果的报告》。

③ 参见宋宗宇：《建设工程质量监管法律机制研究》，法律出版社2015年版，第95页。

④ 曹晓路、王崇敏：《中国特色自由贸易港事中事后监管创新研究》，载《行政管理改革》2019年第5期，第40页。

利驱动，相关部门争权夺利，对有利的争着管，导致监管越位或错位；同时，随着行政审批制度改革的推进，很多行业取消了大量行政审批，相关部门由于无利可图，便选择一放了之，放任自流，不履行事中事后监管责任，又导致出现监管缺位问题。其二是由于近年来行政问责日趋严格，有的部门能推就推，推卸监管责任，导致监管缺位；而有的时候片面对行政问责实行范围从宽的做法，只要有一点关系的部门和人员，都可能被纳入到问责范围，因此导致有的部门过分"紧张"，生怕被问责而抢着管，出现"没事找事"的局面，从而导致监管越位或错位。

监管领域普遍认为，监管机构的组织结构会对其监管能力和监管绩效带来影响，[①]比如对金融行业的监管，英国学者Goodhart等人就极其强调："金融监管组织结构在一些国家正日益成为政策和公共讨论的主要议题，监管者达到监管目标的效率是否受其特定的组织结构的影响，正得到不断的重视。"[②]我国在推进行政审批制度改革的同时，也同步推进了政府机构改革工作，对监管机构的监管职能和组织结构进行整合。根据2017年党的十九大提出的"完善市场监管体制和创新监管方式"的部署，2018年我国进行了新一轮的政府机构改革，设立了综合性的市场监管总局，统一行使原工商总局、质检总局、食品药品监管总局、知识产权局等执法部门职责以及商务、发改委的反垄断和价格执法职责。这标志着我国的综合监管正式启动，但这种综合监管体制仍存在两个方面的问题：其一，真正意义上的综合监管是一种"大综合监管"，除了包括政府监管机构之间的内部整合之外，还应当是包括行业协会等多种主体在内的综合监管。但我国目前建立的综合监管体制只是政府监管机构的整合，只能算是一种"小综合监管体制"。其二，市场监管总局作为主要的综合监管部门，整合之后的执法力量也得到一定程度加强，但与其庞大的监管任务相比，其

① Marver H.Bernstein, "Dependent Regulatory Agencies: A Perspective on Their Reform," *The Annals of the American Academy of Political and Social Science* Vol.400, No.1, (1972), pp.14-26.

② Charles Goodhart and Philipp Hartmann, etc. *Financial Regulation: Why, How and Where now? Routledge* (London and New York), 1998, p.142.

执法力量仍显薄弱。更重要的是，还有大量的带行业特点、技术性很强的事项，仍然需要由各行业管理部门来进行监管，但实际上各行业管理部门很多没有专门的执法队伍，由此导致"综合性监管部门专业性不足、行业性监管部门监管力量不够"的双重缺陷。同时，在执法中能采取的手段也非常有限，很难进行有效的监管。因此，我国的综合监管制度虽然已经建立，但有待在实践中进一步完善。

二、行业监管问题的完善

（一）强化事中事后监管

在行政审批制度改革的背景下，对市场准入门槛放宽放低标准后，必然要求加强事中事后监管，即"宽进严管"。相应的监管理念需要从"重审批轻监管"的监管理念调整为"轻审批重监管"的监管理念。在市场经济发达国家，"政府重视事中事后监管，政府主要监管的是终端产品、服务质量等事项，而对于市场主体的资质……不予干涉，而交由市场或中介组织"。①我国过去几年自贸区的建设成绩已经为此积累了宝贵的经验，可在全国范围内加以实质性的推广。在这方面，我国已经有所行动，如2019年9月国务院颁布《关于加强和规范事中事后监管的指导意见》一文，明确要求"把更多行政资源从事前审批转到加强事中事后监管上来""加快构建权责明确、公平公正、公开透明、简约高效的事中事后监管体系"。

（二）完善信用监管

信用监管是事中事后监管的重要手段。可通过以下途径完善信用监管：一是由政府建立全国统一的包括企业、非企业以及个人的信用信息在内的信息共享平台，这是查询市场主体信用记录、进行信用监管的技术基

---

① 高凛：《自贸试验区负面清单模式下的事中事后监管》，载《国际商务研究》2017年第1期，第36页。

础。为此，需要对现有信用信息数据进行标准化处理，消除各种数据之间的数据壁垒。"监控机制能否有效运行，取决于三个与监控过程密切联系的要素：监督权威、监督信息和利益诉求。"①可见，政府建立的全国统一信用信息共享平台，具备这三个要素中的前两个要素，其重要性可见一斑。因此《法治社会建设实施纲要（2020—2025年）》明确要求"完善全国信用信息共享平台和国家企业信用信息公示系统，进一步强化和规范信用信息归集共享"。二是政府应大力推广信用承诺制度、推进信用分级分类监管制度、强化失信联合惩戒制度等具体信用监管制度。②但我国也已经有学者对失信联合惩戒制度的合法性表示担心，③或者明确提出了质疑。④后续在推进失信联合惩戒制度时，应注意采取有效措施确保其合法性。三是应进一步发挥行业协会等行业组织在信用监管中的作用。过去几年，行业协会在承接政府公共服务、参与行业监管和管理的过程中也承担了涉及信用监管的部分职责，包括对一些行业的资质和资格的认定和审批等，但推进力度还不够，包括信用评价规则、程序、标准制定等方面的行业信用建设工作，都应当彻底由行业协会完成。

---

① 蒋硕亮、刘凯：《上海自贸试验区事中事后监管制度创新：构建"四位一体"大监管格局》，载《外国经济与管理》2015年第8期，第93页。

② 参见2019年9月国务院《关于加强和规范事中事后监管的指导意见》第三条第八款。

③ 例如，郑戈教授提出，政府可以利用政府信息平台上的可得信息来对个人进行社会信用评级，确定需要重点监控的对象，甚至剥夺某些失信者的特定民事权利和自由，比如，国家发展改革委员会、中央文明办、最高人民法院等八部门于2018年3月联合发文，决定限制特定严重失信人乘坐火车。严重失信人包括严重影响铁路运行安全和生产安全者（比如在动车组列车上吸烟或者在其他列车的禁烟区域吸烟的人）、违反税收法规者、在财政资金管理使用领域中有弄虚作假等严重失信行为者等。这种让当事人在已承担法律规定的责任之后额外背负"失信"标签并承受相应后果的做法是否符合立法保留、比例原则和正当程序原则，这是法学界关心的问题。参见郑戈：《国家治理法治化语境中的精准治理》，载《人民论坛·学术前沿》2018年第10期，第49页。

④ 例如，沈岿教授明确指出，失信惩戒制度与若干法治国原则相悖，具体包括依法行政原则、尊重和保障人权原则、不当联结禁止原则、比例原则和公平原则等，因而存在合法性危机。参见沈岿：《社会信用体系建设的法治之道》，载《中国法学》2019年第5期，第37—40页。

（三）完善综合监管

综合监管是事中事后监管的终极目标。综合监管的完善是一个系统工程，表现在监管主体的综合性、监管模式的综合性、监管手段的综合性和监管过程的综合性[①]等几个方面。首先，要求监管主体应当在强调政府监管的基础上，吸纳行业协会、社会组织（如行业中介组织、专业咨询机构等）和社会公众深度参与监管。这是政府还权给社会，实现社会共治的表现。"社会共治可以弥补政府单一监管的不足，提高事中事后监管的质量和效率。"[②]在这方面，上海自贸区自发组建的"社会参与委员会"的经验值得借鉴。其次，监管主体的扩大化必然带来监管模式的变化，监管模式应调整为风险监管模式而不再是合规监管模式，应调整为综合协同监管模式而不再是单项监管模式。国务院《关于加强和规范事中事后监管的指导意见》一文也提出了构建包括"加强政府协同监管、强化市场主体责任、提升行业自治水平和发挥社会监督作用"在内的协同监管格局。再次，要求监管手段应综合的应用法律、标准、技术、政策、道德、沟通等不同的监管方法，以形成监管合力。最后，要求监管过程，应做好事前审批和事中事后监管的无缝衔接，即做好审管衔接。2023年1月，国务院办公厅发布了《关于深入推进跨部门综合监管的指导意见》，朝着综合监管迈出了正确一步，但综合监管的具体效果如何，还有待于进一步观察。

如果略微比较一下综合监管和回应型监管，便可以察觉到二者有很多共同的特征。首先，在监管主体上，回应型监管和综合监管均强调除了政府监管机构外，行业协会、社会专业组织、社会公众、媒体以及其他非政府组织都可以成为监管主体，可见与传统监管相比，回应型监管和综合监管均呈现出监管主体从单一的政府监管主体扩大为政府监管主体和社会监管主体并重的演变过程。这种监管主体扩大化的发展趋势，即是监管权社

[①] 薛峰：《国外市场综合监管的发展及其启示——以美国食品药品市场监管为例》，载《上海行政学院学报》2018年第5期，第53页。

[②] 高凛：《自贸试验区负面清单模式下的事中事后监管》，载《国际商务研究》2017年第1期，第38页。

会化的表现。监管权的社会化内含着"合作""协同""自治"的精神。其次，在监管方法上，回应型监管和综合监管均倡导强制性方法和非强制性方法，强制性方法包括法律制裁和行政处罚等，非强制性方法包括道德激励、表扬批评、说服教育等。可见，回应型监管和综合监管均讲求监管权的互动性。监管权的互动性也内含着柔性的精神。再次，在监管模式上，回应型监管和综合监管均致力于建立一种"混合"监管模式，即"综合运用强制性与非强制性，政府与非政府手段的混合监管模式"。①这种混合监管，是通过"硬法"和"软法"而实现的"混合规制模式"。②最后，在监管理论上，回应型监管和综合监管均受到了治理理论的影响，其目的均在于实现"监管治理"。③可以说，综合监管可以视为是"回应型监管"理论在中国的发展，或者说综合监管就是中国的"回应型监管"。

（四）贯彻政府适度监管原则

适度监管原则是针对风起云涌的新兴行业而言的。新兴行业往往是技术进步和技术创新的产物，对待创新性事务，往往需要行业法治以更宽容的态度来面对，尤其是政府对新兴行业的监管态度和解决新兴行业纠纷所应采取的策略。熊彼特指出，创新是既有实践无法涵括的事务，④如在互联网经济时代，各种各样的创新层出不穷。对创新性事务的监管，政府应当秉持适度监管的原则，所谓适度监管，就是"坚持政府辅助地位，让市场自主、社会自治先行或者占据主导地位，只有在市场、社会无法自行解

---

① 杨炳霖：《回应型监管理论述评：精髓与问题》，载《中国行政管理》2017年第4期，第131页。

② 罗豪才、宋功德：《软法亦法：公共治理呼唤软法之治》，法律出版社2009年版，第446页。

③ 杨炳霖：《从"政府监管"到"监管治理"》，载《中国政法大学学报》2018年第2期，第96—98页。

④ Joseph A. Schumpeter, "The Creative Response in Economic History," *The Journal of Economic History*, Vol.7, No.2（Nov., 1947）, pp.149-159.

决的问题上才实施监管"。①而这种"政府辅助地位",就是"只有在不得不基于公益需要而进行干预的情况下才设定监管权"。②

对社会而言,技术进步和技术创新是不可逆的,是无法阻挡的发展趋势。社会的创新性事务只会越来越多,因此哪怕创新性事务偶然引发出一些新问题,适度监管的原则也应该加以保持,不可以因噎废食地对新兴行业进行严格管制,因为严格管制将会扼杀新兴行业的生存空间。"立法应当为新技术的发展预留一定的空间,确保政府在积极监管的同时不对正常的技术发展制造制度障碍。"③以互联网约车为例,当前我国对互联网约车实行严格监管,理由之一是互联网约车对乘客的人身安全构成了潜在的甚至现实的危害。这并非危言耸听。2018年5月和8月间,不到三个月的时间,曾发生两起轰动全国的花季女孩被网约车司机强奸并杀害的惨痛案例。但与互联网约车给公众带来的普遍便利相比较而言,安全问题的发生概率是偶然性的。况且按照德国社会学家贝克提出的风险社会理论,现代社会已经从工业社会变成了风险社会,风险被认为是现代社会更加成熟的标志④而具有不同于以往的含义,人类"生活在文明的火山上"⑤被认为是风险社会的典型特征。贝克还指出,"风险状况首先必须突破围绕着它们的禁忌防护物,然后'以科学的方式诞生'在科学化的文明中"。⑥贝克把这个事实和过程称之为风险的"合法化"。也就是说,在风险社会没有什么事情是没有风险的。甚至"现阶段的全球化、市场化是鼓励或者迫使人们进行各种有风险性的选择的。在这种意义上也可以说,目前的中国社

①　沈岿:《互联网经济的政府监管原则和方式创新》,载《国家行政学院学报》2016年第2期,第92页。

②　马长山:《智慧社会建设中的"众创"式制度变革——基于"网约车"合法化进程的法理学分析》,载《中国社会科学》2019年第1期,第93页。

③　渠滢:《我国政府监管转型中监管效能提升的路径探析》,载《行政法学研究》2018年第6期,第35页。

④　[丹] Bent Flyvbjerg,[瑞典] Nils Bruzelius,[德] Werner Rothengatter:《巨型项目:雄心与风险》,李永奎、崇丹、胡毅等译,科学出版社2018年版,第5页。

⑤　[德] 乌尔里希·贝克:《风险社会》,何博闻译,译林出版社2004年版,第一部分的标题。

⑥　[德] 乌尔里希·贝克:《风险社会》,何博闻译,译林出版社2004年版,第36页。

会不仅是'风险广布'，而且还是具有很强的'风险导向'"。① "风险社会"的现实化是全面落实依法治国的一个前提。②

　　既然风险无法避免，就必须想办法解决而且也总能有办法解决，而不能一禁了之也无法一禁了之。孟德斯鸠说节制是立法者的美德，③政府监管也应该对新兴行业保持一种节制的态度和立场。如果"政府管制过于严苛、与现实生活需求不吻合，就可能会导致普遍违规的'法不责众'状态，其效果并不理想"。④如果政府的严格监管成为了风险的"禁忌防护物"，那么，风险迟早有一天会突破这种严格的政府监管。"纵观科技史，在旧制度与新技术的碰撞中，制度的藩篱很难承受技术的冲击，最终往往是以技术带动制度的变更而收场。"⑤技术与法律的关系始终是"如果技术可以做就不需要法律规则来做"。⑥仍以互联网约车为例，网约车平台企业"通过新技术'植入'和'嫁接'的途径，绕过常规立法机构和正式制度的'立改废'途径，自行直接'改写'了现有出租车管理规则，在黑车'洗白''加价'叫车、平台管理、安全保险等方面，进行了'生米煮成熟饭'的创造性'破坏'，致使国家相关部门面临着一定的监管尴尬，进而不得不做出监管回应和制度变革……直至最终将网约车合法化"。⑦与其未来陷入被动，不如今天采取主动。"我们在今天变得积极是为了避免、缓解或者预防明天或后天的问题和危机。"⑧因此，从风险

---

① 季卫东：《法治构图》，法律出版社2012年版，第437页。

② 季卫东：《法治构图》，法律出版社2012年版，第436页。

③ 参见黄文艺：《节制：立法者的美德》，载《法制日报》2002年11月21日。

④ 马长山：《智慧社会建设中的"众创"式制度变革——基于"网约车"合法化进程的法理学分析》，载《中国社会科学》2019年第4期，第88页。

⑤ 那什等：《打车软件：一场旧制度与新技术的博弈》，载《人民邮电报》2015年6月8日，第6版。转引自马长山：《智慧社会建设中的"众创"式制度变革——基于"网约车"合法化进程的法理学分析》，载《中国社会科学》2019年第4期，第83页。

⑥ 语出自郑戈教授。参见俞思瑛、季卫东、程金华等：《对话：技术创新、市场结构变化与法律发展》，载《交大法学》2018年第3期，第71页。

⑦ 马长山：《互联网时代的双向建构秩序》，载《政法论坛》2018年第1期，第133—134页。

⑧ 〔德〕乌尔里希·贝克：《风险社会》，何博闻译，译林出版社2004年版，第35页。

社会的理论出发，政府不应当实行严格监管理念，而应当奉行适度监管原则，应鼓励企业、行业和市场通过改进技术、提高标准来解决这些新产生的风险状况。这样，通过"放松政府监管，充分发挥企业（如互联网平台）、行业组织和社会组织（如消费者保护组织）等的各自优势与作用，形成互联网经济的公共治理体系"。①适度监管相当于是以政府克制的方式鼓励行业自治，但政府适度监管原则也会有例外情况，即对于以创新之名实施的违法行为，如互联网金融行业中的"套路贷"、P2P项目中的欺诈行为，应予以严格监管，以维护行业秩序和社会公众的财产安全。

第三节　完善行业纠纷化解机制

如同司法是法治的最后一环，行业纠纷的解决也是行业法治的最后一环。我国历来追求多元化的纠纷解决方式，传统法治是如此，行业法治更是如此；传统纠纷化解是如此，行业纠纷化解更是如此。习近平总书记多次指出要"完善社会矛盾纠纷多元预防调处化解综合机制"，②作为法治社会建设理论的实践纲领，《法治社会建设实施纲要（2020—2025年）》就如何完善多元化解社会矛盾纠纷提出了具体指南。多元化的纠纷解决方式是一个包容性很强的概念，包括同乡宗族组织和民间商会帮会调停、诉讼、行政复议、司法调解、行政调解、人民调解、行业调解、商事仲裁、行业仲裁等。依照纠纷解决主体和性质的不同，纠纷解决机制大体上可分为民间性、行政性和诉讼性三类。③其中，"既有几千年民族文明史流传下来的相当丰富多彩的传统纠纷解决机制，也有法制现代化过程中借鉴国

---

① 沈岿：《互联网经济的政府监管原则和方式创新》，载《国家行政学院学报》2016年第2期，第92页。

② 习近平：《习近平谈治国理政（第四卷）》，外文出版社2022年版，第295页。

③ 黄文艺、李奕：《论习近平法治思想中的法治社会理论》，载《马克思主义与现实》2021年第2期，第65页。

外先进经验而创造的各种新型纠纷解决机制"。①这种多元化纠纷解决机制表现为一个"纠纷解决权由国家垄断逐步向社会回归"②的过程，其实质是司法权社会化的表现。司法权的社会化是一个必然的、不可逆的发展过程。纵观当今世界，"随着各种技术的不断变化和快速更新，交易、争端和相互影响变得日益复杂"，但是，"法院自身无法像它的替代性制度——政治过程和市场——那样以较快的速度进行扩张"。③行业法治是"多元共治"体系，不仅指法治主体是"多元共治"体系，也是指行业纠纷的解决是"多元共治"体系。在诉讼社会背景下，面对"人民群众日益增长的多元化司法需求与人民法院司法供给之间的基本矛盾"，④"必须坚持把非诉讼解决机制挺在前面，把诉讼作为纠纷解决的最后防线，加快构建起分类分工、衔接配套的多元化纠纷解决体系"。⑤也就是说，行业纠纷的多元化解机制，需要更加重视行业纠纷的非司法解决方式，特别是行业调解制度和行业仲裁制度。所谓行业调解制度和行业仲裁制度，主要是指在行业协会制度之下的调解和仲裁。"人们愈来愈多地运用调解或仲裁裁决方式，而这可以减少因法律的僵化性质而导致的一些弊端。"⑥行业纠纷通过行业调解和行业仲裁解决，既是行业自治的重要标志，也是行业法治的重要表现。行业调解、行业仲裁内含的自治性，正是行业法治的自治理念的生动体现。

诚然，传统司法体系固然也可以解决行业纠纷，我国近几年组建的互联网法院、金融法院正是司法体系对日益增长的行业纠纷尤其是新兴行业纠纷的响应。但司法体系具有保守性、僵化性和滞后性，而行业调解和行

---

① 黄文艺：《法治中国的内涵分析》，载《社会科学战线》2015年第1期，第235页。

② 邓少君：《依法治国视域下多元化纠纷解决机制重构——基于广东省实践经验的分析》，载《广东社会科学》2016年第1期，第213页。

③ 〔美〕尼尔·K.考默萨：《法律的限度——法治、权利的供给与需求》，申卫星、王琦译，商务印书馆2007年版，第196—197页。

④ 张文显：《法哲学通论》，辽宁人民出版社2009年版，第348页。

⑤ 参见黄文艺：《新时代政法改革论纲》，载《中国法学》2019年第4期，第21页。

⑥ 〔美〕E.博登海默：《法理学：法律哲学与法律方法》，邓正来译，中国政法大学出版社2004年版，第424页。

业仲裁则具有灵活性和开放性，且时效更高、成本更低、专业性更强，极其契合创新性的新兴行业的要求。但总的来看，我国的行业调解制度还存在公信力不足、利用率过低、成功率不高等问题，此外还存在着行业仲裁制度不健全等问题，需要引起高度重视。

一、行业纠纷化解存在的问题

（一）行业调解组织公信力有待加强

当前我国能起到行业调解作用的组织主要包括行业协会、仲裁委员会、工会和妇联等。这些调解组织中，仲裁委员会和工会、妇联是完全由政府推动成立的具有事业单位编制的组织。但如上所述，这里所探讨的行业调解制度，主要是行业协会调解制度，而不是指仲裁委员会调解、工会调解和妇联调解等。如我国现行《证券法》所建立的证券业协会对所属会员之间以及会员与客户之间发生的证券业务纠纷进行调解的制度，即是典型的行业协会调解制度。

行业协会在我国虽然分为官办、准官办和民办三类，但民办行业协会处于少数，大多数行业协会都是官办和准官办的协会，这种官办和准官办行业协会大多数是在行政体制改革过程中脱胎于或剥离于行业主管部门而产生的，可见大多数行业协会仍然是以政府推动为主而成立的组织，代表性不足，[①]行事风格和行为观念亦深受政府影响，经费来源主要来自于财政拨款而非成员会费。实践中，我国还存在由司法行政主管部门组建的一些行业性的调解组织或由法院组建的行业争议调解委员会，但这种调解组织只是司法体制附设的替代性纠纷解决机制。所有这些行业调解组织，均属于公力性纠纷解决机制或准公力性纠纷解决机制的范畴。依靠公权力推动而组建的行业协会调解，在自治性、自主性、独立性、中立性、公正性和效率性等方面均难以得到根本保证。"行业协会在处理纠纷时往往难以

---

① 参见郭薇：《政府监管与行业自律——论行业协会在市场治理中的功能与实现条件》，南开大学2010年博士学位论文，第172—174页。

超脱政府意志，通常将化解矛盾的重心置于协调社会经济关系、保护国有企业利益等政策性考量，从而忽视企业个体权益的保护"，[①]因此，行业调解组织的代表性有待扩充，公信力有待加强。

（二）行业调解制度的认同感不高

行业调解制度原本是被视为我国分流法院压力的替代性制度，是行业纠纷的多元化解决机制的主要制度。但由于行业调解组织的公信力不高，导致行业调解的认可度和利用率相对较低。南京鼓楼区法院的问卷调查显示，59.3%的当事人明显反对或内心排斥将案件委托给法院之外的协会进行调解。[②]这源于该调解方式被当事人认作是对自己案件的轻率处理……认为参与调解是一种无力消费审判的表现，委托调解"推销"的更是一种质次价廉的正义。[③]这种心理上对行业调解制度的认同感的缺失亟待破除。

（三）行业调解制度没有实质性发挥作用

当前，我国的行业调解制度才刚刚起步，行业性、专业性调解组织不仅数量相当有限，仅占到人民调解组织的约5%，[④]各项保障制度也相当欠缺，如经费、福利、晋升渠道等都得不到保障，自然也就无法吸引到高素质的人才加入行业调解的队伍。而且由于"目前我国对行业调解员的准入条件、资质认证、工作考核缺乏明确规定，行业协会也不重视对行业调解

[①] 熊跃敏、周杨：《我国行业调解的困境及其突破》，载《政法论丛》2016年第3期，第148页。

[②] 江苏省南京市鼓楼区人民法院课题组：《南京地区委托协调、协助调解制度运行之调查报告》，载《人民司法·应用》2007年第1期，转引自周荃：《人民法院委托行业协会调解金融纠纷的实践及其规制》，载《天津财经大学学报》2012年第1期，第81页。

[③] 周荃：《人民法院委托行业协会调解金融纠纷的实践及其规制》，载《天津财经大学学报》2012年第1期，第81页。

[④] 宋朝武、罗曼：《基层治理现代化与人民调解制度的改革路径》，载《暨南学报（哲学社会科学版）》2019年第3期，第45页。

员专业知识、专业技能的培训与考核"，①按《人民调解法》的规定组建的现有行业调解员队伍解决纠纷的能力偏低，行业调解员的职业化专业化发展受到制约，从而导致行业调解的成功率不高，在具体实践中没有实质性发挥作用。

（四）行业调解程序缺失

在现行法律体系中，行业调解被视为是人民调解的一种，行业调解的程序制度也是主要参照《人民调解法》及相关司法解释、司法行政文件和行业标准等来确定。然而，《人民调解法》本来就条文简单，只有短短的三十五条，调解程序虽然占了十一条，但与诉讼法、仲裁法相比，调解程序的规定还十分粗糙，"关于调解的方式、秘密信息的披露、调解的时限以及证据规则等核心问题尚未涉及，相较于发达国家的调解立法，无论是在条文数量还是在内容的精细化程度上均存在较大差距"。②

（五）行业仲裁制度缺失

仲裁是一种法律服务，在法律上对行业仲裁明确做出规定是极其必要的。我国1995年《仲裁法》已经建立了以意思自治原则为基础的商事仲裁制度。随着商事仲裁制度的扩张，法律上出现了不以意思自治原则为基础的劳动仲裁，实践中还出现了证券仲裁、保险仲裁、金融仲裁、房地产仲裁、医疗仲裁、知识产权仲裁和互联网仲裁等行业仲裁类型。因此行业纠纷如果通过仲裁来解决的话，也可以在现有仲裁体系中得到解决。如在工程行业，我国行业主管部门推行的工程施工标准招标文件中，仲裁是主要推荐的争议解决方式。这是因为仲裁的私密性要比诉讼好，而且仲裁庭成员可以由当事人自己选择。但我国在法律上并没有明确对行业仲裁做出

---

① 廖永安、刘青：《论我国调解职业化发展的困境与出路》，载《湘潭大学学报（哲学社会科学版）》2016年第6期，第49页。

② 熊跃敏、周杨：《我国行业调解的困境及其突破》，载《政法论丛》2016年第3期，第150页。

制度安排，从理论上而言，前述行业仲裁尚未有直接的法律依据，[①]很容易遭受合法性的质疑。[②]即便是实践中已存在的行业仲裁形式，也存在一些缺陷，如根据2017年《国民经济行业分类》的规定，金融行业是一个包括货币金融服务、资本市场服务、保险业和其他金融业等四个大类以及26个中类、48个小类在内的大行业，但是，"当前笼统而设的金融仲裁员名册，并未对金融行业分类的客观情况作出充分回应，也未能满足现实中金融纠纷解决更为细化的专业要求"。[③]

二、行业纠纷化解问题的完善

（一）完善行业调解制度

首先，要改变长期以来行业协会依附于政府的旧形象，树立行业协会真正为行业的新形象，以进一步提高行业协会的代表性，提升行业调解的公信力。一方面应加快官办或准官办行业协会与行政机关脱钩的步伐。对此我国已经加强了对行业协会与行政机关脱钩的政策引导。如2013年3月国务院第七次机构改革方案首次提出"逐步推进行业协会商会与行政机关脱钩"，并制定了脱钩大体时间表。2013年11月中共中央《关于全面深化改革若干重大问题的决定》强调"限期实现行业协会商会与行政机关真正脱钩"。2015年7月中共中央办公厅、国务院办公厅专门制定了《行业协会商会与行政机关脱钩总体方案》，明确脱钩的主体是各级行政机关与其主办、主管、联系、挂靠的行业协会商会，其他依照和参照公务员法管理的单位亦参照适用。2019年6月，国家发展改革委等十部委《关于全面推开行业协会商会与行政机关脱钩改革的实施意见》提出了"应脱尽脱"原

---

① 王克玉：《确立与完善我国证券侵权仲裁机制的路径分析——以美国证券仲裁机制的发展为视角》，载《法学论坛》2015年第2期，第113页。

② 参见陈甦主编：《社会法学的新发展》，中国社会科学出版社2009年版，第238页。

③ 王莹丽：《试析我国金融仲裁机制的发展与完善》，载《上海金融》2011年第9期，第101页。

则。行业协会与行政机关脱钩之后，将真正面向市场、面向行业、融入行业，维护行业利益。另一方面应加快推进民办行业协会登记成立的步伐。过去，行业协会实行审批挂靠制，每一个行业协会均存在业务主管单位，其成立首先要经过业务主管部门批准同意，然后才能向民政部门申请登记。"囿于行政审批权的限制，大量企业、商户自发形成的组织因行政部门反应迟缓而无法及时成立具有法人资格的行业协会。"[1]这种情况在慢慢改变，前述《关于全面推开行业协会商会与行政机关脱钩改革的实施意见》明确提出"行业协会商会依法直接登记、独立运行，不再设置业务主管单位"。目前首先应该尽快将政策要求转化为法律规定。通过对官办、准官办和民办行业协会多管齐下的改革，可以有效提高行业协会的代表性，提升行业调解的公信力。

其次，应该采取有效措施，提高行业调解的利用率和成功率。一方面要积极推动群团组织、行业协会设立专业性调解组织，[2]例如，为多元化解决纠纷，最近几年我国有些地方立法（如山东、安徽、福建、上海、武汉、厦门等省市）明确鼓励有条件的商会、行业协会、民办非企业机构、商事仲裁机构等设立商事调解组织，根据各地实践情况分别形成了事业单位型、社会组织型和企业型等不同类型的商事调解组织，[3]并建立起商事调解组织的内部管理规则、调解规则、收费规则等制度。[4]这些行业性专业性调解组织要把行业内真正权威的专业人士吸收到行业协会中来，充分发挥其知识优势，发挥专家制定行业政策、行业规划、行业标准、处理行业纠纷等方面的作用，提升行业自治水平和行业纠纷化解能力。一个贴切的例子是，某直辖市于2015年12月由市高院退休法官牵头成立的多元调解发展促进会，是一家以市场化运营为基本模式的调解组织，其下共有调解员835人，涉及互联网纠纷、工程造价、涉军、医疗美容等各行业调解

---

① 熊跃敏、周杨：《我国行业调解的困境及其突破》，载《政法论丛》2016年第3期，第150页。

② 黄文艺：《新时代政法改革论纲》，载《中国法学》2019年第4期，第21页。

③ 参见赵毅宇：《中国商事调解立法研究》，清华大学出版社2023年版，第75页。

④ 参见赵毅宇：《中国商事调解立法研究》，清华大学出版社2023年版，第102—108页。

力量，专业化的调解组织满足了专业性纠纷的特殊要求，其市场化也节省了国家财政的纠纷解决支出。①另一方面要提高行业调解人员的准入资格条件，组建职业化的行业调解人员队伍。在此基础上还要加大对行业协会的资源投入，保障行业调解人员的福利待遇，并加强对行业调解人员的培训，持续提高行业调解人员的行业纠纷化解能力。这样，通过吸收行业内的权威专家和组建职业化的行业调解员队伍双管齐下的改革，可以提升社会公众对行业调解制度的信心，提高行业调解的利用率和成功率。

最后，要完善行业调解程序。行业调解不应当仅仅停留在人民调解的层面，同样，行业调解程序也不应当只能参照目前比较粗糙的人民调解程序，而是应该在专门的行业协会法律中对"调解的方式、秘密信息的披露、调解的时限以及证据规则等核心问题"做出详细的规定，以规范行业调解的运行。2019年3月，中国建设工程造价管理协会率先就工程造价纠纷的行业调解采取行动，制定了五个相互配套的制度，明确规定在该协会下设立工程造价纠纷调解中心，并细化了调解程序，明确了保密安排，采取了极为灵活的调解方式，强调了调解员的聘任条件，特别强调对调解员的专业性要求，建立了工程造价纠纷调解收费制度等。这些制度可以理解为是我国行业调解实践的最新发展，其未来运作和实际成效如何，值得进一步观察。

（二）健全行业仲裁制度

在现有商事仲裁制度中，我国1995年《仲裁法》仅规定按区域组建仲裁委员会，且这种仲裁委员会仅由法律专家、经济贸易专家和有实际工作经验的人组成。而在劳动争议仲裁制度中，劳动争议仲裁委员会仅由劳动行政部门代表、工会代表和企业方面代表组成。这些仲裁委员会的组成，虽然也突出了有经验的人士、专业人士或专家的作用，但无论是哪一种仲裁委员会，都不是针对行业纠纷而组建的，也就不是特别适合行业纠纷的

---

① 宋朝武、罗曼：《基层治理现代化与人民调解制度的改革路径》，载《暨南学报（哲学社会科学版）》2019年第3期，第51页。

解决。行业纠纷具有很强的专业性，由行业内的专家来解决行业纠纷是最好的选择。因此，我国需要建立以解决行业纠纷为目的的行业仲裁制度。

"行业仲裁突出了专业性及专业人士的作用……在仲裁的专业性方面以及根据行业特点进行服务方面都具有优势……行业仲裁是今后中国仲裁的一个发展方向。"[①]

行业仲裁不同于现有司法机构组建的行业调解机构，行业仲裁委员会应考虑由行业协会组建，并设于行业协会之下，以便进一步降低行业仲裁机构的政府色彩，突出行业仲裁的民间性。"国外很多行业协会下设仲裁机构，例如伦敦糖业协会、伦敦谷物和饲料贸易协会等均下设仲裁机构，为协会成员解决商事纠纷提供服务。"[②]伦敦谷物和饲料贸易协会的仲裁被称为是"看一看、嗅一嗅的仲裁"（look and sniff arbitration），就是对粮食买卖中农产品的质量是否符合双方的合同标准，仲裁员拿来摸一摸、嗅一嗅就能做出判决。这种行业仲裁，被誉为是"专业化仲裁与行业发展结合的典范"。[③]有的行业协会还制定了专业的行业仲裁规则，如1998年英国工程仲裁员协会出版了《建筑业示范仲裁原则》，并且得到了主要工程组织的承认。[④]而我国的《仲裁法》，既没有明确提出行业仲裁的概念，也没有在组建仲裁机构时体现行业协会主导的要求，行业协会参与行业仲裁的法律空间极其有限。例如，我国《仲裁法》区分了涉外仲裁机构的组建和非涉外仲裁机构的组建。对涉外仲裁机构的组建，可以由中国国际商会组织设立。这里体现的是由中国国际商会组织设立涉外仲裁机构的安排，而不是对行业仲裁机构的组建做出安排。而对于非涉外仲裁机构，由省会城市或其他设区市的人民政府组织有关部门和商会统一组

---

① 沈四宝、薛源：《论我国商事仲裁制度的定位及其改革》，载《法学》2006年第4期，第70页。

② 沈四宝、薛源：《论我国商事仲裁制度的定位及其改革》，载《法学》2006年第4期，第70页。

③ 陈忠谦：《关于完善我国行业仲裁制度的若干思考》，载《仲裁研究》2011年第2期，第2页。

④ ［英］道格拉斯·斯蒂芬：《工程合同仲裁实务》，路晓村、穆怀晶译，中国建筑工业出版社2004年版，"第五版前言"第XI页。

建。这里，行业协会商会对仲裁机构组建仅有参与权而非主导权。如我国目前实践中存在的行业仲裁机构，包括金融仲裁院、知识产权仲裁院、房地产仲裁院、医患纠纷仲裁院和粮食专业仲裁院等，均是在行业协会、行业企业、政府行业监管部门共同参与的背景下成立的，而不是在行业协会主导下成立的。早在2005年就有学者提出我国应适时修改《仲裁法》，赋予行业仲裁应有的法律地位，可以考虑在国家级行业协会之下设立行业仲裁机构。[①]国家级行业协会在建立行业仲裁员名册时，不仅仅把法律专家和经济贸易专家，而且更应把各行各业的专家全部吸收到行业仲裁委员会中来。《仲裁法》第十三条第三款"仲裁委员会按照不同专业设仲裁员名册"的规定本身已经"体现了仲裁的专业化特色，同时也秉承了行业仲裁的优点……充分吸纳了行业因素"。[②]行业仲裁最大的特点是专业性突出，基于行业和专业的关联性和统一性，按行业组建仲裁员名册与按专业设仲裁员名册并不存在冲突。

综上，与国外行业仲裁所具有的悠久历史不同的是，我国的行业仲裁还刚刚起步。我国《仲裁法》不仅应当只规定按区域组建仲裁委员会，还应当明确增加按行业组建仲裁委员会的规定，加强行业仲裁制度建设，完善行业仲裁程序，使行业仲裁有法可依，有序发展，使其能在行业纠纷解决中发挥出更大的作用。

（三）注重预防行业纠纷

"争端管理最重要的方面大概是避免争端；因为无论争端是如何解决的通常都会使一方当事人付出相当的代价。"[③]这也就是说，行业纠纷的化解固然非常重要，但更重要的是对行业纠纷的预防。只有做到预防与

---

① 参见黎晓光：《中外行业仲裁法律制度比较研究》，中国政法大学2005年博士学位论文，第126页。

② 陈忠谦：《关于完善我国行业仲裁制度的若干思考》，载《仲裁研究》2011年第2期，第4—5页。

③ ［英］道格拉斯·斯蒂芬：《工程合同仲裁实务》，路晓村、穆怀晶译，中国建筑工业出版社2004年版，第122页。

化解相结合，对行业纠纷的解决才算完美。正如黄文艺教授所说："社会治理的最高境界，就是治病于未病，防患于未然。"①在行业纠纷的预防方面，行业组织已经进行了卓有成效的探索，主要表现为行业组织提前介入，事先制定和推行相关标准招标文本或合同范本。其中既有国际层面的探索，也有国内层面的探索；既有"硬法"层面的探索，也有"软法"层面的探索。这些探索，广义上属于"落实重大决策社会稳定风险评估机制，完善社会公示、公开听证、专业论证、合法性审查等机制，努力把矛盾隐患消除在决策实施之前"②的组成部分。

国际上高水平的合同条件主要包括FIDIC合同条件、英国NEC合同范本和ACAPPC2000合同范本、美国的AIA合同范本等。③下面以FIDIC合同条件为例进行说明。FIDIC是由欧洲三个国家的咨询工程师协会于1913年成立的，如今已有来自全球各地七十多个国家的成员协会，其目的在于共同促进成员协会的职业利益，以及向其成员协会会员传播有益信息。④FIDIC最有名的就是其编制的系列工程合同条件。包括FIDIC合同条件在内的合同文件范本的编制，不是随意制定的，而是在大量认真调查研究和反复修改的基础上编制的。⑤1999年之前FIDIC出版了四本合同条件，1999年FIDIC又出版了四本新版合同条件并于2002年进行了修订。FIDIC合同条件认为，为了圆满实施许多类型的商业项目，最好在技术和管理两方面都要标准化。在大多数情况下，合同各方对于能够减少履约不合要求、成本增加和争端的可能性的此类标准合同格式，反映会是良好的。⑥FIDIC合同条件对减少争端的追求显而易见，因此，FIDIC合同文件"不仅在许

---

① 黄文艺：《新时代政法改革论纲》，载《中国法学》2019年第4期，第21页。
② 黄文艺：《新时代政法改革论纲》，载《中国法学》2019年第4期，第21页。
③ 参见何伯森主编：《工程项目管理的国际惯例》，中国建筑工业出版社2007年版，第172—257页。
④ 参见国际咨询工程师联合会、中国工程咨询协会编译：《菲迪克（FIDIC）合同指南》，机械工业出版社2009年版，第5页。
⑤ 何伯森主编：《工程项目管理的国际惯例》，中国建筑工业出版社2007年版，第267页。
⑥ 国际咨询工程师联合会、中国工程咨询协会编译：《菲迪克（FIDIC）合同指南》，机械工业出版社2009年版，第21页。

多国家采用，世界银行、亚洲开发银行、非洲开发银行等国际金融组织的招标范本也常常采用"。[①]我国于1996年正式加入FIDIC，并于同年编制发布了《港口工程施工招标文件（含合同）范本》，这是我国第一部招标文件范本。此后，电力工程、水利工程、公路工程、民航工程、房屋建筑与市政工程、设备采购等工程行业的招标文件范本纷纷制定出来。制定招标文件范本的目的在于规范招投标和合同各方当事人的行为，通过这种规范，相当大部分纠纷将无以产生，也就起到了预防纠纷的目的。对这种探索，我国应继续给予鼓励，并加大政策支持和推广力度。但是，与FIDIC合同条件由行业协会制定和发布不同，我国的标准招标文件范本不是由行业协会发布的，而是由行业主管部门发布的。可见，我国标准招标文件范本的制定和发布，与行业标准的制定和发布极其相似，均由行业主管部门制定和发布。这反映的是政府对工程行业的某种介入和干预。

如果说FIDIC合同条件和国内标准招标文件的编制属于"软法"层面的探索，那么我国《劳动合同法》第五十三条和第五十四条规定的行业性集体合同制度就属于"硬法"层面的探索。在我国，行业性集体合同是指在某些特定的行业，由工会与企业方面代表签订的对本行业的用人单位和劳动者均具有约束力的劳动合同。行业性集体合同有两类不同性质的主体，一是行业性集体合同的当事人，即工会和企业；二是行业性集体合同的关系人，即企业和劳动者。"前者为订立团体协约之人，后者为团体协约规范的效力所支配之人。"[②]狄骥把这种集体劳动协议称之为"协定式法律"。这种"协定式法律"的独特之处在于，它既不是某一发号施令的单方意志的产物，也不是不同意志之间所达成的合意的产物。[③]在我国的行业性集体劳动合同制度中，劳动者没有参与合同谈判，也没有签署

① 何伯森主编：《工程项目管理的国际惯例》，中国建筑工业出版社2007年版，第172页。

② 史尚宽：《劳动法原论》，正大印书馆1978年版，第101页。转引自肖竹：《行业性、区域性集体合同约束力研究》，载《首都师范大学学报（社会科学版）》2015年第1期，第62页。

③ ［法］狄骥：《公法的变迁》，郑戈译，商务印书馆2013年版，第111页。

合同，劳动者的意志没有在集体合同签署的过程中得到任何体现，但是却可以享受行业性集体合同在劳动报酬、工作时间、休息休假、劳动安全卫生、保险福利等方面给予劳动者的特别保护。虽然我国《劳动合同法》对行业性集体合同约束力的规定还比较粗糙，但不可否认的是，诸如工会这样的行业组织提前介入，与代表资方的企业签订行业性集体合同，有助于实现劳动者与资方协商地位的基本对等，有助于避免资方不恰当地降低劳动者的福利待遇或剥夺劳动者的权利，从而起到了预防纠纷的结果。用狄骥的话来说就是集体劳动协议实现了"阶级调和"。[①]未来我国的行业性集体合同制度应从以下两个方面予以优化：一是不应局限于现有的建筑业、采矿业、餐饮服务业等行业，而应尽可能地扩大到更广泛的其他行业，如制造行业、销售行业、物流行业、运输行业等；二是不应仅局限于工会组织的参与，法律上也可以赋予行业协会参与的空间。

第四节　完善行业自治机制

一、行业自治存在的问题

虽然行业自治在行业法治运行的过程中发挥着巨大的促进作用，但这是从理想角度而言的，现实中的行业自治还存在若干不足，制约着行业自治作用的发挥，需要采取针对性的措施予以完善。

（一）立法和政策重行业自律轻行业自治

行业自律与行业自治虽然概念接近，但内涵却有很大的不同。行业自律是行业自治的初步基础，行业自治是行业自律的最终归宿，或者说行业自律是低阶的行业自治，行业自治是高阶的行业自律。康德将自己决定

---

①　[法]狄骥：《公法的变迁》，郑戈译，商务印书馆2013年版，第112页。

规则，并且自己服从的状态，称为自律。①但"自治这一概念并不仅仅等同于自律，还包括主体的自主性……自主性在各国通常通过赋予行业协会独立的法律资格体现"，②"行业协会自治涵盖了自律和自主两个方面的民主价值和自由价值……自主是自律的基础和自律得以实现的前提，自律是自主的客观要求，并进而影响到自主的程度"。③"自主不仅意味着自由，还意味着自我负责，自主的体系有更大程度的自我治理的自由。"④显然，行业自治的自主性色彩和自我治理的要求比行业自律更为强烈。但目前我国的立法上只有行业自律的概念，"立法者特别强调协会的自律功能，以至于'实行自律性管理''自律组织''履行自律职责'等术语在同一个法律中反复出现"，⑤却完全没有任何关于行业自治的概念，表现出重行业自律轻行业自治的法律立场。法律上如此，政策上也差不多。以"行业自治"为内容，检索"北大法宝·法律法规数据库"中的"中央法规司法解释"栏目，仅可以发现11篇现行有效的鼓励或倡导"行业自治"的政策性文件。形成这种局面的原因与政府对行业协会的定位有关。"政府对行业协会的定位始终是关注于行业协会对政府有利的诸多功能上，而对行业协会有可能产生对政府离心力的功能，如自治则一直未在有关文件中倡导和明确"。⑥尽管民间社会中存在的对行业协会的需求、行业协会迅猛发展的态势以及行业协会在社会转型和政府改革中所能起到的缓冲作用，使政府的行业主管部门不得不"努力推进政社分开的社团管理体制改革，旨在发挥社会团体的独立性和自治功能"，但对"可能出现的社会团

---

① 参见［日］中山龙一等：《法思想史》，王昭武译，北京大学出版社2023年版，第110页。

② 温双阁：《以法治推进行业协会自治的体系构建——基于美国自治理念和实践的思考》，载《社会科学战线》2016年第10期，第194页。

③ 汪莉：《论行业自治的合法性》，载《理论学刊》2012年第11期，第93页。

④ ［英］罗伯特·罗茨：《新的治理》，木易编译，载俞可平主编：《治理与善治》，社会科学文献出版社2000年版，第96页。

⑤ 曹兴权：《金融行业协会自律的政策定位与制度因应——基于金融中心建设的考量》，载《法学》2016年第10期，第83页。

⑥ 鲁篱：《行业协会经济自治权研究》，法律出版社2003年版，第243页。

体对抗政府的风险"的担心，①又使得在行业立法中无法就行业自治达成共识，而只能维持行业自律的立场。这种立法和政策所秉持的行业自律的立场表明，在政府眼中，行业协会应始终是政府自己所掌握的组织体，而不能成为独立于政府的经济力量，反映的是在传统权力格局下的一种依附关系，而自治反映的是一种对经济权力进行重新分配的要求。由此亦不难理解政府为什么不将行业协会定位为自治的原因所在。②

（二）行业协会自治权力不够

有学者提出"是否拥有惩戒权体现行业自治的程度"的观点，认为2007年修订后的《律师法》赋予律师协会惩戒权表明律师协会正在走向自治。③以此为基础，分析我国对行业自律做出规定的23部法律，发现大约只有《食品安全法》《律师法》《证券法》《商标法》《慈善法》《资产评估法》《体育法》等7部法律规定了行业协会的惩戒权或纪律处分权，其他法律则无法判断行业协会是否拥有惩戒权。行业协会的惩戒权尚且如此，实践中行业协会的争议解决权也没有得到广泛推行和认同。"由于行业协会自治权权能的缺位，最终使行业协会无法形成一个功能自治的系统，进而无法达致自治的地位。"④如果行业协会的自治权力不完整，行业自治的实现将受到影响，进而影响行业法治的运行。

（三）不利于行业自治的固有缺陷难以根除

我国的行业协会主要不是来自市场的推动，而是由政府从上而下推

---

① 参见马长山：《社团立法的考察与反思——从〈社会团体登记管理条例〉（修订草案征求意见稿）出发》，载《法制与社会发展》2017年第1期，第20页。

② 参见鲁篱：《行业协会经济自治权研究》，法律出版社2003年版，第243—244页。

③ 参见程滔：《从自律走向自治——兼谈律师法对律师协会职责的修改》，载《政法论坛》2010年第4期，第180页；方洁：《行业自治发展中的社团处罚现象及其法治化》，载孙笑侠主编：《转型期法治报告（2013年卷）——行业领域的法治》，法律出版社2013年版，第282页。

④ 鲁篱：《行业协会经济自治权研究》，法律出版社2003年版，第238页。

进组建的，很多甚至还是从"政事分开"的政府职能改革和调整中剥离出来的。例如，从1978年改革开放至今，国务院总共进行了1982年、1988年、1993年、1998年、2003年、2008年、2013年和2018年共计八次机构改革，其中1993年第三次机构改革时，根据全国人大《关于国务院机构改革方案的决定》，首次出现了将国务院专业经济部门改组为行业总会的案例，但这种行业总会此时仍然是国务院的直属事业单位，保留行业管理职能。诸如此类的脱胎于政府机构的行业协会带有很深的"官办"痕迹和背景，决定了我国的行业协会"在自治性方面尚有较大不足"。[1]政治学理论认为，"有效的、可维持的自治条件很明显包括道德条件"，而且"自治所要求的美德被认为是非常苛刻的"。[2]但迄今为止，我国的行业协会一方面尚需在"合法性困境中谋求发展空间"，[3]另一方面行业协会的道德也难以达到"美德"的要求。"按照黑格尔的理解，同业行会就应该是市民社会本身的组织，但中国的同业行会并没有真正地代表市民社会的声音，他们构成了一个自身的利益集团。"[4]这种现实很不利于行业自治的实现。例如，虽然我国国家政策已明令禁止在职领导干部在行业协会中兼职，但是并未禁止退休公务人员到行业协会兼职担任职务，所以直到今天，行业协会的领导者大都由退休的行政机关领导人担任，行业协会成为退休领导发挥余热的最后场所。这种种情形，使得行业协会和行政机关的人事、资源和利益都紧密纠缠在一起，结成利益共同体，[5]就此，行业协会的内部治理受到外部行政力量的干扰或影响，包括建制化的体制依附和基于官员身份的人身依附，其独立性不足，并导致社会合法性也不足。[6]

---

① 孙笑侠：《论行业法》，载《中国法学》2013年第1期，第52页。

② 应奇、刘训练：《共和的黄昏：自由主义、社群主义和共和主义》，吉林出版集团有限责任公司2007年版，第435页。

③ 马长山：《从国家构建到共建共享的法治转向——基于社会组织与法治建设之间的关系的考察》，载《法学研究》2017年第3期，第29页。

④ 武建敏、董佰壹：《法治类型研究》，人民出版社2011年版，第236页。

⑤ 滕兴才：《警惕：中介组织正在沦为腐败中介》，载《政府法制》2009年第8期，第31页。

⑥ 参见马长山：《从国家构建到共建共享的法治转向——基于社会组织与法治建设之间的关系的考察》，载《法学研究》2017年第3期，第30—31页。

因此，行业协会长期以来被认为是政府的附庸，是政府行政职能部门的延伸，是所谓的"二政府"或行政分支机构①或变相的内设机构，②是政府分散转型压力、落实社会控制的"雇员"，而不是合作治理的"伙伴"。③不论是政府，还是企业，都持有这种心理。④这种心理上的定位与行业自治是根本对立的，很不利于行业自治。

二、行业自治问题的完善

（一）将立法上的"行业自律"修改为"行业自治"

目前，随着改革开放进入"深水区"，我国的政府机构已经进行了多轮调整，在政府机构改革的过程中，官办或准官办行业协会与政府机构彻底脱钩。国家在行业协会的管理中还引入了竞争机制，且已探索试点一业多会制度。无论是基于主动还是被动，行业协会的独立性和自主性都已经取得了显著的改善和长足的发展，这种变化为行业自治准备了基础条件。此外，对于行业协会是否只代表行业利益而构成政府的对立面的问题，广东等地的经验表明，这种情况并没有出现，社会组织反而更多地发挥了政府的帮手作用，关键是政府怎么引导。⑤因此，在未来，行业监管部门对行业自治应当保持更加开放的态度，我国应当从法律上对行业自治进行制度确认而不仅仅是提出行业自律的要求。这应该成为我国社团立法的共识。

可喜的是，虽然我国尚未启动法律的修订程序，但已经在政策上先行一步。2017年1月国务院印发了《"十三五"市场监管规划的通知》，提

---

① 参见鲁篱：《行业协会经济自治权研究》，法律出版社2003年版，第235页。

② 参见黎军：《行业自治及其限制：行业协会研究论纲》，载《深圳大学学报》2006年第2期，第76页。

③ 参见马长山：《从国家构建到共建共享的法治转向——基于社会组织与法治建设之间的关系的考察》，载《法学研究》2017年第3期，第33页。

④ 参见付小飞：《我国行业协会权力研究》，湖南大学2009年博士学位论文，第60—63页。

⑤ 参见马长山：《社团立法的考察与反思——从〈社会团体登记管理条例〉（修订草案征求意见稿）出发》，载《法制与社会发展》2017年第1期，第24页。

出"结合行业组织改革，加强行业组织行业自治功能"。2019年9月，国务院又发布了《关于加强和规范事中事后监管的指导意见》，明确提出要"提升行业自治水平"。仔细研读这两部政策性文件的相关表述，从"加强行业组织行业自治功能"到"提升行业自治水平"，表明政府对"行业自治"的思想观念有了较大的改变，意味着政府对"行业自治"的态度已经有所松动。再换个角度深入分析一下这两份文件，2017年《"十三五"市场监管规划的通知》仅将行业自治的范围界定为"制定行业标准和行业自律规范，建立行业诚信体系，服务企业发展、规范行业主体行为、维护行业秩序"，这实际上仍停留在行业自律的层面。而2019年《关于加强和规范事中事后监管的指导意见》将行业自治的范围从制定行业标准、行业自律规范扩大到了行业监管（如行业信用建设和信用监管）、行业纠纷处理（如行业调解和行业公益诉讼）以及行业管理（如行业激励和行业认证）等方面。两相比较，《关于加强和规范事中事后监管的指导意见》中的行业自治的意蕴显然更加浓厚。尤其值得一提的是，这两部政策性文件都是我国率先在国务院级别的政策中明确提出"行业自治"的理念，而国务院是法律草案和法律修订案的重要提出者，其意义不同于此前仅在国务院部委层面或行业协会层面对"行业自治"的零星倡导。政策的调整往往是法律变革的先声，从法律上吸纳"行业自治"，将法律中的"行业自律"修改为"行业自治"，或许已经为期不远。

（二）政府彻底退出行业协会的运作

政府彻底退出任何行业协会的运作，也就是要求行业协会完全采取市场化的运作方式，包括招聘协会工作人员、拓展业务来源等，以确保其中立性。同时，政府虽然不再干预行业协会的内部事务，但也并不意味着政府对行业协会彻底放任不管，而是应当继续出台鼓励和培育行业协会和行业组织发展的政策，这样的政策工具包括：制定相关的公共政策（如产业技术政策、节能减排指标体系、产业振兴计划等）、购买服务、设立专项扶持基金；减免税收等，①以进一步鼓励行业协会自主发展，增强行业协会的独立性，增强行业协会获取资源的能力，增强行业协会与政府对话和合作的能力。政府应积极提升行业协会的自治能力，扩充社会自治空间。

（三）赋予行业协会完整的自治权力

"行业协会作为一个行业自治性组织，享有自治权力，这种自治权力是行业协会的立足之本。"②这种自治权力主要针对行业内部事务，如罗素所说："一个机构和它自己成员间的关系，只要不违反法律，都应该留给成员们自由决定。"③行业协会由行业成员自愿组成，罗素说的"由成员自由决定"包括由行业协会决定之意。这正体现了行业协会的自治权力。行业协会的完整的自治权力表现为，只要不违反法律，行业运行过程中产生的问题皆由行业协会自己解决。如行业规范由行业协会制定，行业争议优先由行业协会解决，④赋予行业协会惩戒权，行政机关在行业协会惩戒权范围内不再重复保留行政处罚权，同时赋予相对人通过行政监督或司法监督来行使救济权。就行政监督而言，黑格尔强调指出，"同业公会必须处于国家这种上级监督之下"，⑤在公共权力监督之下，同业公会才享有各种权利。⑥在德国的"经济自治"中，虽然国家将对经济活动的调节与规整交由独立之公法团体，如各类公会、公法财团或营造物自治管理或执行，甚至将公权力委由私人或私法团体行使，但国家仍立于法律监督的地位。⑦拉德布鲁赫对社团自治的界定也是以行政监督为前提的，

---

①　参见易继明：《论行业协会市场化改革》，载《法学家》2014年第4期，第46页。

②　黎军：《论司法对行业自治的介入》，载《中国法学》2006年第4期，第75页。

③　［英］伯特兰·罗素：《权威与个人》，储智勇译，商务印书馆2012年版，第80—81页。

④　伯尔曼在《法律与革命》中谈到，在米兰，商人行会执行官有权建立法庭并审判其管辖范围内的所有商业案件。参见［美］托比·胡弗：《近代科学为什么诞生在西方》，北京大学出版社2010年版，第131页。

⑤　［德］黑格尔：《法哲学原理》，范扬、张企泰译，商务印书馆2010年版。第251页。

⑥　参见［德］黑格尔：《法哲学原理》，范扬、张企泰译，商务印书馆2010年版。第249页。

⑦　参见赵相文：《行业自治作为我国行政任务民营化之方法——以证券市场自律机制为例》，台湾大学2005年博士学位论文，第100页。

"国家放弃一部分行政的职权范围，由在其监督下的社团在该范围内自行处理本身事务"。[①]可见德国的经验表明，对于行业自治而言，行政监督是不可或缺的。就司法监督而言，行业协会常被理解为是一种"自愿性团体"，英国的丹宁勋爵曾经自我设问，如果"自愿性团体"滥用或误用它们的权力，法院能用什么方法制止它们吗？在丹宁勋爵亲历的英国司法实践中，对于行业协会这种"损害自己成员的权力"，法院已经从"没有有效的控制手段"朝着"谴责那些对职业进行不适当限制的规章……推翻了行业裁判所很多不公正的判决"转变。[②]也就是说，西方最早产生行业协会的英国，其司法审查早已将行业协会"损害自己成员的权力"纳入了监督视野，这种监督主要包括两种：一是对行业裁判的司法监督，二是对行业协会制定的行业规章的合法性进行司法监督。从我国的情况来看，行政对自治的介入明显过多，[③]对行业协会的司法监督大多还处于缺位状态，[④]实践中也存在行业协会的诉讼主体的认定难题。[⑤]因此，德国的行政监督经验和英国的司法监督经验可以为我国提供有益的借鉴。

综上，对行业立法、行业监管、行业纠纷解决以及行业自治等行业法治运行各环节存在的问题及其完善措施进行探讨，说明我国的行业法治之路依然任重而道远。但世间万物发展的规律都不过是：道路是曲折的，前途是光明的。虽然行业法治仍在路上，但只要坚持下去，行业法治就一定能够实现。一旦实现行业法治，法治社会也就将一并实现，从而为中国特色社会主义法治体系和中国特色社会主义法治理论增添完全属于"中国特色"的元素，最终实现中国式法治现代化。

---

① ［德］拉德布鲁赫：《法学导论》，米健译，商务印书馆2019年版，第189页。

② 参见［英］丹宁勋爵：《法律的训诫》，杨百揆等译，法律出版社2011年版，第175—178页。

③ 参见黎军：《基于法治的自治——行业自治规范的实证研究》，载《法商研究》2006年第4期，第53页。

④ 参见付小飞：《我国行业协会权力研究》，湖南大学2009年博士学位论文，第58页。

⑤ 参见马怀德、孔祥稳：《改革开放四十年行政诉讼的成就与展望》，载《中外法学》2018年第5期，第1153页。

结论

行业法治的前景展望

行业法和行业法治是产生于我国法治实践中的特有概念。但是，到目前为止，在我国法学界，行业法和行业法治均是少有人研究的课题，可资参考的文献极其稀缺。回顾整个研究过程，本书总体上遵循了从"行业"入法到行业法再到行业法治的思路，取得了一些初步的研究成果，初步构建了行业法治的理论框架。

首先，对"行业"入法现象进行了实证分析。既有研究成果显示，行业法的提出还存在逻辑上的不自信。为了改变这种状况，也是为了论证行业法的成立，本书对我国立法实践中大量存在的"行业"入法现象进行了详细的实证分析，对"行业"在法律中的出现次数以及"行业"入法的最新发展，对部门法中的"行业"以及"行业"在法律条文中的形式样态等问题进行了层层梳理。实证分析结果显示，"行业"入法现象在所有现行法律、行政法规和部门规章中总体上占到了三成，席卷了除诉讼法及非诉讼程序法之外的其他部门法，甚至现行宪法也对"行业"做出了明确规定，宣示了"行业"的宪法地位。而且，这个比例超越了所有部门法在法律体系中的比例。这种情况堪称是法律领域的"量变引起质变"现象。至此，行业悄然完成了从经济意义上的概念向法律意义上的概念进化的过程，从古老的经济概念转变成新生的法律概念。"行业"入法现象是对行业在社会结构中的变迁的法律回应。翔实的数据汇聚而成"法律中的行业"这个独特的命题，构成了行业法的事实基础，有效支撑着行业法的成立，进而宣告了行业法治的潜在可能。

其次，对行业法和行业法治的研究成果进行了历史分析。行业法在我国首次提出只有四十年的时间，而行业法治在我国首次提出还只有二十年的时间，相应的研究均不是很发达。但是，本书仍然追本溯源，全面梳理了目前学界关于行业法和行业法治的历史研究成果，并对这些成果进行了系统分析，分别整理和归纳学界关于行业法和行业法治的不同主张，并从中挖掘学界关于行业法和行业法治的理论共识。

再次，对行业法治的内涵、特性、理论和意义等问题进行了概念分析。本书提出，行业法治是一种"混合"法治，其内涵表现为"硬法"之治和"软法"之治的结合、依法监管与依法自治的结合、横向体系（各行各业的法治）和纵向体系（包括行业立法、行业监管、行业纠纷化解和行业自治等在内）的结合。行业法治是一种"复杂"法治，其特性包括法治主体的多元性、法律规范的复合性、行业治理的差异性、运行机制的共治性和调整范围的全面性。行业法治是一种真法治，而不是假法治，其理念包括权利保护理念、公平正义理念、科学发展理念和自治理念。行业法治是一种有意义的法治。从法治发展维度看，行业法治既有助于拓展法治的理论空间，也有助于填补传统法治的短板，还有助于国家治理体系的完善。从行业发展维度看，行业法治既有助于推进多层次多领域依法治理、促进行业发展，也有助于确立行业治理的标准、规范行业发展，还有助于为新兴行业保驾护航。行业法治体现了行业与法治的互动关系，促进了法治发展和行业发展之间的良性循环。

又次，对行业法治的产生基础和基本要素等问题进行了综合分析。从外部视角看，行业法治的产生基础包括经济基础、政治基础、社会基础和法律基础。其中，经济基础即社会分工的进一步发展，政治基础即政企分开、政事分开的体制逐步确立，社会基础即行业组织的大量出现，法律基础即行业法律体系的逐步完善。但是具备外部条件，行业法治也不一定能自动实现，因而需要深入行业法治的内部空间，从内部视角进一步探索行业法治的要素体系。行业法治的要素体系包括主体、制度与实践三种要素。其中，主体要素包括行业监管主体（行业主管部门）、行业经营主体、行业协会（行业组织）、行业消费者、社会公众、从业人员等；制度要素包括行业法律、行业规划、行业标准、行业规范、行业章程等；实践要素包括行业立法、行业监管、行业纠纷解决、行业守法和行业自治等。限于篇幅，本书只选取了行业协会、行业标准和行业自治这三个基本要素作为重点研究对象，展开分析它们各自对行业法治的促进作用，可以很清楚地了解当前我国行业法治运行的状态。行业法治是我国未来法治实践和法治研究的重要环节。

最后，对行业法治的现实运行进行了缺陷分析。当前，行业法治的运

行环节，包括行业立法、行业监管、行业纠纷化解以及行业自治等，均存在一定的问题。本书直面行业法治存在的问题，并提出了完善建议。如果这些建议被忽视，那么，行业法治的推进将可能陷入困境。解决行业法治存在的现实缺陷，是我国未来行业法治发展的基本方向。

虽然行业法治还没有成为官方倡导，本书所构建的行业法治理论框架或许仍流于粗浅简陋，如既没有触及行业法与世界商法的关系，也没有对如何构建行业法治的指标体系展开深入讨论，更是对行业分类难以穷尽这个行业法与行业法治的先天难题束手无策。但所有这些，都无法遮挡行业法治在中国特色社会主义法治体系中，在法治社会建设的过程中可能发出的光芒。2017年7月，一个叫李朋璇的快递员，在政府网站给国务院总理发帖，建议国家允许给快递行业中的生鲜农产品买保险，并希望国家推动保险行业和快递行业深化合作。后来他的建议被吸收到2018年国务院颁布的《快递暂行条例》中。李朋璇因此相继被评为2018年度"最美快递员"和"感动交通人物"。推荐词和颁奖词均赞扬他推动了"邮政行业法治进程"或"行业法治建设进程"。一个行业的普通从业人员的一次偶然发帖所提出的意见，被吸收到行业立法中，从而改变了这个行业的尴尬处境，这正是行业法治的魅力所在，体现的是民主、参与、自治、共治等内在精神，预示着克服了现实缺陷的行业法治终将拥有美好的未来。但是，与新时代丰盈饱满的法治实践相比，我国的法学理论远未形成有强大解释力、穿透力、说服力的法学概念体系、理论体系和方法体系。[1]习近平总书记曾经指出的"有的学科理论建设滞后于实践，不能回答和解释现实问题"[2]的现象在行业法治领域同样存在。因此，在未来很长一段时间，行业法治的理想图景和现实缺陷将长期共存。行业法治概念的提出者孙笑侠教授说，"希望有越来越多的人关心和关注中国行业法治的发展，关心行

① 参见张文显：《在新的历史起点上推进中国特色法学体系构建》，载《中国社会科学》2019年第10期，第31页。

② 习近平：《论坚持全面依法治国》，中央文献出版社2020年版，第175页。

业法的研究和行业法人才的培养"，①吾等一代又一代学子、千千万万行业法律从业人员和行业从业人员，理当尽力而为，为未来中国的行业法治研究与实践舔砖加瓦。

研究行业法治的目的在于探索法治社会的建设途径，进而实现社会治理现代化，最终实现良好的社会治理。党的十九大报告强调"推动社会治理重心向基层下移"。②在此基础上，本书建议社会治理重心向基层下移之后，还要明确在各行业之间横向移动。如果能明确提出"推动社会治理重心在各行业之间横向移动"，对于我国法治建设，特别是对于我国的行业法治建设，将极其具有战略性、基础性、引领性意义。我国早在20世纪90年代"二五"普法期间就提出了"行业依法治理"的概念，在2006年"五五"普法期间提出了"开展多层次多领域依法治理"的概念，又在2014年党的十八届四中全会、2020年《法治社会建设实施纲要（2020—2025年）》和2022年党的二十大报告中先后提出了"推进多层次多领域依法治理"的概念，但遗憾的是，迄今为止我国仍未在官方法治文件中提炼出"行业法治"的概念。本书坚信，有朝一日我国将会正式用"行业法治"的概念代替"行业依法治理"的概念，行业法治将成为中国特色社会主义法治体系和中国式法治现代化的有机组成部分，行业法治理论也将成为中国特色社会主义法治理论和中国式法治现代化理论的有机组成部分。最后，党的二十大提出了"中国特色社会主义法治体系更加完善"的目标任务，而行业法治的发展将是"中国特色社会主义法治体系更加完善"的重要途径。因此，本书再次呼吁，我们需要认真对待行业法治。

---

① 孙笑侠主编：《转型期法治报告（2013年）——行业领域的法治》，法律出版社2013年版，"编者的话"第2页。

② 引自习近平总书记在党的十九大所做的报告。参见习近平：《习近平著作选读（第二卷）》，人民出版社2023年版，第40页。

附录A　"行业"入法的梳理

序号	行业法律名称	首次颁布时间	颁布时是否对行业做出规定	首次规定行业的时间	行业出现次数	备注
1	环境保护法	1979	否	2014年第二次修订时	1	行业规范
2	刑法	1979	否	1997年第一次修订时	7	行业标准行业协会
3	关于批准《国务院关于老干部离职休养的暂行规定》的决议	1980	是		1	机械行业
4	关于批准《广东省经济特区条例》的决议	1980	是		2	行业
5	个人所得税法	1980	否	1993年第一次修订时	1	特定行业
6	商标法	1982	否	2013年第三次修订时	4	行业组织行业自律
7	宪法	1982	是		1	行业
8	药品管理法	1984	否	2001年第一次修订时	2	行业发展规划
9	会计法	1985	否	1999年第二次修订时	1	行业
10	土地管理法	1986	是		1	行业
11	邮政法	1986	否	2009年第一次修订时	4	行业协会，行业规范，行业自律

（续上表）

序号	行业法律名称	首次颁布时间	颁布时是否对行业做出规定	首次规定行业的时间	行业出现次数	备注
12	大气污染防治法	1987	否	2015年第三次修订时	2	行业协会
13	水法	1988	是		4	行业 行业主管部门
14	标准化法	1988	是		10	行业标准
15	铁路法	1990	是		3	行业包装标准
16	香港特别行政区基本法	1990	是		3	行业
17	烟草专卖法	1991	是		1	烟草行业
18	未成年人保护法	1991	否	2006年第一次修订时	2	行业标准
19	工会法	1992	是		2	行业
20	矿山安全法	1992	是		10	行业技术规范 行业安全标准
21	农业法	1993	是		4	行业协会 行业职业分类
22	红十字会法	1993	是		3	行业红十字会
23	反不正当竞争法	1993	否	2017年第一次修订时	2	行业协会 行业自律
24	产品质量法	1993	是		7	行业标准
25	国家安全法	1993	否	2015年第二次修订时	1	重要行业
26	注册会计师法	1993	是		1	行业
27	科学技术进步法	1993	是		1	行业
28	对外贸易法	1994	是		1	行业利益

（续上表）

序号	行业法律名称	首次颁布时间	颁布时是否对行业做出规定	首次规定行业的时间	行业出现次数	备注
29	广告法	1994	否	2015年第一次修订时	9	行业，行业协会，行业规范，行业自律，行业发展，行业诚信
30	教育法	1995	否	2015年第二次修订时	1	行业组织
31	电力法	1995	是		2	行业标准
32	保险法	1995	否	2009年第二次修订时	3	行业协会
33	人民警察法	1995	是		1	特种行业
34	老年人权益保障法	1996	否	2012年第二次修订时	2	行业目录，行业
35	拍卖法	1996	是		4	行业，行业协会
36	律师法	1996	否	2007年第二次修订时	2	行业规范
37	煤炭法	1996	是		10	行业标准行业安全
38	乡镇企业法	1996	是		1	行业标准
39	环境噪声污染防治法	1996	是		1	行业标准
40	职业教育法	1996	是		4	行业组织
41	促进科技成果转化法	1996	是		4	行业标准
42	节约能源法	1997	是		12	行业标准，行业协会，行业节能规划
43	建筑法	1997	是		1	行业安全
44	价格法	1997	是		1	行业组织

（续上表）

序号	行业法律名称	首次颁布时间	颁布时是否对行业做出规定	首次规定行业的时间	行业出现次数	备注
45	证券法	1998	否	2005年第二次修订时	1	行业规范
46	消防法	1998	是		7	行业标准
47	气象法	1999	是		1	行业管理
48	合同法	1999	是		2	行业标准
49	种子法	2000	是		8	行业标准，行业协会，行业自律
50	职业病防治法	2001	否	2011年第一次修订时	1	行业自律
51	国家通用语言文字法	2001	是		2	公共服务行业
52	中小企业促进法	2002	是		5	行业组织
53	海域使用管理法	2002	是		2	行业用海行业规划
54	政府采购法	2002	是		2	禁止行业限制
55	安全生产法	2002	是		23	行业，行业自律，行业标准、行业主管部门
56	清洁生产促进法	2002	是		7	行业 行业主管部门
57	行政许可法	2003	是		6	特定行业，行业准入，行业组织
58	证券投资基金法	2003	是		25	行业协会，行业自律，行业发展，行业关系
59	农业机械化促进法	2004	是		3	行业协会，行业标准

（续上表）

序号	行业法律名称	首次颁布时间	颁布时是否对行业做出规定	首次规定行业的时间	行业出现次数	备注
60	畜牧法	2005	是		3	行业协会，行业自律，行业利益
61	公务员法	2005			1	行业监管
62	可再生能源法	2005	是		1	行业标准
63	治安管理处罚法	2005	是		1	行业
64	反洗钱法	2006	是		1	金融行业
65	农产品质量安全法	2006	是		1	行业协会
66	突发事件应对法	2007	是		1	行业发展
67	反垄断法	2007	是		10	行业协会，行业垄断，行业经营者
68	城乡规划法	2007	否	2015年第一次修订时	1	行业协会
69	劳动合同法	2007	是		5	行业性集体合同
70	企业国有资产法	2008	是		1	行业集中
71	循环经济促进法	2008	是		4	行业，行业协会
72	食品安全法	2009	是		13	行业协会，行业规范，行业自律，行业诚信
73	社会保险法	2010	是		6	行业，行业费率
74	国防动员法	2010	是		2	行业
75	车船税法	2011	是		1	行业主管部门
76	特种设备安全法	2013	是		2	行业协会，行业自律，行业诚信

（续上表）

序号	行业法律名称	首次颁布时间	颁布时是否对行业做出规定	首次规定行业的时间	行业出现次数	备注
77	旅游法	2013	是		7	行业组织，行业标准，行业规范
78	航道法	2014	是		2	行业标准
79	国家勋章和国家荣誉称号法	2015	是		1	行业
80	中医药法	2016	是		1	行业标准
81	电影产业促进法	2016	是		2	行业组织 行业自律
82	网络安全法	2016	是		12	行业组织，行业标准，行业发展
83	国防交通法	2016	是		2	行业，行业管制
84	资产评估法	2016	是		32	行业，行业协会
85	慈善法	2016	是		12	行业，行业组织，行业规范，行业自律
86	公共图书馆法	2017	是		3	行业组织，行业规范，行业自律
87	土壤污染防治法	2018	是		3	行业，行业协会
88	电子商务法	2018	是		8	行业组织，行业规范，行业自律，行业协会，行业诚信
89	外商投资法	2019	是		3	行业
总计					377	

（备注：本表统计截止日期为2019年5月2日）

附录B "行业"入法的最新发展

序号	行业法律名称	首次颁布时间	颁布时是否对行业做出规定	最近规定行业的时间	行业出现次数	行业增加次数	表现形式
1	海上交通安全法	1983	否	2021年第二次修订时	2	2	行业
2	药品管理法	1984	否	2019年第四次修订时	7	5	行业协会、行业自律、行业规范、行业诚信、行业发展规划
3	科学技术进步法	1993	是	2021年第三次修订时	2	1	行业
4	体育法	1995	否	2022年第三次修订时	2	2	行业规则、行业自律
5	固体废物污染环境防治法	1995	否	2020年第五次修订时	3	3	行业、行业协会
6	职业教育法	1996	是	2022年第一次修订时	27	23	行业、行业组织、行业主管部门、特殊行业、跨行业
7	动物防疫法	1997	是	2021年第4次修订时	4	4	行业协会,行业规范,行业自律、行业诚信
8	消防法	1998	是	2021年第三次修订时	8	1	行业标准

（续上表）

序号	行业法律名称	首次颁布时间	颁布时是否对行业做出规定	最近规定行业的时间	行业出现次数	行业增加次数	表现形式
9	证券法	1998	否	2019年第五次修订时	10	9	行业协会，行业规范，行业自律、行业诚信
10	安全生产法	2002	是	2021年第四次修订时	38	15	行业、重点行业、新兴行业、高危行业、行业标准、行业主管部门、行业自律
11	反间谍法	2014	否	2023年第一次修订时	2	2	行业
12	畜牧法	2005	是	2022年第二次修订时	4	1	行业协会、行业自律、行业利益、行业发展规则
13	农产品质量安全法	2006	是	2022年第二次修订时	2	1	行业协会
14	疫苗管理法	2019	是	首次颁布时	8	8	行业发展规划、行业协会、行业自律、行业规范、行业诚信
15	密码法	2019	是	首次颁布时	7	7	行业标准、行业协会、行业自律、行业诚信
16	基本医疗卫生与健康促进法	2019	是	首次颁布时	11	11	行业、行业规范、行业标准、行业组织、行业自律、行业监督管理、行业管理规范
17	出口管制法	2020	是	首次颁布时	3	3	行业、行业自律组织
18	生物安全法	2020	是	首次颁布时	2	2	行业
19	长江保护法	2020	是	首次颁布时	3	3	行业

（续上表）

序号	行业法律名称	首次颁布时间	颁布时是否对行业做出规定	最近规定行业的时间	行业出现次数	行业增加次数	表现形式
20	反食品浪费法	2021	是	首次颁布时	10	10	行业、行业标准、行业协会、行业自律、行业规范
21	数据安全法	2021	是	首次颁布时	8	8	行业、行业组织、行业自律、行业健康
22	医师法	2021	是	首次颁布时	8	8	行业、行业组织、行业自律
23	噪声污染防治法	2021	是	首次颁布时	1	1	行业
24	有组织犯罪法	2021	是	首次颁布时	13	13	行业、行业主管部门
25	期货和衍生品法	2022	是	首次颁布时	15	15	行业 行业协会 行业诚信 行业业务规则 行业信息安全
26	反电信网络诈骗法	2022	是	首次颁布时	4	4	行业、跨行业、行业主管部门
27	黄河保护法	2022	是	首次颁布时	2	2	行业
28	无障碍环境建设法	2023	是	首次颁布时	1	1	行业
总计					207	167	

（备注：本表统计期间为2019年5月3日至2023年6月30日）

附录C　国务院行政审批改革政策性文件清单

序号	发布时间	文件名称	取消、调整、下放或清理的项目数量
1	2002.11.1	关于取消第一批行政审批项目的决定	取消789项
2	2003.2.27	关于取消第二批行政审批项目和改变一批行政审批项目管理方式的决定	取消406项，下放82项
3	2004.5.19	关于第三批取消和调整行政审批项目的决定	取消385项，调整39项，下放46项
4	2007.10.9	关于第四批取消和调整行政审批项目的决定	取消128项，调整58项
5	2010.7.4	关于第五批取消和下放管理层级行政审批项目的决定	取消113项，下放71项
6	2012.9.23	关于第六批取消和调整行政审批项目的决定	取消171项，下放143项
7	2013.5.15	关于取消和下放一批行政审批项目等事项的决定	取消71项、下放20项
8	2013.7.13	关于取消和下放50项行政审批项目等事项的决定	取消21项，下放8项，部分取消6项，部分下放7项
9	2013.11.8	关于取消和下放一批行政审批项目的决定	取消53项，下放29项
10	2014.1.28	关于取消和下放一批行政审批项目的决定	取消63项，下放19项
11	2014.7.22	关于取消和调整一批行政审批项目等事项的决定	取消47项，下放17项，调整31项

（续上表）

序号	发布时间	文件名称	取消、调整、下放或清理的项目数量
12	2014.10.23	关于取消和调整一批行政审批项目等事项的决定	取消108项，下放17项，调整82项
13	2015.2.24	关于取消和调整一批行政审批项目等事项的决定	取消142项，下放19项，调整21项
14	2015.10.11	关于第一批清理规范89项国务院部门行政审批中介服务事项的决定	清理89项
15	2016.2.3	关于第二批清理规范192项国务院部门行政审批中介服务事项的决定	清理192项
16	2016.2.3	关于第二批取消152项中央指定地方实施行政审批事项的决定	取消152项
17	2017.1.12	关于第三批清理规范国务院部门行政审批中介服务事项的决定	清理17项
总计			3662项

（备注：本表统计截止日期为2023年6月30日）

参考文献

一、中文文献

（一）中文著作

1. 编写组：《习近平法治思想概论》，高等教育出版社2021年版。

2. 蔡定剑主编：《公众参与：风险社会的制度建设》，法律出版社2009年版。

3. 陈兴良：《刑事法治论》，中国人民大学出版社2007年版。

4. 陈广华、徐小锋、那函：《高速公路经营者民事责任研究》，中国政法大学出版社2013年版。

5. 陈甦、田禾主编：《中国法治发展报告No.17（2019）》，社会科学文献出版社2019年版。

6. 陈甦主编：《社会法学的新发展》，中国社会科学出版社2009年版。

7. 陈弘毅：《法治：启蒙与现代法的精神》，中国政法大学出版社2013年版。

8. 程燎原、王人博：《权利论》，广西师范大学出版社2014年版。

9. 邓正来：《中国法学向何处去》，商务印书馆2006年版。

10. 段秋关：《中国现代法治及其历史根基》，商务印书馆2018年版。

11. 郭介恒等：《汽车运输业管理相关规定法制化作业之研究——法律位阶探讨》，中国台湾地区"交通部"运输研究所2016年版。

12. 国际咨询工程师联合会、中国工程咨询协会编译：《菲迪克

（FIDIC）合同指南》，机械工业出版社2009年版。

13. 何伯森主编：《工程项目管理的国际惯例》，中国建筑工业出版社2007年版。

14. 何信全：《哈耶克自由理论研究》，北京大学出版社2004年版。

15. 何勤华、任超等：《法治的追求——理念、路径和模式的比较》，北京大学出版社2005年版。

16. 黄文艺：《中国法律发展的法哲学反思》，法律出版社2010年版。

17. 黄茂荣：《法学方法与现代民法》，中国政法大学出版社2001年版。

18. 黄仁宇：《中国大历史》，九州出版社2011年版。

19. 黄宗智：《中国新型正义体系：实践与理论》，广西师范大学出版社2020年版。

20. 季卫东：《通往法治的道路——社会的多元化与权威体系》，法律出版社2014年版。

21. 季卫东：《法治构图》，法律出版社2012年版。

22. 季卫东：《大变局下的中国法治》，北京大学出版社2013年版。

23. 季卫东：《法治秩序的建构》，商务印书馆2014年版。

24. 江山：《中国法理念》，中国政法大学出版社2005年版。

25. 康宁：《在身份与契约之间：法律文明进程中的欧洲中世纪行会》，社会科学文献出版社2023年版。

26. 李步云：《论法治》，社会科学文献出版社2008年版。

27. 李步云主编：《法理学》，经济科学出版社2000版。

28. 李贵连：《法治是什么：从贵族法治到民主法治》，广西师范大学出版社2013年版。

29. 刘少军、王一鹤：《经济法学总论》，中国政法大学出版社2015年版。

30. 雷海宗：《西洋文化史纲要》，上海古籍出版社2011年版。

31. 鲁篱：《行业协会经济自治权研究》，法律出版社2003年版。

32. 罗豪才、宋功德：《软法亦法：公共治理呼唤软法之治》，法律出版社2009年版。

33. 罗豪才等：《软法与公共治理》，北京大学出版社2006年版。

34. 罗豪才主编：《软法的理论与实践》，北京大学出版社2010年版。

35. 罗豪才、毕洪海编：《软法的挑战》，商务印书馆2011年版。

36. 马长山：《公共领域兴起与法治变革》，人民出版社2016年版。

37. 马长山：《"法治中国"建设的理论检视》，法律出版社2017年版。

38. 钱学森：《钱学森讲谈录——哲学、科学、艺术》，九州出版社2009年版。

39. 沈国明等：《法治中国道路探索》，上海人民出版社2017年版。

40. 宋宗宇：《建设工程质量监管法律机制研究》，法律出版社2015年版。

41. 苏力：《制度是如何形成的》，北京大学出版社2007年版。

42. 孙笑侠主编：《转型期法治报告（2013年卷）——行业领域的法治》，法律出版社2013年版。

43. 王人博、程燎原：《法治论》，广西师范大学出版社2014年版。

44. 王人博等：《洋为中用：中国法政知识考古》，北京大学出版社2022年版。

45. 吴经熊：《法律哲学研究》，清华大学出版社2005年版。

46. 武建敏、董佰壹：《法治类型研究》，人民出版社2011年版。

47. 习近平：《习近平著作选读（第一卷）》，人民出版社2023年版。

48. 习近平：《习近平著作选读（第二卷）》，人民出版社2023年版。

49. 习近平：《习近平谈治国理政》，外文出版社2014年版。

50. 习近平：《习近平谈治国理政（第三卷）》，外文出版社2020年版。

51. 习近平：《习近平谈治国理政（第四卷）》，外文出版社2022年版。

52. 习近平：《论坚持全面依法治国》，中央文献出版社2020年版。

53. 姚建宗：《法治的生态环境》，山东人民出版社2003年版。

54. 姚建宗编著：《法理学：一般法律科学》，中国政法大学出版社2006年版。

55. 姚建宗主编：《法理学》，科学出版社2010年版。

56. 严存生：《法治的观念与体制——法治国家与政党政治》，商务印书馆2013年版。

57. 阎云翔：《中国社会的个体化》，陆洋等译，上海译文出版社2012年版。

58. 殷瑞钰、汪应洛、李伯聪等：《工程哲学》，高等教育出版社2007年版。

59. 应奇、刘训练：《共和的黄昏：自由主义、社群主义和共和主义》，吉林出版集团有限责任公司2007年版。

60. 俞可平主编：《治理与善治》，社会科学文献出版社2000年版。

61. 袁行霈主编：《中华文明史（第三卷）》，北京大学出版社2006年版。

62. 张文显：《法治与法治国家》，法律出版社2011年版。

63. 张文显：《西方法哲学》，法律出版社2011年版。

64. 张文显：《法哲学范畴研究》，中国政法大学出版社2001年版。

65. 张文显：《二十世纪西方法哲学思潮研究》，法律出版社2007年版。

66. 张文显：《学术演讲集》，法律出版社2011年版。

67. 张文显：《法哲学通论》，辽宁人民出版社2009年版。

68. 张千帆：《宪法学讲义》，北京大学出版社2011年版。

69. 张志铭、于浩：《转型中国的法治化治理》，法律出版社2018年版。

70. 张金才：《中国法治建设四十年：1978—2018》，人民出版社2018年版。

71. 赵毅宇：《中国商事调解立法研究》，清华大学出版社2023年版。

72. 郑戈：《法律和现代人的命运——马克斯·韦伯法律思想研究导论》，法律出版社2006年版。

73. 最高人民法院中国特色社会主义法治理论研究中心编：《法治中国——学习习近平总书记关于法治的重要论述》，人民法院出版社2017年版。

74. 左卫民：《实证研究：中国法学的范式转型》，法律出版社2019年版。

75. 周佑勇主编：《工程法学》，中国人民大学出版社2010年版。

76. 朱永灵、曾亦军主编：《融合与发展——港珠澳大桥法律实践》，法律出版社2019年版。

（二）中文译著

1. ［古希腊］亚里士多德：《政治学》，吴寿彭译，商务印书馆1997年版。

2. ［爱尔兰］约翰·莫里斯·凯利：《西方法律思想简史》，王笑红译，法律出版社2010年版。

3. ［奥］凯尔森：《法与国家的一般理论》，沈宗灵译，商务印书馆2013年版。

4. ［奥］欧根·埃利希：《法社会学原理》，舒国滢译，中国大百科全书出版社2009年版。

5. ［丹］Bent Flyvbjerg，［瑞典］Nils Bruzelius，［德］Werner Rothengatter：《巨型项目：雄心与风险》，李永奎、崇丹、胡毅等译，科

学出版社2018年版。

6. ［德］卡尔·拉伦茨：《德国民法通论》，王晓晔等译，法律出版社2003年版。

7. ［德］卡尔·拉伦茨：《法学方法论》，陈爱娥译，商务印书馆2003年版。

8. ［德］英戈·穆勒：《恐怖的法官——纳粹时期的司法》，王勇译，中国政法大学出版社2000年版。

9. ［德］马克斯·韦伯：《经济与社会（上卷）》，林荣远译，商务印书馆1997年版。

10. ［德］乌尔里希·贝克：《风险社会》，何博闻译，译林出版社2004年版。

11. ［德］黑格尔：《法哲学原理》，范扬、张企泰译，商务印书馆2010年版。

12. ［德］尼克拉斯·卢曼：《法社会学》，宾凯、赵春燕译，上海人民出版社2013年版。

13. ［德］拉德布鲁赫：《法学导论》，米健译，商务印书馆2019年版。

14. ［德］鲁道夫·冯·耶林：《对法学的戏谑与认真》，张焕然译，法律出版社2023年版。

15. ［法］狄骥：《公法的变迁》，郑戈译，商务印书馆2013年版。

16. ［法］托克维尔：《论美国的民主（上卷）》，董果良译，商务印书馆2013年版。

17. ［法］孟德斯鸠：《论法的精神》，许明龙译，商务印书馆2013年版。

18. ［法］卢梭：《社会契约论》，钟书峰译，法律出版社2012年版。

19. ［美］伯尔曼：《法律与宗教》，梁治平译，中国政法大学出版社2003年版。

20. 〔美〕伯尔曼：《信仰与秩序：法律与宗教的复合》，姚剑波译，中央编译出版社2011年版。

21. 〔美〕布雷恩·Z. 塔玛纳哈：《论法治：历史、政治和理论》，李桂林译，武汉大学出版社2010年版。

22. 〔美〕布莱恩·Z. 塔玛纳哈：《法律工具主义对法治的危害》，陈虎、杨洁译，北京大学出版社2015年版。

23. 〔美〕布莱恩·Z. 塔玛纳哈：《法律多元主义——历史、理论与影响》，赵英男译，商务印书馆2023年版。

24. 〔美〕米尔顿·弗里德曼：《资本主义与自由》，张瑞玉译，商务印书馆1986年版。

25. 〔美〕劳伦斯·弗里德曼：《二十世纪美国法律史》，周大伟等译，北京大学出版社2016年版。

26. 〔美〕德隆·阿西莫格鲁、詹姆斯·A. 罗宾逊：《国家为什么会失败》，李增刚译，湖南科技出版社2015年版。

27. 〔美〕约翰·罗尔斯：《正义论》，何怀宏等译，中国社会科学出版社2009年版。

28. 〔美〕富勒：《法律的道德性》，郑戈译，商务印书馆2005年版。

29. 〔美〕约翰·L. 坎贝尔：《制度变迁与全球化》，姚伟译，上海人民出版社2010年版。

30. 〔美〕罗伯特·C. 埃里克森：《无需法律的秩序》，苏力译，中国政法大学出版社2003年版。

31. 〔美〕伯纳德·施瓦茨：《行政法》，徐炳译，群众出版社1986年版。

32. 〔美〕彼得·德恩里科、邓子滨编著：《法的门前》，北京大学出版社2012年版。

33. 〔美〕尼尔·K. 考默萨：《法律的限度——法治、权利的供给与需求》，申卫星、王琦译，商务印书馆2007年版。

34. 〔美〕弗朗西斯·福山：《政治秩序的起源：从前人类时代到法国大革命》，毛俊杰译，广西师范大学出版社2012年版。

35. 〔美〕詹姆斯·J. 赫克曼、罗伯特·L. 尼尔森、李·卡巴廷根编：《全球视野下的法治》，高鸿钧、鲁楠等译，清华大学出版社2014年版。

36. 〔美〕托比·胡弗：《近代科学为什么诞生在西方》，周程、于霞译，北京大学出版社2010年版。

37. 〔美〕P. 诺内特、P. 塞尔兹尼克：《转变中的法律与社会：迈向回应型法》，张志铭译，中国政法大学出版社2004年版。

38. 〔美〕E. 博登海默：《法理学：法律哲学与法律方法》，邓正来译，中国政法大学出版社2004年版。

39. 〔美〕内森·罗森堡、L. E. 小伯泽尔：《西方现代社会的经济变迁》，曾刚译，中信出版社2009年版。

40. 〔美〕B. 盖伊·彼得斯：《政府未来的治理模式》，吴爱民、夏宏图译，中国人民大学出版社2013年版。

41. 〔英〕道格拉斯·斯蒂芬：《工程合同仲裁实务》，路晓村、穆怀晶译，中国建筑工业出版社2004年版。

42. 〔英〕伯特兰·罗素：《权威与个人》，储智勇译，商务印书馆2012年版。

43. 〔英〕丹宁勋爵：《法律的训诫》，杨百揆等译，法律出版社2011年版。

44. 〔英〕布莱恩·辛普森：《法学的邀请》，范双飞译，北京大学出版社2008年版。

45. 〔英〕恩迪科特：《法律中的模糊性》，程朝阳译，北京大学出版社2010年版。

46. 〔英〕J. B. 伯里：《思想自由史》，周颖如译，商务印书馆2014年版。

47. 〔英〕梅因：《古代法》，沈景一译，商务印书馆1996年版。

48. ［英］汤姆·宾汉姆：《法治》，毛国权译，中国政法大学出版社2012年版。

49. ［英］哈特：《法律的概念》，张文显等译，中国大百科全书出版社1996年版。

50. ［英］安东尼·奥格斯：《规制：法律形式与经济学理论》，骆梅英译，中国人民大学出版社2008年版。

51. ［英］约翰·洛克：《政府论（下篇）》，叶启芳、瞿菊农译，商务印书馆2013年版。

52. ［英］索尔·弗兰普顿：《触摸生活：蒙田写作随笔的日子》，周玉军译，商务印书馆2016年版。

53. ［日］六本佳平：《日本法与日本社会》，刘银良译，中国政法大学出版社2006年版。

54. ［日］福泽谕吉：《文明论概略》，北京编译社译，商务印书馆2010年版。

55. ［日］川岛武宜：《现代化与法》，王志安等译，中国政法大学出版社2004年版。

56. ［日］中山龙一等：《法思想史》，王昭武译，北京大学出版社2023年版。

57. 《马克思恩格斯全集》（第1卷），人民出版社1995年版。

58. 世界银行：《2017年世界发展报告：治理与法律》，胡光宇等译，清华大学出版社2018年版。

（三）中文文集中析出的文章

1. ［荷］A. 托伦纳：《软法、政策与行政决定的质量》，林良亮译，载罗豪才、毕洪海编：《软法的挑战》，商务印书馆2011年版。

2. ［美］霍姆斯：《法律之道》，姚远译，载周赟主编：《厦门大学法律评论》总第26辑，厦门大学出版社2015年版。

3. ［英］罗伯特·罗茨：《新的治理》，木易编译，载俞可平主

编：《治理与善治》，社会科学文献出版社2000年版。

4. 方洁：《行业自治发展中的社团处罚现象及其法治化》，载孙笑侠主编：《转型期法治报告（2013年卷）——行业领域的法治》，法律出版社2013年版。

5. 兰捷：《作为软法的社团章程》，载罗豪才主编：《软法的理论与实践》，北京大学出版社2010年版。

6. 汪永清：《推进多层次多领域依法治理》，载本书编写组编著：《〈中共中央关于全面推进依法治国若干重大问题的决定〉辅导读本》，人民出版社2014年版。

7. 俞可平：《中国公民社会的兴起与治理的变迁》，载俞可平主编：《治理与善治》，社会科学文献出版社2000年版。

8. 张睿：《软法与公共政策》，载罗豪才主编：《软法的理论与实践》，北京大学出版社2010年版。

（四）中文论文

1. 敖安强：《从我国国有资源现状看当前国有林管理创新的核心问题》，载《北京林业大学学报（社会科学版）》2011年第4期。

2. 敖安强：《森林问题的发展趋势及其对我国林业法制建设的影响》，载《中州学刊》2011年第6期。

3. 鲍绍坤：《社会组织及其法制化研究》，载《中国法学》2017年第1期。

4. 包建华、陈宝贵：《技术标准在司法裁判中的适用方式》，载《法律适用》2019年第13期。

5. 蔡宝刚：《论催生法治社会的社会权力引擎》，载《求是学刊》2016年第2期。

6. 蔡守秋：《〈森林法〉修改的几个问题》，载《现代法学》2004年第5期。

7. 曹兴权：《金融行业协会自律的政策定位与制度因应——基于金

融中心建设的考量》，载《法学》2016年第10期。

8. 曹锦秋、狄荣：《论行业协会的自治权及其限制》，载《辽宁大学学报（哲学社会科学版）》2011年第1期。

9. 曹晓路、王崇敏：《中国特色自由贸易港事中事后监管创新研究》，载《行政管理改革》2019年第5期。

10. 曹博：《公用企业竞争与管制立法问题探析》，载《法学》2002年第6期。

11. 常健、饶常林：《论法治国家、法治政府、法治社会一体建设的基本路径》，载《南通大学学报（社会科学版）》2016年第4期。

12. 陈柏峰：《中国法治社会的结构及其运行机制》，载《中国社会科学》2019年第1期。

13. 陈柏峰：《习近平法治思想中的法治社会理论研究》，载《法学》2021年第4期。

14. 陈金钊：《用法治方式化解社会主要矛盾》，载《内蒙古社会科学（汉文版）》2018年第9期。

15. 陈金钊：《"法治改革观"及其意义——十八大以来法治思维的重大变化》，载《法学评论》2014年第6期。

16. 陈金钊、宋保振：《法治国家、法治政府与法治社会的意义阐释——以法治为修辞改变思维方式》，载《社会科学研究》2015年第5期。

17. 陈金钊：《"法治政治"及其实现的方法论》，载《贵州民族大学学报（哲学社会科学版）》2017年第5期。

18. 陈晓斌、宋晓春：《发挥保险行业优势 推进企业年金的健康发展》，载《保险研究》2003年第8期。

19. 陈晓春、肖雪：《社会组织参与法治社会建设的路径探析》，载《湖湘论坛》2019年第4期。

20. 陈光、李炎卓：《行业标准的制定：从政府主导到行业协会主导》，载《科技与法律》2017年第6期。

21. 陈奇星：《强化事中事后监管：上海自贸试验区的探索与思考》，载《中国行政管理》2015年第6期。

22. 陈云良：《法的模糊性之探析》，载《法学评论》2002年第1期。

23. 陈云良：《法律的模糊问题研究》，载《法学家》2006年第6期。

24. 陈忠谦：《关于完善我国行业仲裁制度的若干思考》，载《仲裁研究》2011年第2期。

25. 陈爱蓓：《论经济法的范式》，载《湖北社会科学》2009年第1期。

26. 陈甦：《当代中国法学研究的研究》，载《中国社会科学评价》2015年第3期。

27. 陈丹、刘贤君、刘璟：《高速公路经营管理单位应否提供加油站服务》，载《人民司法》2011年第20期。

28. 程金华：《也论法治社会》，载《中国法律评论》2017年第6期。

29. 程滔：《从自律走向自治——兼谈律师法对律师协会职责的修改》，载《政法论坛》2010年第4期。

30. 程信和：《中国经济法学的回顾与展望》，载《湘潭大学学报》2009年第1期。

31. 炽亚：《国际法律学家会议发表德里宣言》，载《现代外国哲学社会科学文献》1959年第5期。

32. 褚宏启：《关于教育法地位的法理学分析——兼与李晓燕、周卫勇等同志商榷》，载《教育研究》2000年第4期。

33. 崔德华：《论政府规制的法律性维度》，载《社会科学辑刊》2009年第5期。

34. 崔玉清、林文学：《建设工程合同纠纷案件的审理情况分析及审判理念探讨》，载《法律适用》2013年第12期。

35. 戴羽、张健等：《体育公共服务的软法之治》，载《武汉体育学院学报》2019年第3期。

36. 邓少君：《依法治国视域下多元化纠纷解决机制重构——基于广东省实践经验的分析》，载《广东社会科学》2016年第1期。

37. 丁志刚：《如何理解国家治理与国家治理体系》，载《学术界》2014年第2期。

38. 丁水平、林杰：《市场管理改革中事中事后监管制度创新研究——构建"多位一体"综合监管体系》，载《理论月刊》2019年第4期。

39. 樊凤林：《西德火电厂主蒸汽管道金属监督的方法和标准》，载《华北电力技术》1983年第6期。

40. 范劲松、万曙春等：《回眸与前瞻：跨世纪的法理学》，载《政治与法律》2000年第1期。

41. 高鸿钧：《改革开放与中国比较法学的成长》，载《法学》2018年第8期。

42. 高秦伟：《私人主体与食品安全标准制定——基于合作规制的法理》，载《中外法学》2012年第4期。

43. 高凛：《自贸试验区负面清单模式下的事中事后监管》，载《国际商务研究》2017年第1期。

44. 高俊杰：《论行业自治的正当性》，载《深圳大学学报（人文社会科学版）》2017年第3期。

45. 关保英：《部门行政法在新时代的变迁研究》，载《社会科学战线》2019年第4期。

46. 关保英：《新时代法治政府精神研究》，载《西南民族大学学报（人文社科版）》2019年第8期。

47. 关保英：《论行政法中技术标准的运用》，载《中国法学》2017年第5期。

48. 郭道晖：《法治国家与法治社会》，载《政治与法律》1995年

第1期。

49. 郭道晖：《法治国家与法治社会、公民社会》，载《政法论丛》2007年第5期。

50. 郭道晖：《法治新思维：法治中国与法治社会》，载《社会科学战线》2014年第6期。

51. 郭道晖：《论法治社会及其与法治国家的关系》，载《社会科学战线》2015年第1期。

52. 郭栋：《美好生活的法理观照——"新时代社会主要矛盾深刻变化与法治现代化"高端智库论坛述评》，载《法制与社会发展》2018年第4期。

53. 郭烨：《全面依法治国新时代的法治规范渊源》，载《法制与社会发展》2022年第2期。

54. 郭忠：《论图书馆事业的法治化》，载《四川图书馆学报》1999年第5期。

55. 贺宏斌：《法治公路的规律、支柱及其对策研究》，载《长安大学学报》2002年第1期。

56. 贺邦靖：《开启评估行业法治新时代》，载《中国财政》2016年第15期。

57. 胡平仁：《法治理论与实践的新格局》，载《法治研究》2019年第5期。

58. 洪冬英：《论人民调解的新趋势：行业协会调解的兴起》，载《学术交流》2015年第11期。

59. 黄文艺：《迈向法学的中国时代——中国法学70年回顾与前瞻》，载《法制与社会发展》2019年第6期。

60. 黄文艺：《新时代政法改革论纲》，载《中国法学》2019年第4期。

61. 黄文艺：《认真对待地方法治》，载《法学研究》2012年第6期。

62. 黄文艺：《法律职业话语的解析》，载《法律科学（西北政法学院学报）》2005年第4期。

63. 黄文艺：《法治中国的内涵分析》，载《社会科学战线》2015年第1期。

64. 黄文艺、李奕：《论习近平法治思想中的法治社会建设理论》，载《马克思主义与现实》2021年第2期。

65. 黄文艺：《新时代中国马克思主义法理学的前景展望》，载《哈尔滨工业大学学报(社会科学版)》2020年第3期。

66. 黄金兰：《民间规则的认同模式及其意义》，载《山东大学学报》2007年第3期。

67. 侯学宾、姚建宗：《中国法治指数设计的思想维度》，载《法律科学（西北政法大学学报）》2013年第5期。

68. 侯学勇：《法治建设与改革关系刍论》，载《上海政法学院学报》2018年第6期。

69. 贾文彤、郝军龙、朱志斌：《我国体育法学基本理论若干问题研究》，载《体育文化导刊》2008年第4期。

70. 姜明安：《论法治国家、法治政府、法治社会建设的相互关系》，载《法学杂志》2013年第6期。

71. 姜明安：《完善软法机制，推进社会公共治理创新》，载《中国法学》2010年第5期。

72. 姜明安：《法治中国建设中的法治社会建设》，载《北京大学学报（哲学社会科学版）》2015年第6期。

73. 姜明安：《论法治中国的全方位建设》，载《行政法学研究》2013年第4期。

74. 姜明安：《软法的兴起与软法之治》，载《中国法学》2006年第2期。

75. 江必新、王红霞：《法治社会建设论纲》，载《中国社会科学》2014年第1期。

76. 江必新、戢太雷：《习近平法治社会建设理论研究》，载《法治社会》2022年第2期。

77. 江秋伟：《论中国法治的进程及其评估》，载《江汉学术》2018年第4期。

78. 蒋硕亮、刘凯：《上海自贸试验区事中事后监管制度创新：构建"四位一体"大监管格局》，载《外国经济与管理》2015年第8期。

79. 蒋怡琴：《论标准在民事裁判中的适用》，载《行政与法》2018年第7期。

80. 蒋晓伟：《论中国特色的法治社会》，载《政法论丛》2015年第10期。

81. 黎军：《论司法对行业自治的介入》，载《中国法学》2006年第4期。

82. 黎军：《基于法治的自治——行业自治规范的实证研究》，载《法商研究》2006年第4期。

83. 黎军：《行业自治及其限制：行业协会研究论纲》，载《深圳大学学报》2006年第2期。

84. 李伯聪：《工程社会学的开拓与兴起》，载《山东科技大学学报（社会科学版）》2012年第1期。

85. 李晓燕、巫志刚：《教育法规地位再探》，载《教育研究》2014年第5期。

86. 李拥军：《从"人可非人"到"非人可人"：民事主体制度与理念的历史变迁——对法律"人"的一种解析》，载《法制与社会发展》2005年第2期。

87. 李克杰：《〈立法法〉修改:点赞与检讨——兼论全国人大常委会立法的"部门化"倾向》，载《东方法学》2015年第6期。

88. 李增刚：《包容性制度与长期经济增长——阿西莫格鲁和罗宾逊的国家兴衰理论评析》，载《经济社会体制比较》2013年第1期。

89. 李君如：《从全能型国家体系的改革到现代国家治理体系的重

构》，载《毛泽东邓小平理论研究》2017年第6期。

90．刘刚、宋樱、李迁：《我国价格听证制度的最新实践——港珠澳大桥价格听证的创新与价值探析》，载《价格理论与实践》2018年第5期。

91．刘刚、李迁：《论工程社会化的法律表现》，载《广西社会科学》2018年第10期。

92．刘光华：《中国经济法与行政法的"混同"：现实图景及原因背景分析》，载《兰州大学学报（社会科学版）》2005年第5期。

93．刘光华、吴双全：《市场经济条件下我国商事立法的完善》，载《兰州学刊》1998年第4期。

94．刘剑文：《论领域法学：一种立足新兴交叉领域的法学研究范式》，载《政法论丛》2016年第5期。

95．刘旭东、庞正：《"法治社会"命题的澄清》，载《甘肃政法学院学报》2017年第4期。

96．刘宪权、房慧颖：《涉人工智能犯罪刑法规制的正当性与适当性》，载《华南师范大学学报》2018年第6期。

97．刘水林：《经济法是什么——经济法的法哲学反思》，载《政治与法律》2014年第8期。

98．刘隆亨：《关于建立完备的经济法规体系的几个问题》，载《北京大学学报（哲学社会科学版）》1988年第4期。

99．刘长秋：《作为软法的行业标准研究——以卫生行业标准为视角》，载《北京理工大学学报》2013年第2期。

100．刘毅：《论中国特色文化娱乐法的兴起与发展》，载《北京理工大学学报（社会科学版）》2023年第7期。

101．刘连泰：《"土地集体所有"的规范属性》，载《中国法学》2016年第3期。

102．柳经纬、许林波：《法律中的"标准"——以法律文本为分析对象》，载《比较法研究》2018年第2期。

103. 柳经纬：《标准的规范性与规范效力——基于标准著作权保护问题的视角》，载《法学》2014年第8期。

104. 柳经纬：《标准与法律的融合》，载《政法论坛》2016年第6期。

105. 柳经纬：《当代中国法治进程中的公众参与》，载《华东政法大学学报》2012年第5期。

106. 柳经纬：《合同中的标准问题》，载《法商研究》2018年第1期。

107. 柳经纬：《评标准法律属性论——兼论区分标准和法律的意义》，载《现代法学》2018年第5期。

108. 廖丽、程虹：《法律与标准的契合模式研究——基于硬法与软法的视角及中国实践》，载《中国软科学》2013年第7期。

109. 廖秋子：《TBT协定"国际标准"的法律解释及其改进路径》，载《法律适用》2017年第13期。

110. 廖永安、刘青：《论我国调解职业化发展的困境与出路》，载《湘潭大学学报（哲学社会科学版）》2016年第6期。

111. 林良亮：《标准与软法的契合——论标准作为软法的表现形式》，载《沈阳大学学报》2010年第3期。

112. 林定伟：《日本是如何整顿衰落行业的》，载《外国经济资料参考》1983年第Z1期。

113. 林明锵：《同业公会与经济自律——评大法官及行政法院相关解释与判决》，载《台北大学法学论丛》2009年第71期。

114. 卢莉芳：《中国应有自己特色的行业法》，载《法学杂志》1993年第12期。

115. 鲁楠：《全球化时代比较法的优势与缺陷》，载《中国法学》2014年第1期。

116. 鲁楠：《世界法治指数的缘起与流变》，载《环球法律评论》2014年第4期。

117. 罗豪才、宋功德：《认真对待软法——公域软法的一般理论及其中国实践》，载《中国法学》2006年第2期。

118. 罗豪才、周强：《软法研究的多维思考》，载《中国法学》2013年第5期。

119. 骆梅英：《行政许可标准的冲突及解决》，载《法商研究》2014年第2期。

120. 马怀德：《行政审批制度改革的成效、问题与建议》，载《国家行政学院学报》2016年第3期。

121. 马怀德、喻文光：《公有公共设施致害的国家赔偿》，载《法学研究》2000年第2期。

122. 马长山：《智能互联网时代的法律变革》，载《法学研究》2018年第4期。

123. 马长山：《互联网时代的双向建构秩序》，载《政法论坛》2018年第1期。

124. 马长山：《依法治国必须弘扬正义法精神》，载《求是学刊》2000年第6期。

125. 马长山：《社团立法的考察与反思——从〈社会团体登记管理条例〉（修订草案征求意见稿）出发》，载《法制与社会发展》2017年第1期。

126. 马长山：《智慧社会建设中的"众创"式制度变革——基于"网约车"合法化进程的法理学分析》，载《中国社会科学》2019年第1期。

127. 马长山：《从国家构建到共建共享的法治转向——基于社会组织与法治建设之间关系的考察》，载《法学研究》2017年第3期。

128. 马长山：《法治中国建设的"共建共享"路径与策略》，载《中国法学》2016年第6期。

129. 马长山：《互联网+时代"软法之治"的问题与对策》，载《现代法学》2016年第5期。

130. 马长山：《人工智能的社会风险及其法律规制》，载《法律科学（西北政法大学学报）》2018年第6期。

131. 莫于川：《法治国家、法治政府与法治社会一体建设》，载《改革》2014年第9期。

132. 莫于川：《法治国家、法治政府、法治社会一体建设的标准问题研究——兼论我国法制良善化、精细化发展的时代任务》，载《法学杂志》2013年第6期。

133. 倪铁：《现代化过程中如何看待传统文化——中国儒学与法律文化研究会2008年年会综述》，载《华东政法大学学报》2008年第4期。

134. 潘银杰：《经济法在构建和谐社会中的作用》，载《理论前沿》2005年第10期。

135. 钱学森：《标准化与标准学研究》，载《标准生活》2009年第10期。

136. 钱三强：《迎接交叉科学的新时代》，载《机械工程》1985年第3期。

137. 钱弘道、王梦宇：《以法治实践培育公共理性——兼论中国法治实践学派的现实意义》，载《浙江大学学报（人文社会科学版）》2013年第5期。

138. 渠滢：《我国政府监管转型中监管效能提升的路径探析》，载《行政法学研究》2018年第6期。

139. 屈茂辉、曾明：《法治社会的基本构成与新时代我国法治社会建设的基本路径》，载《湖湘论坛》2019年第6期。

140. 任荣明：《债法与我国市场经济》，载《苏州大学学报》1998年第2期。

141. 沈岿：《社会信用体系建设的法治之道》，载《中国法学》2019年第5期。

142. 沈岿：《互联网经济的政府监管原则和方式创新》，载《国家行政学院学报》2016年第2期。

143. 沈四宝、薛源：《论我国商事仲裁制度的定位及其改革》，载《法学》2006年第4期。

144. 石佑启：《论协会处罚权的法律性质》，载《法商研究》2017年第2期。

145. 石佑启：《论公共行政之发展与行政主体多元化》，载《法学评论》2003年第4期。

146. 史际春、邓峰：《经济法的价值和基本原则刍论》，载《法商研究》1998年第6期。

147. 孙笑侠：《论行业法》，载《中国法学》2013年第1期。

148. 孙笑侠：《法治是一种"规则细化的生活"》，载《现代法治研究》2016年第1期。

149. 孙笑侠：《法律人思维的二元论：兼与苏力商榷》，载《中外法学》2013年第6期。

150. 孙笑侠：《"法治中国"的三个问题》，载《法制与社会发展》2013年第5期。

151. 孙笑侠：《法治转型及其中国式任务》，载《苏州大学学报（法学版）》2014年第1期。

152. 孙笑侠、李学尧：《论法律职业共同体自治的条件》，载《法学》2004年第4期。

153. 孙文恺：《"法治社会"辨析——以"社会"为中心的考察》，载《浙江社会科学》2015年第2期。

154. 孙皓琛：《入世与我国房地产服务贸易的发展——以〈服务贸易总协定〉为基础的探讨》，载《国际贸易问题》2002年第6期。

155. 宋亚辉：《风险控制的部门法思路及其超越》，载《中国社会科学》2017年第10期。

156. 宋亚辉、金苗：《迈向公私法融合的网络法研究（2007—2021）》，载《浙江学刊》2023年第2期。

157. 宋亚辉：《社会基础变迁与部门法分立格局的现代发展》，载

《法学家》2021年第1期。

158. 宋朝武、罗曼：《基层治理现代化与人民调解制度的改革路径》，载《暨南学报（哲学社会科学版）》2019年第3期。

159. 宋一欣：《我国现代商法实践中的民间法、习惯法问题》，载《山东大学学报（哲学社会科学版）》2006年第2期。

160. 宋华琳：《规则制定过程中的多元角色——以技术标准领域为中心的研讨》，载《浙江学刊》2007年3期。

161. 台运启：《论特种行业的界定》，载《中国人民公安大学学报（社会科学版）》2010年第5期。

162. 谭家超：《资源配置、法律规制与行政审批制度改革》，载《改革》2017年第5期。

163. 谭长贵：《法的哲学内涵——动态平衡态势论》，载《法律科学》2000年第4期。

164. 唐明良：《标准化与行政审批制度改革：意义、问题和对策》，载《中国行政管理》2013年第5期。

165. 唐明良、骆梅英：《地方行政审批程序改革的实证考察与行政法理》，载《法律科学（西北政法大学学报）》2016年第5期。

166. 滕兴才：《警惕：中介组织正在沦为腐败中介》，载《政府法制》2009年第8期。

167. 汪莉：《行业协会自治权性质探析》，载《政法论坛》2010年第4期。

168. 汪莉：《论行业自治的合法性》，载《理论学刊》2012年第11期。

169. 王福华：《民事诉讼的社会化》，载《中国法学》2018年第1期。

170. 王克稳：《论行政审批的分类改革与替代性制度建设》，载《中国法学》2015年第2期。

171. 王克稳：《我国行政审批制度的改革及其法律规制》，载《法学研究》2014年第2期。

172. 王克稳：《行政审批（许可）权力清单建构中的法律问题》，载《中国法学》2017年第1期。

173. 王克玉：《确立与完善我国证券侵权仲裁机制的路径分析——以美国证券仲裁机制的发展为视角》，载《法学论坛》2015年第2期。

174. 王周户、李大勇：《行政许可与政事分开——以〈行政许可法〉第28条为视角》，载《法律科学（西北政法大学学报）》2007年第4期。

175. 王强军：《知恶方能除恶："恶势力"合理界定问题研究》，载《法商研究》2019年第2期。

176. 王军、沈雨青：《欧盟保险法的统一进程》，载《河北法学》2007年第8期。

177. 王陆海、宋焕政：《"依法治市"小议》，载《现代法学》1990年第2期。

178. 王桦宇：《论领域法学作为法学研究的新思维》，载《政法论丛》2016年第6期。

179. 王利明、黄文艺：《论法学学科的发展规律和发展前景》，载《大学与学科》2020年第1期。

180. 王莹丽：《试析我国金融仲裁机制的发展与完善》，载《上海金融》2011年第9期。

181. 王庆廷：《技术标准的三重属性——兼论技术标准与法学研究的关系》，载《中国科技论坛》2018年第2期。

182. 王志祥：《论黑社会性质组织非法控制特征中"区域"和"行业"的范围》，载《法治研究》2019年第5期。

183. 王青林、张晓萍：《试论民间法的性质及其效力基础》，载《江西社会科学》2009年第1期。

184. 王虎峰、甘铁立：《新时期的卫生行业综合监管：根由、路径及价值考量》，载《中国行政管理》2018年第10期。

185. 王圣诵：《中国行业自治及其立法》，载《东方论坛》2001年第2期。

186. 王若磊：《信用、法治与现代经济增长的制度基础》，载《中国法学》2019年第2期。

187. 王瑞雪：《作为治理工具创新的环境信用评级》，载《兰州学刊》2015年第1期。

188. 魏礼群：《创新和加强监管 提高政府治理水平》，载《行政管理改革》2015年第7期。

189. 温双阁：《以法治推进行业协会自治的体系构建——基于美国自治理念和实践的思考》，载《社会科学战线》2016年第10期。

190. 吴汉东：《中国知识产权法律变迁的基本面向》，载《中国社会科学》2018年第8期。

191. 吴洪淇：《律师职业伦理规范建设的回顾与前瞻》，载《交大法学》2018年第2期。

192. 肖北庚：《法治社会：法治演进的逻辑必然》，载《法制与社会发展》2013年第5期。

193. 熊跃敏、周杨：《我国行业调解的困境及其突破》，载《政法论丛》2016年第3期。

194. 熊一新、谢惠敏：《论我国特种行业的概念和管理范围》，载《公安大学学报》1998年第2期。

195. 徐国冲、张晨舟、郭轩宇：《中国式政府监管：特征、困局与走向》，载《行政管理改革》2019年第1期。

196. 薛峰：《国外市场综合监管的发展及其启示——以美国食品药品市场监管为例》，载《上海行政学院学报》2018年第5期。

197. 阎其华、李升智：《我国行业协会的经济法主体地位述评》，载《东北大学学报（社会科学版）》2013年第6期。

198. 杨炳霖：《从"政府监管"到"监管治理"》，载《中国政法大学学报》2018年第2期。

199. 杨炳霖：《回应型监管理论述评：精髓与问题》，载《中国行政管理》2017年第4期。

200. 杨帆：《论保险产业对侵权立法的影响——以行业协会的利益代表人角色为切入点》，载《华中科技大学学报（社会科学版）》2013年第1期。

201. 杨建顺：《论经济规制立法的正统性》，载《法学家》2008年第5期。

202. 杨瑜娴：《区域视域下司法鉴定行业创新路径研究》，载《学习与实践》2015年第12期。

203. 杨解君：《当代中国发展道路及其推进方式的转变：绿色发展理念的法治化》，载《南京社会科学》2016年第10期。

204. 姚建宗：《法治中国建设的一种实践思路阐释》，载《当代世界与社会主义》2014年第5期。

205. 姚建宗：《新时代中国社会主要矛盾的法学意蕴》，载《法学论坛》2019年第1期。

206. 余凌云：《法治国家、法治政府、法治社会一体建设的途径》，载《法学杂志》2013年第6期。

207. 俞思瑛、季卫东、程金华等：《对话：技术创新、市场结构变化与法律发展》，载《交大法学》2018年第3期。

208. 叶小兰、王方玉：《论体育赞助合同的体育部门法有名化——基于完善体育行业法的前瞻性考量》，载《体育与科学》2018年第5期。

209. 佚名：《法国大气污染及其防治途径》，载《环境科学情报》1987年第3期。

210. 佚名：《能源法规体系研讨会综述》，载《中国能源》1990年第5期。

211. 易继明：《论行业协会市场化改革》，载《法学家》2014年第4期。

212. 张文显：《法治中国建设的前沿问题》，载《中共中央党校学

报》2014年第5期。

213．张文显：《全面推进国家各方面工作法治化》，载《法制与社会发展》2022年第6期。

214．张文显：《法治与国家治理现代化》，载《中国法学》2014年第4期。

215．张文显：《习近平法治思想研究（中）》，载《法制与社会发展》2016年第3期。

216．张文显：《新时代全面依法治国的思想、方略和实践》，载《中国法学》2017年第6期。

217．张文显：《在新的历史起点上推进中国特色法学体系构建》，载《中国社会科学》2019年第10期。

218．张文显：《新思想引领法治新征程——习近平新时代中国特色社会主义思想对依法治国和法治建设的指导意义》，载《法学研究》2017年第6期。

219．张文显：《法理：法理学的中心主题和法学的共同关注》，载《清华法学》2017年第4期。

220．张文显：《中国法治40年：历史、轨迹和经验》，载《吉林大学社会科学学报》2018年第5期。

221．张文显：《论建构中国自主法学知识体系》，载《法学家》2023年第2期。

222．张文显：《全面推进中国特色社会主义法治体系更加完善》，载《法制与社会发展》2023年第1期。

223．张文显：《论中国式法治现代化新道路》，载《中国法学》2022年第1期。

224．张文显：《习近平法治思想的系统观念》，载《中国法律评论》2021年第3期。

225．张文显：《国家制度建设和国家治理现代化的五个核心命题》，载《法制与社会发展》2020年第1期。

226. 张文显：《中国步入法治社会的必由之路》，载《中国社会科学》1989年第2期。

227. 张文显：《建设中国特色社会主义法治体系》，载《法学研究》2014年第6期。

228. 张鸣起：《论一体建设法治社会》，载《中国法学》2016年第4期。

229. 张鸣起：《再论一体建设法治社会——习近平法治思想关于"一体建设"重要论述原创性贡献之研究》，载《浙江工商大学学报》2022年第9期。

230. 张维炜：《立法法修改:为法治引领改革立章法》，载《中国人大》2014年第19期。

231. 张占江：《反垄断法与行业监管制度关系的建构——以自然垄断行业内限制竞争问题的规制为中心》，载《当代法学》2010年第1期。

232. 张铁英：《关于新时期依法治理工作的思考》，载《中国司法》2015年第9期。

233. 张清：《习近平"法治国家、法治政府、法治社会一体建设"法治思想论要》，载《法学》2022年第8期。

234. 张清、武艳：《包容性法治框架下的社会组织治理》，载《中国社会科学》2018年第6期。

235. 张春良：《体育协会内部治理的法治度评估——以中国足协争端解决机制为样本的实证考察》，载《体育科学》2015年第7期。

236. 张建伟：《依法治国的三个面向》，载《中国法律》2014年第6期。

237. 张敏：《卫星导航法律范畴的应然与实然》，载《社会科学辑刊》2020年第5期。

238. 张敏：《司法视角下物流行业法适用统一研究》，载《中国海商法研究》2015年第3期。

239. 张晓笑、杨桦：《探寻转型期法治的具体建设路径——"转型

期法治与行业法制"全国研讨会综述》，载《浙江社会科学》2012年第1期。

240. 章志远：《城镇化与我国行政法治发展模式的转型》，载《法学研究》2012年第6期。

241. 翟国强：《经济权利保障的宪法逻辑》，载《中国社会科学》2019年第12期。

242. 郑戈：《国家治理法治化语境中的精准治理》，载《人民论坛·学术前沿》2018年第10期。

243. 郑鹏程：《论我国自然垄断行业的垄断特征与法律规制》，载《法学评论》2001年第6期。

244. 郑永流：《法律的"交叉"研究和应用的原理》，载《中国法学》2018年第4期。

245. 周青山：《论体育法的行业法属性》，载《武汉体育学院学报》2017年第11期。

246. 周尚君、彭浩：《可量化的正义：地方法治指数评估体系研究报告》，载《法学评论》2014年第2期。

247. 周荃：《人民法院委托行业协会调解金融纠纷的实践及其规制》，载《天津财经大学学报》2012年第1期。

248. 周光权：《黑社会性质组织非法控制特征的认定——兼及黑社会性质组织与恶势力团伙的区分》，载《中国刑事法杂志》2018年第3期。

249. 朱国华、樊新红：《行业协会社团罚：兼论反不正当竞争法的修改完善》，载《政法论坛》2016年第2期。

250. 朱文英：《游戏规则与体育的社会文明构建意义——〈体育与科学〉学术工作坊"游戏规则与社会法、社会契约"主题沙龙综述》，载《体育与科学》2016年第3期。

251. 祝丽丽、周雨、吴瀚然：《强化行业自律 完善市场信用监管》，载《宏观经济管理》2019年第7期。

（五）学位论文

1. 付小飞：《我国行业协会权力研究》，湖南大学2009年博士学位论文。

2. 谷昭民：《论法律外交》，吉林大学2015年博士学位论文。

3. 郭薇：《政府监管与行业自律——论行业协会在市场治理中的功能与实现条件》，南开大学2010年博士学位论文。

4. 黎晓光：《中外行业仲裁法律制度比较研究》，中国政法大学2005年博士学位论文。

5. 屠世超：《契约视角下的行业自治研究——基于政府与市场关系的展开》，华东政法大学2008年博士学位论文。

6. 张成元：《法治观念下的体育行业自治研究》，吉林大学2007年博士学位论文。

7. 赵相文：《行业自治作为我国行政任务民营化之方法——以证券市场自律机制为例》，台湾大学2005年博士学位论文。

二、英文文献

（一）英文著作

1. Charles Goodhart and Philipp Hartmann, etc. *Financial Regulation: Why, How and Where now*? Routledge (London and New York), 1998.

2. Ian Ayers and John Braithwaite, *Responsive Regulation: Transcending the Deregulation Debate*, Oxford University Press, 1992.

3. Lawrence M. Friedman, American *Law: An Introduction*, 2nd ed. ,W. W. Norton & Company（New York and London）, 1998.

4. Samuel Krislov, *How Nations Choose Product Standards and Standards Change Nations*, University of Pittsburgh Press, 1997.

5. Ulrika Mörth, *Soft Law in Governance and Regulation:An Interdisciplinary*

Analysis, Edwar Elgard Publishing, 2004.

（二）英文论文

1. Dennis R. Young, "Alternative Models of Government—nonprofit Sector Relations: Theoretical and International Perspectives," *Nonprofit and Voluntary Sector Quarterly*, Vol. 29, No. 1, (Mar. 2000).

2. Gorge J. Stigler, "The Theory of Economic Regulation," *The Bell Journal of Economic and Management Science*, Vol. 2, No. 1, (Spring, 1971).

3. Marver H. Bernstein, "Dependent Regulatory Agencies: A Perspective on Their Reform," *The Annals of the American Academy of Political and Social Science* Vol. 400, No. 1, (1972).

4. Jaye Ellis, "The King Is Dead, Long Live the King? A Reply to Matthias Goldmann," *Leiden Journal of International Law*, Vol. 25, (2012).

5. Joseph A. Schumpeter, "The Creative Response in Economic History," *The Journal of Economic History*, Vol. 7, No. 2, （Nov., 1947）.

6. Peggy C. Davis, "Social Science in Law," *Science*, Vol. 243, No. 4889, (Jan. 20, 1989).

7. Roscoe Pound, "The Limits of Effective Legal Action," *The international Journal of Ethics*, 1917.

8. Sally Engle Merry, "Measuring the World: Indicators, HumanRights, and Global Governance," *Current Anthropology*, Vol. 52, Supplement 3(Apr., 2011).

9. William Twining, "Social Science and Diffusion of Law," *Journal of Law and Society*, Vol. 32. No. 2(Jun. 2005).

后记：光荣属于大桥 积累属于自己

2008年11月19日，我加入了港珠澳大桥项目管理团队。对我的人生而言，这是非常重要的一天。自此，我亲历了港珠澳大桥建设史上所有法律实践，直到今天。

港珠澳大桥是我国在"一国两制"框架下由粤港澳三地政府首次合作共商共建共管共享的超级工程，跨越了三个司法管辖区和三个关税区，涉及三种货币体制。港珠澳大桥的法律实践，不仅是一种先行的湾区法律实践，也是一种典型的行业法律实践，复杂性非常高，综合性非常强。其中，既有粤港澳三地政府协议、项目法人章程、项目法人筹组、口岸管辖权和营运管理立法等重大事项，也有招标文件、比选文件、合同文件审核等琐碎事务。英国作家萨默赛特·毛姆说，"任何一把剃刀都自有其哲学"。日本作家兼著名跑者村上春树在他那本被誉为跑步哲学圣经的《当我谈跑步时，我谈些什么》的书中引用了毛姆这句话，并谈及对这句话的理解："大约是说，无论何等微不足道的举动，只要日日坚持，从中总会产生出某些类似观念的东西来。"村上春树说他衷心地想对毛姆的话表示赞同，身兼港珠澳大桥建设者和长跑爱好者的我则衷心地想对毛姆和村上春树的话都表示赞同。我的感悟是，港珠澳大桥与长跑具有形式上的相似性，港珠澳大桥的建设和管理就像一场超级马拉松。正是在日复一日参与港珠澳大桥法律实践的过程中，我发现了"行业"入法现象，期间又恰逢其时地读到了孙笑侠教授《论行业法》一文，我因此察觉到行业法的存在，进而产生了行业法治的理念，行业法治从此成为了我的思考重心和精

神依托。而且，对行业法治的感觉长期团聚在我的胸口，久久不能散去，犹如美酒之醇香令爱酒之人回味无穷一样。

我想我应当把这种经验积累转化成理论表达，进一步提升自己。这么多年以来，我一直在努力实践自己"坚持做实务工作，但绝不放弃理论思考"的工作理念，一直奉行自创自励的"光荣属于大桥，积累属于自己"的人生理念。的确，我的幸运首先在于有机会加入港珠澳大桥。在此我要特别感谢港珠澳大桥管理局首任局长朱永灵先生、继任局长郑顺潮先生和现任局长李斌先生对我的信任，把港珠澳大桥建设和营运过程中急需解决的法律新课题交给我办理，让我获得了实践锻炼的机会。我还要特别感谢参与港珠澳大桥建设和营运的各位领导和各位同仁对港珠澳大桥法律实践工作的大力指导和倾力支持，他们毫无保留地对我进行技术交底和资料交底，帮助我更好地应对这些法律新课题。我的幸运也在于考入吉林大学法学理论专业、有机会跟随黄文艺教授攻读法学博士学位。也正是黄文艺教授依托他对学术前沿问题的敏锐思考和深刻洞察，为我归纳提炼、量身定制了"行业法治"的论文主题，并全过程精心指导我的写作。本书确定付梓后，黄文艺教授又在百忙之中欣然作序推荐。师恩难忘，无以为报，我要借此机会特别感谢黄文艺教授一直以来对我的指导和鼓励。当然，我还要一并感谢吉林大学法学院张文显教授、姚建宗教授、霍存福教授、张旭教授、赵惊涛教授、李拥军教授、杜宴林教授、刘红臻教授、朱振教授、钱大军教授、侯学宾教授和已经荣休的马新福教授。感谢南京大学法学院周安平教授、中国海洋大学法学院桑本谦教授、旅美法律学者周大伟教授和惠允我旁听他的法理学课程并为本书撰写推荐词的澳门科技大学法学院黎晓平教授。感谢各位老师在课堂上、在开题会或答辩会上甚至是在日常交流时传递给我并给我带来诸多启迪的学术思想，有些甚至被我偷师学艺般地写到了论文当中。"品质闪耀在良好的传承中"，马可·奥勒留在《沉思录》开篇第一卷如是说。此外，我还要特别感谢所有慷慨热情为本书作序或撰写推荐词的老师们，他们除了黄文艺教授和黎晓平教授外，还有香港大学法律学院陈弘毅教授、上海交通大学凯原法学院郑戈教授和中国社会科学院法学研究所陈欣新研究员。这几位老师，分别来自内地和港澳，无形之中契合了港珠澳大桥内地与港澳合作的精神气质。而他们的点拨，也着实让本书增色不少。恰如我最喜欢的法国思想家蒙田所认为的，人与人的关系，是知识的首要发生地。①

我切身感受到，只有兼备了港珠澳大桥的实践锻炼和黄文艺教授的理论指导，我的经验积累和理论表达才有可能实现紧密对接。张文显教授亦曾当面给我指导，指出行业法治是全面依法治国的重大问题之一，对我选择研究行业法治多有鼓励和肯定，甚至笑称我是中国行业法治研究第一人。通过论文答辩后的当天下午，黄文艺教授再次鼓励我说，我把论文写到了可以出版的水准，建议我进一步修改完善后考虑出版。对此我一直牢记在心。所以这几年我一直在修改完善论文。修改的过程是继续学习的过程，几年下来增删修改比例超过了30%。今日定稿之文本已非昔日初稿之文本，虽然还未达到"否定之否定"的高度，却一直在"螺旋式上升"的过程中，也一直在持续改进的过程中。

我要特别说明的是，虽然书中没有提及港珠澳大桥法律实践更多内容，但本书的确是我十多年来持续参与、深度观察、抽象提炼港珠澳大桥法律实践的理论成果，是我的独特感悟，也是我的额外收获，更是"光荣属于大桥，积累属于自己"的最好见证。此前，行业法治还只是一个概念，理论界和实务界较少有人研究。我从"行业"入法现象的经验观察入手，有效论证了行业法的成立，初步建构起行业法治的理论框架，从而把中国的行业法研究整体推进到了行业法治的新阶段。

从宏观层面而言，研究行业法治对于法治社会的建设和建成具有重要意义。党的十八大以后，习近平总书记首次提出了法治国家、法治政府和法治社会一体建设的思想，党的十九大提出了到2035年"法治国家、法治政府和法治社会基本建成"的目标。考虑到2035年已经为期不远，法治社会建设必须加快，所以党的二十大进一步提出要"加快建设法治社会"。

---

① ［英］索尔·弗兰普顿：《触摸生活：蒙田写作随笔的日子》，周玉军译，商务印书馆2016年版，第9页。

为加快建设法治社会，中共中央还于2020年12月发布了《法治社会建设实施纲要（2020—2025年）》，标志着法治社会建设从理论层面走向了实践层面。本书正是在《法治社会建设实施纲要（2020—2025年）》的基础上对法治社会建设进行的新尝试新探索。

从微观层面而言，研究行业法治也给我的本职工作带来了直接利好，让我可以更清楚地看见、更深刻地理解我在港珠澳大桥法律实践中遇到的问题或难题。最初的灵感来自于港珠澳大桥法律实践，最终的成果又服务于港珠澳大桥法律实践，这让我产生了一种人生的完整感和踏实感。在和平年代，我们普通人一辈子难有机会为国家和民族做一些大事，但参与港珠澳大桥的建设和管理可以算是，而且是可遇而不可求的大事。2018年10月23日，习近平总书记出席了港珠澳大桥开通仪式，亲自宣布"港珠澳大桥正式开通"并巡览了大桥。我有幸在开通仪式现场见证了这个历史性的时刻。港珠澳大桥的建成不仅是技术的胜利，也是法律的胜利。开通后的港珠澳大桥被国家领导人誉为"国家工程、国之重器"，是一座"圆梦桥、同心桥、自信桥、复兴桥"①，也是"我国从桥梁大国走向桥梁强国的重要标志"②。习近平总书记还特别强调"要用好管好大桥，为粤港澳大湾区建设发挥重要作用"③。大桥通车五年多来，我在继续参与港珠澳大桥法律实践、为"用好管好大桥"提供法律服务的同时，也一直在继续思考行业法治的问题。尤其值得一提的是，最近几年"行业"入法现象一直处于持续发展之中，我结合行业法律的制定和修订情况，对"行业"入法等相关数据进行了更新。更新后的数据更加坚定了我对行业法和行业法治的信心。

---

① 引自习近平总书记在港珠澳大桥开通仪式结束后接见港珠澳大桥建设者代表时的讲话。参见中央电视台《新闻联播》：《习近平出席开通仪式并宣布港珠澳大桥正式开通 韩正出席仪式并致辞》（2018年10月23日）。

② 引自时任中共中央政治局常委、国务院副总理韩正《在港珠澳大桥开通仪式上的讲话》（2018年10月23日）。

③ 引自习近平总书记在港珠澳大桥开通仪式结束后接见港珠澳大桥建设者代表时的讲话。参见中央电视台《新闻联播》：《习近平出席开通仪式并宣布港珠澳大桥正式开通 韩正出席仪式并致辞》（2018年10月23日）。

关于行业法，关于行业法治，还有很多问题正在赶来的路上。我的学识和能力均有限，我对行业法和行业法治的学习研究还有许多不足，有些问题要么没有研究透，要么还没有来得及展开研究。书中肤浅的、不成熟的甚至错误的观点，均由我文责自负。但行业法治之路刚刚开启，真诚地希望有更多的理论界和实务界的学者专家关心关注行业法和行业法治，帮助它们成长；也真诚地期待有越来越多的人认同行业法治的理念，法治社会早日建成。

借此机会，我还要感谢珠海市社会科学界联合会郑安兴主席、陈利峰主任、汪玉萍老师以及广东人民出版社梁茵、陈泽航两位编辑老师，经过公开征集、资格审查、专家评审、复核审定和编辑审稿等一系列程序后，本书有幸被纳入珠海社会科学研究文库，并获全额资助在广东人民出版社公开出版，让我有机会以自己希望的方式兑现黄文艺教授此前对我的嘱咐和我对港珠澳大桥自许的承诺。

最后我要感谢我的家人多年以来对我学习和工作的默默支持。法国作家夏多布里昂说："每一个人，身上都拖带着一个世界，由他所见过、爱过的一切所组成的世界。即使他看起来是在另外一个不同的世界里旅行、生活，他仍然不停地回到他身上所拖带着的那个世界去。"①我写作论文到修改成书的前前后后，验证了夏多布里昂的这句话。

是为记。

刘刚　写于珠海

时港珠澳大桥正式通车五年半有余

---

① 转引自［法］列维·斯特劳斯：《忧郁的热带》，王志明译，生活·读书·新知三联书店2000年版，第39页。